파트와를 통해 본
이슬람 사회의 규범과 현실

제2권 공동체 문화 관련 파트와

문재완 · 계경문 · 이훈동 · 곽순례 · 김정아 · 박재원 · 이명원 · 이인섭 저

세창출판사

아랍이슬람총서 11

파트와를 통해 본 이슬람 사회의 규범과 현실
제 2 권 공동체 문화 관련 파트와

초판 1쇄 인쇄   2016년 10월 20일
초판 1쇄 발행   2016년 10월 25일

저 자 | 문재완 · 계경문 · 이훈동 · 곽순례 · 김정아 · 박재원 · 이명원 · 이인섭
발행인 | 이방원
발행처 | 세창출판사
신고번호 | 제300-1990-63호
주소 | 서울 서대문구 경기대로 88 냉천빌딩 4층
전화 | (02) 723-8660   팩스 | (02) 720-4579
http://www.sechangpub.co.kr
e-mail: sc1992@empal.com
ISBN 978-89-8411-647-4 94210
        978-89-8411-272-8 (세트)

값 22,000원
잘못 만들어진 책은 바꾸어 드립니다.

이 저서는 2011년 대한민국 교육부와 한국연구재단의 토대연구지원사업의 지원을 받아 수행된 연구임(NRF-2011-322-A00026)

이 도서의 국립중앙도서관 출판시도서목록(CIP)은 e-CIP홈페이지(http://www.nl.go.kr/ecip)와 국가자료공동목록시스템(http://www.nl.go.kr/kolisnet)에서 이용하실 수 있습니다.
(CIP제어번호: CIP2016025155)

머 리 말

Fatwā

'파트와를 통해 본 이슬람 사회의 규범과 현실' 연구의 제2권에 해당하는 본서는 이슬람 세계의 공동체 문화와 관련된 파트와를 다룬다.

21세기에 접어들어 한국과 아랍 이슬람 국가들 간의 관계가 강화되면서 우리 사회에서 이슬람권의 사회와 문화에 대한 관심 또한 지속적으로 높아지고 있다. 최근 몇 년간 한국과 아랍 국가들 간의 협력이 현저히 증대되었으며 에너지, 건설, 플랜트 분야에 치중되었던 교류 분야가 정보통신, 교육, 금융, 원전, 보건, 의료 등 고부가가치 분야로 확대되고 있다. 특히 2015년 3월 박근혜 대통령의 중동순방 이후 할랄 식품 산업을 향한 우리 기업과 청년들의 관심이 급속히 높아졌다.

농림축산식품부는 2015년 3월 12일 할랄식품사업단을 한국식품연구원 내에 설치하여 한국의 할랄 식품 산업을 육성하기 위한 본격적인 활동에 들어갔다. 최근 World Religion Database[1]의 통계를 보면 1910년에 무슬림 인구는 2억 2천만 명(당시 세계 인구의 12.6%)이었는데, 2010년 15억 5천만 명으로 지난 100년간 7배 증가해 세계 인구의 22.5%를 차지했다.

무슬림 인구가 증가하고 있고 이들의 구매력이 커진 만큼 할랄 식품 시장도 급성장하고 있다. 할랄 시장의 핵심이자 안전한 건강 식단으로도 주목 받는 할랄 식품은 아랍 무슬림 환자들의 방문과 치료가 급증하면서 환자와 보호자들을 중심으로 국내에서의 수요 또한 크게 증가할 것으로 전망된다. 뿐만 아니라 우리의 식품산업이 무슬림

---

[1]_ Todd M. Johnson & Brian J. Grim eds., Leiden/Boston: Brill, 2012. http://books.google.co.kr/재인용(2015.1.23)

국가들을 대상으로 수출의 길을 넓혀 가려면 할랄과 하람의 판단 기준을 알아야 하며, 이는 사안의 속성상 각국 법원의 판례를 참고하기 어렵다. 판례는 명확한 증거에 입각하며, 따라서 정확하고 권위가 있다. 판례는 파트와보다 강력하고 구속력이 있다. 그러나 그 효력은 판결의 대상인 사건에 국한된다. 따라서 할랄 식품의 규정에 직접적으로 도움이 되는 자료로는 광범위하고 포괄적이며 보편적인 생활규범을 담은 파트와가 적격이다. 파트와는 판례의 토대이자 판사가 참고하는 의견이다. 또한 엄연히 이슬람 법에 근거하여 이슬람의 전문가가 내리는 판단을 포함한다.

본서의 1권에서 밝힌 바와 같이 파트와는 이슬람의 법과 전통에 기반한 폭넓은 규범이다. 복잡하고 다양한 이해가 충돌하는 현대 사회에서 판사의 판결의 핵심은 증거와 강제력이다. 원고와 피고 어느 한쪽의 의사에 반해 강제력이 행사된다. 그러나 파트와는 올바른 길을 알려 주고 그를 따르도록 권유하는 데 그친다. 질문하는 무슬림은 증거를 요구 받지 않으며, 실명을 밝힐 필요도 없다. 무프티는 권리의 소재를 따져 판결을 내리는 것이 아니라 그저 옳고 그름을 갈라 줄 뿐, 실행 여부를 확인하지 않는다.

파트와가 누리는 권위는 판례와 마찬가지로 이슬람 법에서 나온다. 그리고 일상적인 규범으로서의 신뢰는 포괄성과 유연성에 기인한다. 대부분의 아랍 국가에서 판사는 식품업체의 비리나 부정한 행태, 금전 거래와 관련된 범죄를 다룬다. 부패한 식품을 생산, 유통시키거나 수출입하여 불법적인 이득을 얻었다면 판사가 판결한다. 그러나 음식의 할랄 여부를 판단하지는 않는다. 합법과 불법은 판사의 영역이고 할랄과 하람은 원칙적으로 무프티의 영역이다. 무슬림들은 식품의 할랄과 하람에 의문이 든다면 판사가 아니라 법 전문가에게 묻고, 그의 파트와를 참고한다. 판사는 이미 일어난 사건을 다루는 반면 파트와는 사후는 물론 사전에 가정에 입각하여 원칙을 제시할 수도 있다. 식품 생산업자는 실제 생산하기 전이라도 파트와를 통해 할랄의 조건을 구체적으로 묻고 답변을 들을 수 있는 것이다. 그리고 한 질문에 대한 파트와의 판단은 다른 유사한 사안에도 참고, 적용될 수 있다.

판례와 파트와는 상호보완의 관계에 있다. 2015년 3월 이집트의 한 법원은 경찰서를 습격한 반정부 운동가 22명에게 사형을 언도했다. 23명이 기소된 사건에서 1명은 미성년자였기 때문에 10년 징역형이 내려진 것이었다. 판사는 선고하기 전에 판결의 결과를 이집트의 대 무프티에게 통보했다. 이집트 법에서 사형은 대 무프티의 파트와를 받은 후에야 내려진다. 하지만 이 파트와는 자문의 성격으로서, 무프티가 반대하더라도 판사는 사형을 선고할 수 있다. 특이한 점은 이것이 법원 판결의 권위를 높이거나 파트와의 한계를 지적하는 맥락에서 이해되는 것이 아니라는 사실이다. 사건을 보도한 알자지라 포털 사이트는 파트와가 판사의 판결을 바꾸지는 못하지만 판사는 사형 선고에 앞서 파트와를 얻어야 한다고 설명했다.[2] 이런 사례를 통해 독자들은 판결과 파트와의 기능이 서로 다른 가운데 대립이 아니라 상호보완의 관계임을 인식하게 된다.

또한 최근 들어 국내 언론에서도 무슬림 사회의 특별한 상황을 소개할 때 파트와를 인용하여 보도하는 사례가 늘어나고 있다. 예를 들면 조선일보에서 해가 떠 있는 시간에 금식하는 라마단 기간 동안 '여름 백야(白夜)가 있는 곳에 거주하는 무슬림은 하루 종일 굶어야 하는가?'라는 질문에 대해 한 이맘의 파트와를 소개하고 있다. 이 이맘은 세 가지 안 가운데 하나를 선택하라고 답했다. 하나는 이슬람 성지인 사우디아라비아의 메카 시간대에 맞춰 금식을 하라는 것이다. 둘째는 해가 지는 가장 가까운 도시의 시간대를 따르라는 것이다. 마지막으로 자신들의 생활 리듬에 맞게 새로운 규율을 만들라고

2_ http://www.aljazeera.net/news/arabic/2015/4/20/(2015.4.23)

권고했다.

　이와 같이 우리의 사회적 관심이 이슬람 사회와 문화에 쏠리고 있는 시점에 한국연구재단의 지원으로 아랍어 전문가들과 한국외국어대학교 법학연구소가 공동으로 이슬람의 공동체 문화 관련 파트와 연구 결과물을 내놓게 되었다.

　본서는 공식 인터넷 사이트가 개설된 아랍 각국의 이프타 기관에서 발표한 파트와와 권위 있는 무프티들의 파트와 모음집을 통해 수집한 사례들 중 무슬림의 사고방식과 규범을 이해하는 데 유용한 사례들을 선별하고 주제별로 분류하여 수록하였다.

　일반적으로 무슬림이 제기하는 질문은 현실 생활에서 직면하는 구체적인 사안에 관한 것이며, 경우에 따라 사소하고 자질구레한 것까지 미주알고주알 물어보기도 한다. 이에 비해 이슬람 법 전문가인 무프티가 내놓는 답변은 담화의 수신자가 일반 무슬림이니만큼 평상적인 문체로 제시되는 경우가 대부분이며, 이슬람의 교리와 관련된 사안에 대해서는 코란과 하디스 등 이슬람 법원(法源)을 인용하기도 한다. 이 같은 경우 본서는 해당 법원의 근거를 일일이 확인하고 세밀하게 번역하였다.

　본서는 공동체 문화 관련 파트와가 다루는 다양한 주제를 크게 사회생활, 종교생활, 보건과 의료, 매스컴과 공연예술 그리고 스포츠, 할랄과 하람 등에 관련한 기타 공동체 문화 파트와로 분류하여 다룬다.

　1장에서는 무슬림 개인의 대인관계에서부터 직장생활 등 공동체 생활 과정에서 발생하는 사안에 관한 질문과 답변을 통해 무슬림의 개인 차원의 생활상을 다루었고, 후반부에서는 예절, 음식, 의복, 남녀 구별, 음주와 흡연, 이슬람의 성에 대한 인식 그리고 공중도덕 등 공동체와 관련된 사안에 관한 질의 응답을 통해 사회생활 관련 파트와를 다루었다.

　2장에서는 이슬람의 근간을 이루는 다섯 기둥인 유일신 신앙과 예배, 금식, 희사, 순례 등을 중심으로 무슬림들이 일생 동안 일상적으로 행하는 종교생활에 관한 파트와와 이슬람 명절, 국경일, 음력 사용에 관한 파트와를 제시하고, 3장에서는 무슬림들의 생로병사와 보건, 진료 및 치료, 낙태와 피임, 장기 이식, 의약품, 장례문화, 안락사 등의 과정에서 겪는 질의 응답을 담은 파트와 위주로 선정, 소개한다. 4장에서는 무슬림들의 희로애락과 매스컴, 스포츠와 오락, 취미 활동, 축제와 행사, 그리고 영화와 연극, 음악, 사진, 미술 등 공연예술 등을 다룬 파트와를 제시한다, 기타 공동체 문화와 관련된 5장에서는 동물 사육, 부부 관계, 거짓말, 비방, 시기, 그리고 기타 정치 관련 파트와를 다루었다.

본 연구진은 무슬림 사회의 실생활을 알고자 하는 모든 이들에게 본서가 유용한 자료와 기본적 지식을 제공해 줄 것이라 기대한다. 특히 무슬림 사회에 대한 정보가 많지 않았던 독자들이 이 책을 통하여 무슬림들의 행동의 기저를 이해할 수 있게 되기를 기대한다. 그러나 이슬람 전문가가 아닌 연구진에 의한 작업인 만큼 잘못된 지식이 포함될 개연성을 부정하기 어렵다. 이 경우 즉시 바로잡을 수 있도록 독자들의 따끔한 질책과 제언을 기대한다.

본서가 나오기까지 연구진은 선학과 동료들의 아낌없는 지원을 받았다. 그들의 도움이 없었더라면 이만한 결실을 내놓지 못했을 것이다. 음으로 양으로 큰 힘이 되어 주었지만 일일이 거명하지 않은 분들께 깊이 감사드린다. 특히 연구 과정에서 파트와 번역을 맡아 준 한국외국어대학교 통번역대학원의 이혜정, 신석하, 백혜원, 이연우, 김수진, 김보람, 최용진, 박수영, 박나현 연구 보조원들과 법학전문대학원 김현수 박사에게 고마운 마음을 전한다.

2016년 10월
저자 일동

차 례

Fatwā

제4장 문화·예술 관련 파트와

제5장 기타 파트와

일러두기
Fatwā

❶ 파트와에 나오는 알라에 관한 경구나 형식상 반복되는 관용 표현은 번역에서 제외한다.

❷ 아랍어 발음을 위한 로마자 표기는 원음에 가깝도록 일러두기에서 제시한 로마자 표기를 따른다. 단, 이미 국내에서 널리 사용되는 명사(예를 들어 코란, 메카 등)는 알려진 표기법을 따른다. 아랍인 고유명사의 표기는 명함에 적힌 아랍어를 기준으로 하되 영어 발음을 병기한다.

아랍어	로마자 표기	아랍어	로마자 표기	아랍어	로마자 표기
ا	'	س	s	ل	l
ب	b	ش	sh	م	m
ت	t	ص	ṣ	ن	n
ث	th	ض	ḍ	ه	h
ج	j	ط	ṭ	و	w
ح	ḥ	ظ	ẓ	ي	y
خ	kh	ع	'	ـا	ā
د	d	غ	gh	ـو	ū
ذ	dh	ف	f	ـي	ī
ر	r	ق	q		
ز	z	ك	k		

❸ 코란의 출처는 다음과 같이 표기한다.
예) 파티하(1)장, 바까라(2)장 45절

❹ 하디스의 출처는 '~의 전승'과 같은 표현을 사용하여 명시한다.
예) '부카리 전승'은 부카리가 전승한 하디스를 의미한다.

❺ '샤리아'는 이슬람 법을 의미한다.

❻ 본저에 언급된 하디스의 출처는 sunnah.com이다. 출처가 sunnah.com이 아닌 경우에만 출처를 밝힌다.

❼ 인명 표기는 아랍어 전사를 원칙으로 하나 명함에 쓰인 표기를 우선으로 한다.

❽ 아랍어를 원음에 가깝게 표기하기 위하여 부득이 국립국어원의 외래어 표기법과 상이한 경우도 있다.

❾ 파트와의 출처와 인용 시기는 각 파트와 하단에 표기한다.

❿ 국가나 이슬람 법학파에 따라 동일한 질문에 대한 파트와가 일치하지 않는 경우도 있다. 이때 무슬림 사회의 실상을 여실히 전달한다는 본 연구의 의도를 살려 해당 파트와를 제외하지 않고 모두 제시한다.

_개인간 대외 관계 관련 파트와

_공동체 내에서 사회생활 관련 파트와

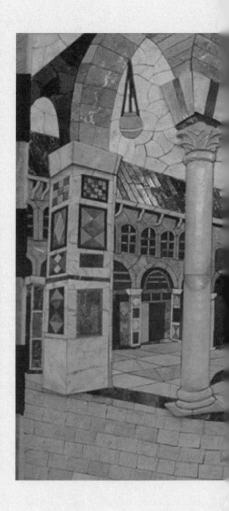

▌제1장▐

사회생활
관련 파트와

무슬림 사회는 이슬람 종교에 근간을 둔 사회이다. 평화는 무슬림들의 정신에 이슬람이 뿌리를 깊게 내리게 한 원칙들 중 하나이다. 평화 원칙은 사회생활과 개인생활에서 무슬림의 일부가 되었고 신념이 되었다. 이슬람은 태동 초기부터 세계 평화를 실현해야 한다고 주창하였고, 인류가 평화를 실현하도록 올바른 계획을 마련했다. 이슬람은 생명을 사랑하고 신성하게 여겼으며, 사람들로 하여금 생명을 사랑하도록 만들었다. 이슬람 종교 이름도 '평화'라는 단어에서 기원된 것이다. 알라께서 "알라가 그대를 보냄은 만백성에게 자비를 베풀기 위해서라"〈코란 안비야(21)장 107절〉라고 말씀하셨다. 무슬림들의 인사말 앗살람(평화)에도 평화에 대한 이슬람 사상이 잘 드러난다. 앗살람(평화) 인사말은 사람들의 마음을 가깝게 만들고 사람들의 결속을 강화시킨다. 알라는 무슬림들이 이 단어를 사용하여 서로의 안부를 묻고 인사하도록 하여, 이슬람이 평화와 안정의 종교이고 무슬림은 평화를 사랑하는 사람들임을 알리도록 했다.

이슬람은 정의를 의무화하고 불공정을 금지하며, 사랑과 자비, 협력, 애타주의, 희생, 자제심과 같은 이슬람의 숭고한 가르침과 가치를 통해 인간의 삶을 부드럽게 하고 마음을 풍요롭게 만들며 사람들을 형제처럼 지내게 만든다. 그리고 이슬람은 인간의 이성과 생각을 존중하여 인간이 서로를 이해하고 상대를 설득하도록 하였다. 이슬람은 어느 누구에게도 특정한 이념을 따르라고 강요하지 않으며 종교조차도 강요하지 않는다. 알라께서 "종교에는 강요가 없나니 진리는 암흑으로부터 구별되니라"〈코란 바까라(2)장 256절〉라고 말씀하셨다.[1]

이슬람의 이러한 원칙이 무슬림 사회의 개인, 집단, 국가 간의 관계에 영향을 주고 무슬림들 간의 관계와 무슬림과 비무슬림 간의 관계가 올바르게 정립되는 데 기여하고 있다. 무슬림들은 이슬람의 가

1_ al-Sayyid Sābiq(2008), *Fiqh al-Sunnah*, Vol.3 (Cairo: al-Fatḥ li-l-Ỉlām al-'Arabīy), pp.302-304.

르침에 따라 알라를 숭배하고 알라의 말씀을 드높이며, 진리를 정립하고 선을 행하며, 인간이 안전하게 살 수 있게 하는 여러 원리들을 정착시키기 위해 노력한다. 무슬림 사회 구성원은 물질적인 관계가 아니라 도의적인 관계에 기반하여 살아가고 있다. 이러한 관계는 혈연, 인종, 언어, 국가, 금전적 이익 등 사람들 사이를 연결하는 여타 어떤 관계보다 훨씬 더 강력하다. 이러한 관계를 통해 무슬림들은 서로서로 끈끈하게 연대하고, 분열에 굴복하지 않고 혼란에서 벗어나게 된다. 도의적인 관계는 믿음의 관계이다. 무슬림들은 믿음을 통해 혈연관계보다 끈끈한 형제가 된다. 알라께서 "믿는 자들은 한 형제라" 〈코란 후즈라트(49)장 10절〉라고 말씀하셨다. 무슬림은 다른 무슬림 형제에게 힘이 되고 무슬림 형제의 기쁨과 슬픔을 함께 한다.

무슬림 공동체는 구성원 간의 유대를 약화시키는 모든 것을 금한다. 무슬림의 공동체 의식을 잘 보여 주는 예로 자카트2와 라마단 기간 중 금식이 있다. 자카트는 부자와 가난한 사람들 간에 이루어지는 거래이고, 금식은 일정한 기간 동안 금식에 집단적으로 참여하여 굶주림의 평등함을 구현하는 것이다. 또한 메카 순례도 세계 방방곡곡에 살고 있는 모든 무슬림들이 매년 가장 신성한 땅에서 함께 모이는 장이 된다. 공동체가 알라의 종교인 이슬람을 보호하고 무슬림 사회를 수호하는 힘인 반면 분열은 이슬람과 무슬림 사회를 파괴하는 원인이 된다. 알라께서 "계시가 그들에게 있었는데도 분쟁을 일삼는 자가 되지 말라 그들에게는 무서운 재앙이 있을 것이다"〈코란 이므란(3)장 105절〉라고 말씀하셨고, "모두가 알라의 동아줄을 붙잡으라 그리고 분열하지 말라"〈코란 이므란(3)장 103절〉라고 말씀하셨다.

무슬림 공동체가 결속력을 갖기 위해서는 구성원 모두가 자신을 헌신하고 서로 도움의 손길을 주어야 한다. 도움이란 무슬림 공동체

2_ 구빈세로 무슬림의 5대 의무 중 하나로 세율은 수입의 2.5%이다. 자카트는 가난한 사람, 고아, 거지, 노예 등의 구빈 활동에 사용된다.

가 가지고 있는 어려움에 대처하는 데 필요한 물질적인 도움이나 정신적인 도움이며, 금전, 지식, 의견, 충고 등이 해당된다. 오늘날 무슬림 사회는 이슬람 연대를 구축하여 일련의 사건들에 대처하고 적의 침략에 맞서고 있으며 결속력이 강한 무슬림 사회를 만들기 위해 노력하고 있다.[3]

3_ al-Sayyid Sābiq, Vol.3, p.307.

　　무슬림 사회에서 인간은 인간이라는 이유만으로 성별, 인종, 종교, 언어, 국가, 민족, 사회적 지위에 상관 없이 모두 존중받는다. 알라께서 "알라는 아담의 자손에게 은혜를 베풀어 육지와 바다에서 그들을 운반해 주고 그들에게 좋은 양식을 부여하여 알라가 창조한 어떤 것보다 그들을 위에 두었노라"〈코란 이스라(17)장 70절〉"라고 말씀하셨다. 인간 존중을 표현하기 위해 알라께서 인간을 자신의 손으로 창조하시고 인간에게 생명을 불어넣어 주셨으며 알라의 천사들로 하여금 인간에게 머리를 조아리도록 하셨다. 또 인간을 위해 하늘과 땅에 있는 모든 것을 주셨으며 인간을 이 땅의 주인으로 만들고, 이 땅에 인간을 자신의 후계자로 남기셨다. 인간에 대한 존중을 기반으로, 무슬림 사회에서는 인간의 모든 권리를 보장하고 보호하고 있다.[4]

　　무슬림들은 샤리아에 위배되는 죄를 지은 경우 회개해야 한다. 회개란 죄를 지은 행동에 대해 후회하는 것으로 다시는 같은 행동을 하지 않겠다고 다짐하는 것이다. 잘못을 저지른 무슬림에게 회개하도록 권유하는 것이 권장된다.[5] 이에 대한 근거로 다음 코란 구절에 있다.

　　알라께서 "믿는 사람들이여 모두 알라께 회개하라. 그리하면 너희가 번성하리라"〈코란 누(24)장 31절〉라고 말씀하시며 회개를 통한 숭

4_ al-Sayyid Sābiq, Vol.3, p.314.

5_ Muḥammad Rawās Qalʻah Jī(2000), *al-Mawsūʻah al-Fiqhīyah al-Muyassarah* (Beirut: Dār al-Nafāʼis), p.595.

배를 명하셨다. 또 알라께서 "알라는 종복의 회개함을 수락하고 자선금을 수락하는 것을 그들(회개하는 이들)은 알지 못하느뇨 실로 알라는 관용과 자비로 충만하심이라"〈코란 타우바(9)장 104절〉라고 말씀하시며, 알라를 숭배하는 이들이 회개한다면 이를 받아들일 것이라고 말씀하셨다. 이에 더해 알라는 그의 종이 회개로써 알라께 다가간다면 그를 사랑하실 것이라고 하셨는데 이는 코란에도 명시되어 있다. "알라는 항상 회개하는 자와 함께 있으며 청결을 기뻐하시니라."〈코란 바까라(2)장 222절〉

(1) 직장 생활

무슬림들은 회사와 직원 간의 관계를 단지 노동을 제공하고 그 대가를 받는 고용 관계가 아닌 신뢰 관계로 여기고 있다. 따라서 직원이 회사에 대해 신용을 지키며 회사의 이익에 위배되는 행위를 하지 않고, 부정 행위를 하지 않는 것이 정도라고 믿고 있다. 이에 대한 근거로 다음 코란 구절이 있다. 알라께서 "모든 기탁물을 그들 소유자에게 환원토록 명령하셨으며, 너희가 판별할 때는 공정하게 판정하라 하였으니 이것이 바로 알라가 가르치시는 교훈이라, 알라는 언제나 들으시고 지켜보고 계시니라"〈코란 니싸아(4)장 58절〉 또한 "믿는 사람들이여! 너희 간의 너희 재산을 상호 동의에 의한 (합법적인) 사업인 것을 제외하고 부당하게 다 먹어치우지 말라"〈코란 니싸아(4)장 29절〉 그리고 알라께서 "믿는자들이여! 모든 의무를 다하라"〈코란 마이다(5)장 1절〉라고 말씀하셨다.

1) 회사와 직원

◆ 회사와 직원은 신뢰 관계에 있다.

질 문 저는 한 회사에서 근무하고 있습니다. 회사는 직원들을 위해 매달 비품을 구매하고 있는데, 제게 몇 가지 비품이 남았습니다. 제가 남은 비품을 집에 가져가도 괜찮을까요?

파트와 말씀하신 비품들이 회사업무를 위해 지급된 것이라면 반드시 본 목적으로만 사용해야 합니다. 사용 후 남은 부분에 대해서는 회사의 허락을 받아야만 합니다. 회사가 직원들에게 가져가도록 허락했다면 가져가도 괜찮습니다. 그렇지 않다면 안 됩니다. 회사에 근무하는 직원들은 회사가 믿고서 회사 재산을 맡긴 사람입니다. 이맘 아흐마드와 알티르미디와 아부 다우드가 전승한 하디스에서 "너를 믿은 사람에게 너의 믿음을 돌려주어라"라고 사도께서 말씀하셨다.

* 출처: http://www.awqaf.gov.ae/Fatwa.aspx?SectionID=9&RefID=10396(아랍에미리트, 2013.7.9)

◆ 회사와 직원은 신뢰 관계에 있다.

질 문 저는 준 공기업에서 일을 하고 있습니다. 제 월급은 3,000디르함인데 월급을 약 500디르함 인상한다는 규정이 공표되었습니다. 그러나 사장이 제 월급 인상을 거부하고 있습니다. 그렇다면 제가 매달 500디르함씩 사장에게 알리지 않고 회사 자금에서 가져가도 될까요? 참고로 저는 회사 재무를 관리하고 있습니다.

파트와 당신은 회사 재무를 관리하고 담당하고 있다고 말씀하셨습니다. 따라서 사람들이 당신을 믿고 맡긴 위탁물에 대해 당신은 신용을 지켜야 할 의무가 있습니다. 알라께서 "모든 기탁물을 그들 소유자에게 환원토록 명령하셨으며, 너희가 판별할 때는 공정하게 판정하라 하였으니 이것이 바로 알라가 가르치시는 교훈이라, 알라는 언제나 들으시고 지켜보고 계시니라"〈코란 니싸아(4)장 58절〉라고 말씀하셨으며, 사도 무함마드께서 "너를 믿은 사람에게 신용을 지키고, 너를 배신한 사람이라도 너는 배신하지 말아라"라고 말씀하셨습니다.

회사가 당신에게 올려주어야 하는 인상액만큼 금액을 가져간다는 핑계로 사장의 허락 없이 회사 자금을 가져가는 것은 안 됩니다. 이는 혼란을 일으킬 뿐 아니라 직원들을 부추겨 몰래 회사 돈을 횡령하는 더 큰 부패로 이어지게 할 것이기 때문입니다. 알려진 바와 같이 무슬림의 재물은 선의로 제공하는 것 외에는 허락되지 않습니다.

아부 후라 알리까쉬가 그의 삼촌의 전언을 따라 전승하였습니다. "사도 무함마드는 '무슬림의 돈은 선의로 제공하는 것 외에는 허락되지 않는다'라고 말씀하셨다." 아흐마드와 알바이하끼가 전승하고 아니스의 전언을 알다르 까따니가 기록한 바에 따르면 사도 무함마드가 다음과 같이 말했다. "무슬림에 해를 주는, 즉 무슬림의 피, 재산, 명예에 해를 주는 것은 모든 무슬림에게 금지된다."(무슬림이 전승)

아부 하미드 알사이디의 전언에 따르면, 사도 무함마드께서 "사람은 형제라도 흔쾌히 제공하지 않으면 막대기조차 가져가면 안 된다"라고 말씀하셨습니다. 이는 사도께서 무슬림이 무슬림의 재산을 가져가는 것을 강력하게 금지한 것을 보여 줍니다. 이맘 아흐마드와 이븐 하난, 알 바이하끼 외 다른 사람들이 이를 전승하였습니다.

당신이 해야 할 올바른 행동은 공표한 규정에 따라 임금을 인상하라고 회사측에 요구하는 것입니다. 그러나 회사가 이 요구에 응하지 않는다면 문제를 책임 기관에 상정하여 법적 절차에 따라 후속 처리를 해야 합니다.

* 출처: http://www.awqaf.gov.ae/Fatwa.aspx?SectionID=9&RefID=5107(아랍에미리트, 2013.7.9)

◈ 임금 인상 약속을 지키지 않는 회사에 대해 잔업 시간을 조작하여 임금 인상분을 챙기는 것은 금지된 일이다.

질문   저는 회사와 임금을 정하고 계약을 하였고, 1년이 지나면 임금을 인상하고 승진하기로 합의하였습니다. 그러나 회사는 이 계약을 위반하고 지키지 않았습니다. 이렇게 3년이 지났습니다.

제가 잔업 시간을 조작하여 합의된 돈을 조금 더 받아도 되나요? 참고로 저는 정해진 시간 안에 일을 다 마치기 때문에 잔업이 필요하지 않습니다.

업무 시간을 속이고 잔업을 조작하면 안 됩니다. 아울러 회사가 약속했던 사항에 대해 회사측과 이야기하고, 업무 숙련도를 높이기 위해 계속 노력해야 합니다. 이것이 신용이라는 것입니다. 근무시간에 태만해서는 안 되며 근무시간을 한 치도 조작하지 말아야 합니다. 아부 후라이라의 하디스 중 무슬림이 기록한 하디스에서 사도께서 "우리를 속이는 자는 우리에 속하지 않는다"라고 말씀하셨습니다. 그리고 이븐 하난이 여기에 "교활하고 속이는 자는 지옥에 갈 것이다"라고 덧붙였습니다. 알꾸르뚜비 대학자는 그의 저서 『알무프힘al-Mufhim』에서 "이러한 것은 우리의 방식에도, 우리의 순나에도 없다"라 말하였습니다.

당신은 악한 자에게 악으로 대하지 마시고, 계속 근무를 할 건지, 회사측의 계약 불이행으로 회사를 떠나 다른 일을 찾을 것인지 선택하십시오.

* 출처: http://www.awqaf.gov.ae/Fatwa.aspx?SectionID=9&RefID=28187(아랍에미리트, 2013.7.9)

◈ **직원은 회사에서 부당한 이익을 챙겨서는 안 된다.**

제 남편은 아랍에미리트에 있는 쇼핑센터에서 근무하고 있습니다. 남편은 매월 말 재고를 조사하고 판매량과 재고를 비교해 봅니다. 결산 후 남는 돈이 있으면 그 돈을 갖습니다. 저는 남편에게 "그건 금지된 일이에요"라고 말하지만, 남편은 결산 후 남는 돈은 자기 것이라고 말합니다. 이 돈은 할랄(허용된 일)입니까? 하람(금지된 일)입니까?

직원은 신용을 바탕으로 일하고, 직원이 가져갈 수 있는 돈은 자신의 월급입니다. 돈의 주인이 남편에게 흔쾌히 돈을 주지 않았다면 남편은 남는 돈에 대한 권리가 없습니다. 알라께서 "믿는 사람들이여! 너희 간의 너희 재산을 상호 동의에 의한 (합법적인) 사업인 것을 제외하고 부당하게 다 먹어치우지 말라"〈코란 니싸아(4)장 29절〉라고 말씀하셨습니다. 그리고 알라께서는 믿음에 대한 배신에 대해 경고하셨습니다. "믿는 자들이여! 알라와 사도를 배반하지 말며 너희의 신념도 배반치 말라 하셨으니, 너희들은 잘 알고 있으리라."〈코란 안팔(8)장 27절〉 이맘 아흐마드가 아므르 븐 야쓰리비의 전언을 기록한 것에 따르면, 사도께서 우리에게 하신 설교에서 "형제의 것이라도 흔쾌히 주지 않는다면 절대 가질 수 없다"

라고 말씀하였습니다.

　업무상 남는 돈에 대한 권리는 당신 남편에게 없습니다. 이 돈은 회사의 것입니다. 어쩌면 이는 당신 남편의 실수로 일어난 것이거나, 손님들을 직접 응대하는 계산원들의 실수 혹은 납품업자들의 실수로 일어난 일일 수도 있습니다. 이 돈은 원주인에게 돌려줘야 합니다. 이를 해결하려면 쇼핑센터 관리부서에 알려야 합니다. 그러므로 당신 남편은 근무처에 남는 돈에 대해 보고해야만 하며, 남편 돈을 이 의혹스러운 돈으로 오염시켜서는 안 됩니다. 종교적으로 결백하기 위해 이 돈을 포기해야만 합니다. 알하산 븐 알리의 전언을 티르미디가 기록한 바에 따르면 사도께서 "의심스러운 것은 내버려 두고, 의심스럽지 않은 것을 하여라. 진실은 안정을 가져다준다. 거짓은 의혹을 가져다준다"고 말씀하셨습니다.

　이맘 부카리가 알누으만 븐 바쉬르 전언을 기록한 하디스에서 사도께서 "허락된 것은 명확하다. 금지된 것도 명확하다. 그러나 그 둘 사이에 의혹이 있는 문제들이 있다. 그래서 죄를 짓지 않기 위하여 죄라고 의심이 되는 것을 하지 않는 사람은 명백하게 죄를 저지르지 않는다. 그러나 죄라고 의심되는 것을 함부로 저지르는 자는 명백하게 죄를 짓게 될 수도 있다. 죄는 알라의 히마ḥimā[6] 를 넘는 것이다. 히마 주변에서 자신의 양을 치는 사람은 언제든지 알라의 히마를 침범할 수 있는 사람이다"라고 말씀하셨습니다.

　당신 남편은 "너희 손이 행한 행동은 그 대가가 돌아올 때까지 책임이 있다"는 사도의 말씀을 기억해야만 합니다. 이 말씀은 아흐마드와 교우들이 전승하고 알하킴이 기록하였습니다.

* 출처: http://www.awqaf.gov.ae/Fatwa.aspx?SectionID=9&RefID=9264(아랍에미리트, 2013.7.9)

◈ **샤리아 규율에 위배되지 않는 회사와의 계약 조건은 준수해야만 한다.**

　질 문　저는 사우디텔레콤 산하 유통회사 "실"의 판매 대리인입니다. 제가 이 회사와 맺은 계약서에는 사우디텔레콤의 경쟁사와 거래하면 해고

6_ 알라의 목장(들어가지 못하게 보호되는 목장).

조치까지 가능하며 경쟁사와의 거래를 엄격히 금하는 조항이 들어 있습니다. 실제로 이런 사유로 해고된 직원도 보았습니다. 저는 판매 대리인이지만 자금이 있어 사우디텔레콤 상품을 제 사업으로 하고 싶고 직접 팔고 싶습니다. 그러나 이것은 회사 계약에 위배되는 것입니다. 이것은 하람입니까, 아니면 할랄입니까?

파트와 무슬림들은 계약 시 맺은 조건을 준수해야 합니다. 알라께서 "믿는 자들이여! 모든 의무를 다하라"〈코란 마이다(5)장 1절〉라고 말씀하셨습니다. 그리고 아부 다우드의 전승에 따르면 사도께서 "무슬림들은 조건을 준수해야 한다"라고 말씀하셨습니다. 계약 조건이 이슬람 샤리아 규율에 명백히 위반된다면 조건을 따르는 것은 허용되지 않습니다.

어떤 회사에서는 샤리아 규율에 위배되지 않는 조건을 직원들이 의무적으로 따르도록 하고 있습니다. 예를 들면, 규정되지 않은 방식으로 회사가 제공하는 상품을 거래하는 행위를 금지한 조건, 회사 사업과 연관이 있는 다른 회사들과의 거래를 금하는 조건, 예외 없이 정해진 가격으로 상품을 판매하도록 하는 조건 등이 있습니다. 이런 조건들은 합법적인 조건이므로 갈등과 분란을 일으키지 않으며, 무슬림으로서 신뢰를 저버렸다는 비난을 받지 않기 위해 따라야 합니다.

* 출처: http://www.aliftaa.jo/index.php/fatwa/show/id/681(요르단, 2013.4.29)

◆ **금품 및 선물 수수는 직무를 빙자한 이권과 관련이 있으면 금지된 일이다.**

질문 저는 한 회사의 엔지니어로 일하고 있습니다. 몇몇 고객들은 사업이 끝나면, 저와 그 사람들 사이에 아무런 합의가 없었는데도 저에게 얼마의 돈과 선물을 줍니다. 저는 사장에게 이를 알렸고, 사장은 이에 동의했습니다. 샤리아에 의거하여 제가 이런 선물을 받는 것에 대한 판단은 무엇입니까?

파트와 직원에게 주는 선물은 세 가지 종류가 있습니다.

첫째, 처우, 절차, 공정함에서 특혜를 받고자 하는 선물로, 이런 선물은 절대적으로 금지됩니다.

둘째, 직원과 고객 간의 합의 없이 직원이 받는 선물로, 대부분 직원 측이 제공한 서비스가 만료되었을 때 발생합니다. 이 선물을 받음으로써 권리를 침해하거나 잘못을 묵인하지 않는다면 고용주의 허락을 받고 선물을 수수할 수 있습니다.

셋째, 직원이 업무상 과거에 연계가 있었던 사람에게 받는 선물입니다. 즉 직급 때문에 주는 것이 아니고, 직원이 현재 이 회사에 있지 않다면 이런 선물은 받아도 괜찮습니다. 이는 업무와 아무 관계가 없기 때문입니다.

상세한 이러한 설명은 모두 셰이크 칼릴의 저서『알샤르흐al-Sharḥ』에서 발췌한 것입니다. "(선물에) 상응한 것을 제공하지 않았거나 채권자와 채무자와 같이 이해관계가 있다면 선물을 받는 것이 금지된다. 이는 돈을 사용한 후라고 할지라도 선물 수수는 금지된다. 마찬가지로 상급자나 판사에게 선물 제공은 금지된다."

* 출처: http://www.awqaf.gov.ae/Fatwa.aspx?SectionID=9&RefID=10396(아랍에미리트, 2013.7.9)

2) 부 업

무슬림 사회에서 국가에서 겸업을 금지하는 경우를 제외하고, 근무하고 있는 회사에 피해가 되지 않는 한 근무 시간 외에 다른 직업을 갖는 것은 허락된다. 이때 두 직업은 서로 상충되지 않아야 한다. 정부 부처에 근무하고 있어도 직장 책임자의 승낙을 받는다면 근무 시간이 끝난 후에 부업을 하는 것이 허용된다.

◈ 근무하고 있는 회사에 피해가 되지 않는 한 근무 시간 외에 다른 직업을 갖는 것은 허락된다.

질 문　한 청년이 밤에는 경비원, 낮에는 리포터로 상충되지 않는 두 가지 일을 병행하며 양쪽에서 월급을 받고 있습니다. 알려 드리자면 한 직장의 월급에는 주거비가 포함되어 있고, 다른 직장은 거주지를 제공하고 있습니다. 이 청년이 양쪽에서 월급을 받아도 될까요?

파트와　국가에서 겸업을 금지하는 경우를 제외하고, 두 일이 상충되지 않고 주간 일이 야간 일에 방해가 되지 않는다면 겸업이 가능합니다.

주거 지원의 경우, 사용자 측에서 다른 주거지가 없을 때만 주거를 지원한다는 조건을 달지 않았고 주거지 유무에 상관없이 급여의 일부분으로서 지원했다면 주거 지원비를 받아도 됩니다.

그러나 사용자가 거주 지원의 조건으로 피고용자에게 별도의 주거지가 없어야 한다고 명시했다면, 사용자에게 이를 알리고 허가 받은 경우에 한해서 거주 지원을 받을 수 있습니다. 왜냐하면 무슬림은 조건을 준수해야 하기 때문입니다. 계약 당시 조건이 붙어 있었다면 이를 지켜야 합니다.

* 출처: http://www.awqaf.gov.ae/Fatwa.aspx?SectionID=9&RefID=10396(아랍에미리트, 2013.7.11)

◆ **직장 책임자의 승낙을 받는다면 정부부처에 근무하면서 영리 활동을 하는 것은 금지된 일이 아니다.**

질 문　한 정부 부처에서 일하는 직원이 있습니다. 그는 특정한 영리 활동을 하고 싶어합니다. 그러나 제도적으로는 공무원의 영리 활동이 허용되지 않습니다. 이러한 행동이 금지됩니까? 영리 활동을 통해 얻은 돈에 대한 판단은 무엇입니까?

파트와　이 질문이 이프타 위원회(파트와를 내리는 위원회) 위원들에게 상정되었으며, 공무원 제도가 유연하기 때문에 직장 내 책임자의 승낙을 받으면 정규 근무시간 외에 일할 수 있는 기회가 부여될 수 있다는 답변이 나왔습니다. 이는 경제적 상황을 개선하기 위해 일을 해야 하는 직원의 이익, 그리고 정부 부처 입장에서 고려해야 하는 공익을 병행하는 것으로 샤리아에 위배되지 않습니다. 알라께서는 "믿는 자들이여! 모든 의무를 다하라"〈코란 마이다(5)장 1절〉라고 말씀하셨습니다.

따라서 허용되는 활동으로 돈을 벌 수 있다면 금전적 이익을 포기할 필요가 없습니다. 그러나 반드시 부처 관계자의 허락이 있어야 합니다.

* 출처: http://aliftaa.jo/index.php/ar/fatwa/show/id/2686(요르단, 2013.9.27)

3) 허용되는 직업

무슬림 사회에서 무슬림이 샤리아에 의거하여 허용되는 사업을 하는 회사에서 근무하는 것은 허락된다. 그러나 하람 사업과 할랄 사업을 동시에 하고 있는 회사에서는 무슬림이 허용된 일을 수행할 때만 허락된다. 또한 비무슬림이 다니는 학교에서 무슬림이 허용된 교과목을 가르치는 것은 허락된다.

◈ 하람 사업과 할랄 사업을 동시에 하고 있는 회사에서 허용된 일을 한다면 그 급여는 할랄이다.

질문 저는 일 년 전부터 펩시, 코카콜라 알루미늄 용기 생산 업체에 근무 중인 여성입니다. 원래는 맥주 등 주류 용기를 생산하는 회사였으나 지금은 탄산음료 용기를 생산하고 있습니다. 그러나 현재 적용되는 조건에는 일년에 하루 맥주 용기를 생산하도록 되어 있습니다. 저는 맥주 용기를 생산하는 날의 수입은 기부되기 때문에 회사 수입에 포함되지 않는다고 알고 일을 시작했습니다. 당시 이것이 허용되는지 알아보려고 요르단 국내외에 있는 여러 기관에 물어보고 결과적으로 할랄이라는 대답도 들었습니다. 이 회사에서 일한 지 일 년 정도 되었는데, 며칠 전에 맥주 용기 생산 수익이 기부되지 않고 있다는 사실을 알게 되어 재무관리자에게 사실을 확인해 달라고 부탁했습니다. 밝혀진 바로는 수입이 기부되지 않고 회사의 수입에 포함되고 있습니다. 그러나 우리 회사는 따로 자선활동을 하고 있고, 맥주 용기 판매 수익을 회사 계정에서 인출해야 하는 것이 법적 의무는 아닙니다. 회사는 개인 명의의 계좌로 자금을 융통하고 이자로 이것을 메우고 있으며, 2천만 디나르를 은행에 예치하여 이에 대한 이자를 받고 있습니다. 질문하고 싶은 이것입니다. 이 회사에 계속 다녀야 할까요, 아니면 그만두어야 할까요? 현재 저는 관리와 인사 업무를 보고 있습니다.

파트와 어떤 사람이 가진 돈에 할랄인 돈과 하람인 돈을 섞여 있고, 그를 위해 일하는 직원이 수행하는 업무가 허용된 일이라면, 이 직원이 받는 돈은 할랄입니다. 이 같은 기준이 없다면 매매(賣買) 등의 행위에서 얻는 사람들의 이익에 피해를 줍니다. 사람들 대부분이 할랄인 돈과 하람인 돈을 같이 가지고 있기 때문입니다.

* 출처: http://aliftaa.jo/index.php/ar/fatwa/show/id/715(요르단, 2013.8.15)

◈ **흡연은 금지된 일이며 개인과 사회에 피해를 주기 때문에 담배회사에서 일하는 것도, 담배를 피우고, 팔고 사는 행위도 허용되지 않는다.**

질 문 1년 넘게 구직활동을 한 끝에 담배 회사에서 일하게 되었습니다. 담배 회사에서 일하는 것은 허용됩니까?

파트와 흡연은 금지됩니다. 개인과 사회에 해를 끼치고 부패하게 만들기 때문입니다. 따라서 담배를 피우고, 팔고 사는 행위는 허용되지 않습니다. 담배 회사에서 일하는 것 역시 허용되지 않습니다. 담배 회사에서 일하는 것은 죄악과 적대행위에 협조하는 것이나 다름없습니다. 알라께서는 "죄악과 증오에는 협조하지 말고 알라를 두려워하라. 알라께서 엄벌을 내리실 것이라"〈코란 마이다(5)장 2절〉라고 말씀하셨습니다.

생계 곤란은 인내해야 하는 시련이고, 알라께서 이를 헤아려 주실 것입니다. 그러므로 금지된 곳에서 일하는 것은 허용되지 않습니다. 알라께서 "알라께서 항상 하나의 길을 준비하시니라. 그분은 우리가 생각지 못했던 일용할 양식을 주시니라. 알라께 의탁하는 자는 누구든지 알라 한분으로 충분하니라. 알라께서 목표한 바를 실로 온전히 달성하시나니 모든 것에 일정한 한계를 두셨노라"〈코란 딸라끄(65)장 2절, 3절〉라고 말씀하셨습니다.

* 출처: http://aliftaa.jo/index.php/ar/fatwa/show/id/868(요르단, 2013.7.25)

◈ **금지된 일을 하지 않는다면 호텔 조리실에서 근무하는 것은 금지된 일이 아니다. 할랄과 하람 사이에 확신이 없는 일은 안 하는 것이 하람을 저지를 우려를 없애 준다.**

질 문 호텔 조리실에서 일하는 것이 할랄인가요 하람인가요?

파트와 사도께서는 "할랄은 명백하고, 하람도 명백하나 많은 이들이 하람인지 할랄인지 헷갈려 할 만한 것들도 있다. 의심스러운 것을 경계하는 자는 자신의 종교와 명예를 지키지만 의심스러운 것에 빠진 자는 하람 속에 거하는 셈이다. 목자가 곧 방목할 가축을 알라의 히마(들어가서는 안 되는 목장) 근처에서 돌보는 것과 같다, 모든 왕에게는 히마가 있으며, 알라의 히마는 알라께서 금하신 것이다. 보라. 신체에 한 부위가 있는데 이 부위가 건강하다면 몸 전체가 건강한 것이고, 그렇지 않다면 몸이 상한 것이다. 이 부위가 바로 심장, 즉 마음이다"라고 말씀하셨습니다.

질문자의 상황에 고려해 볼 때, 무슬림에게 섭취가 허락되지 않은 돼지 고기 같은 음식을 조리하지 않는다면 호텔 조리실에서 일하는 것은 하람이 아닙니다. 이것은 질문자가 밝히지 않는다면 알 수 없는 사항입니다. 할랄을 따르려고 노력해 주신 데 대해 감사드립니다. 귀하의 질문은 이슬람의 판단에 관한 것입니다.

* 출처: http://aliftaa.jo/index.php/ar/fatwa/show/id/668(요르단, 2013.4.27)

◈ **무슬림이 무슬림과 비무슬림이 같이 공부하고 있는 학교에서 허용된 교과목을 가르치고 급여를 받는 것은 허락된다.**

【질 문】 학교에서 가르치는 대가로 급여를 받는 것에 대한 판단은 무엇입니까? 그리고 무슬림이 학교에서 기독교인을 가르치는 것에 대한 판단은 무엇입니까? 참고로 우리나라의 학교에는 무슬림과 이교도들이 함께 섞여 있습니다.

【파트와】 첫째, 학교에서 가르치는 사람은 학생들에게 종교 과목이나 교육하도록 허용된 교과목을 가르치는 대가로 급여를 받을 수 있습니다. 이러한 교과목에는 수학, 공학, 서예, 목공, 금속세공, 섬유 등과 같은 산업관련 과목이 있습니다. 둘째, 무슬림이 무슬림과 기독교인으로 구성된 학교에서 교육이 허용된 교과목을 가르치는 것은 괜찮습니다. 앞서 말씀드린 것처럼 무슬림은 무슬림에게 해가 될 수 있는 교과목을 이교도에게 가르쳐서는 절대 안 됩니다. 이러한 교과목에는 군수산업, 사격훈련, 모든 전쟁 행위와 전쟁에 도움이 되는 행위 등이 있습니다.

* 출처: http://www.alifta.com/Fatawa/FatawaChapters.aspx?languagename=ar&ViewPage&PageID=5536&PageNo=1&BookID=3(사우디아라비아, 2013.7.10)

◈ 오물을 치우는 일은 허용되며, 사람들에게서 해로운 것을 제거해 준 것에
대한 보수를 받을 수 있다.

질문 저는 하수처리 탱크 트럭을 가지고 있어서 비용을 받고 오물을
운반하고 있습니다. 이것이 저의 수입원입니다. 어떤 사람들은 저에게 이
런 수입원은 금지된 것이라 하고, 또 다른 사람들은 괜찮다고 합니다. 저
는 혼란스럽습니다. 이 문제에 대한 샤리아 판단을 부탁드립니다.

파트와 당신은 해가 되는 것을 사람들에게서 제거해 주고 해로부터 보호
해 줍니다. 그러므로 우리는 알라께서 당신에게 복을 내려 주시길 기원합
니다. 오물을 운반하고 돈을 받는 것은 괜찮습니다. 이는 물론 허락된 돈
입니다. 이맘 알카사니가 저서 『바다이으 알싸나이으Badā'i' al-Ṣanā'i'』
에서 말했습니다. "동물의 시체나 사람의 시체, 오물 들을 운반하기 위해
고용할 수 있다." 이는 사람들로부터 해가 되는 것을 제거해 주기 때문입
니다. 이것이 허락되지 않는다면 사람들은 피해를 보게 될 것입니다.

질문님! 당신이 오물을 운반하고 받은 돈은 허락된 돈이기에 괜찮습
니다. 당신에게 "이 돈은 금지다"라고 말하는 사람들은 아마도 오물을 판
매해서는 안 된다는 의미로 말한 것입니다. 그러나 운반에 대한 보수는
받을 수 있습니다. 그리고 사람들로부터 해가 되는 것을 제거해 주었다면
당신은 그에 대한 보수를 받을 수 있습니다.

* 출처: http://www.awqaf.gov.ae/Fatwa.aspx?SectionID=9&RefID=707(아랍에미리트, 2013.
7.9)

◈ 카팔라(al-Kafālah) 제도에 대한 판단

질문 아랍에미리트 정부는 사기업들이 자국민을 일정 비율, 예를 들면
30% 고용해야 한다고 결정을 내렸습니다. 이러한 정부의 방침으로 일부
회사들은 명목상으로만 자국민을 고용했습니다. 이 회사들은 계약서를
완벽히 작성하여 자국민을 고용합니다. 월급은 직원이 한 달 중 며칠 동
안 근무할 경우 월 4,000디르함을 지불하고, 출근하지 않을 경우 근무를
하지 않았어도 월급을 주되 회사와 절반씩 나눕니다. 즉 2,000디르함은
받고 나머지 2,000디르함은 회사에 반납합니다. 여기서 질문드립니다. 근

무를 하지 않거나 출근을 하지 않았는데 명의를 사용하는 대가로 월급을 지급하도록 회사와 합의를 하였다면 이 월급은 허용되는 것입니까? 참고로, 저는 만 일 년 정도 월급을 받았습니다.

파트와 법학자들은 근로자들을 다음의 두 부류로 분류합니다. 재봉사나 제빵사처럼 모든 사람을 위한 일반 업무를 하는 사람은 일반 근로자라고 부릅니다. 이들은 모두를 위해 일하고 그에 대한 금전적 대가를 받습니다. 특정 사업장을 위해 일하는 고용인과 직원은 특별 근로자라고 불리고, 이들은 정해진 업무 시간을 준수하며 근무 시간에는 고용주의 이익을 위한 업무만을 수행합니다. 후자의 경우 고용주의 처분에 달려 있는 각자의 지위에 맞는 월급을 받으며, 근무여부와 상관없이 월급을 수령합니다. 따라서 당신의 월급은 허용되며, 월급을 수령할 수 있습니다. 근무 여부와 상관 없이 당신은 일종의 특별 근로 계약을 맺은 상태이며, 고용주와 당신 간에 이에 대한 합의가 있었기 때문입니다. 믿는 자들은 그들의 조건을 준수합니다. 그러나 당신은 이를 자국민 고용 관리 기관에 알려야 합니다. 자국민을 고용하는 목적 중 하나는 현장 경험을 쌓는 것이기 때문입니다. 경험을 얻고 책임을 지는 훈련은 의무입니다. 젊은이들은 서둘러 이 의무를 이행해야 하며 역량을 강화하고, 능력을 신장시키고, 국가에 봉사하기 위해 이 의무를 활용해야 합니다.

* 출처: http://www.awqaf.gov.ae/Fatwa.aspx?SectionID=9&RefID=9841(아랍에미리트, 2013.7.9)

4) 근무 태도

직장생활을 성실히 해야 하며, 꾀병으로 병가를 내거나 근무 태만으로 회사에 손해를 끼쳤다면 회개를 하고 회사에 손해를 입힌 금액을 반환해야 한다. 회사에 반환하지 않는 대신 그 금액만큼 자선을 행해도 된다. 그 근거로 "믿는 자들이여! 알라와 사도를 배반하지 말며 너희의 신념도 배반치 말라 하셨으니 너희가 알고 있으리라"〈코란 안팔(8)장 27절〉가 있다.

◆ 업무 태만으로 회사에 손해를 입힌 직원을 해고할 수 없지만 그 책임을 묻고 손해액을 청구해야 한다.

> **질 문** 잘 아시다시피 해당 기업은 상당 수의 직원을 두고 있습니다. 직원들은 기업을 대신해 현금을 수령하고 계산하고 주인에게 전달하는 등의 은행 업무를 보고 있습니다. 우리는 재무 직원의 업무 위험성을 고려해 능력과 신용이 보장되는 사람을 뽑고 재무 업무에 적응하도록 충분한 훈련 기간을 둡니다. 그리고 문서로 작성된 정해진 업무 수행 지침을 줍니다. 재무 직원이 회사규정을 무시하고 지키지 않을 경우 회사가 손해 본 만큼 감봉 조치가 내려집니다. 예를 들면 다음과 같은 경우가 있습니다. 환전업무를 담당하는 직원이 수표를 받은 후 현금으로 교환해 주기 전 고객의 신상을 확인한다거나 금액을 인출하기 위해 잔액을 확인하는 등의 수표 교환에 필수적인 업무를 해야만 합니다. 그러나 담당 직원이 신분증을 요구하지 않고 교환해 주었고, 그 후 수표가 위조 수표로 밝혀져 회사가 수표 금액만큼 손해를 입은 경우입니다.
>
> 이러한 상황이나 이와 유사한 상황에서 업무 태만으로 회사 출자자에게 손해를 끼친 담당 직원을 해고해도 되나요? 판단을 내려 주세요. 알라께서 선생님이 오래 살도록 해 주시고 우리에게 축복을 내려 주실 것을 기원합니다. 알라는 가장 훌륭한 책임자이십니다.

> **파트와** 자신의 업무에 태만하고 지켜야 할 지침을 준수하지 않은 직원을 해고할 수 없습니다. 그 대신 업무태만에 대해서 직원에게 책임을 묻고, 회사에 입힌 금전적인 손해에 대해 배상을 청구해야 합니다.

* 출처: http://www.alifta.com/Fatawa/FatawaChapters.aspx?languagename=ar&View=Page&PageID=5541&PageNo=1&BookID=3(사우디아라비아, 2013.7.15)

◆ 꾀병으로 병가를 내는 것은 금지된 일이며, 병가 기간 동안 받은 임금도 합법적이지 못한 수입으로 본다. 또한 병가를 받도록 도와준 의사는 거짓말을 한 것으로 본다.

> **질 문** 실제로 아프지 않으면서 병가를 내는 데 대한 샤리아의 판단은 무엇입니까? 이런 일을 하는 직원은 죄를 짓는 것입니까? 정당하지 않은 병가 기간에 직원이 수령하는 임금에 대한 판단은 무엇입니까? 직원이 거

짓으로 병가를 받게 해 준 의사는 죄를 짓는 것입니까?

파트와 병가가 필요하지 않은 질병으로 부당하게 병가를 받는 것은 샤리아 상으로 금지된 거짓말 중 하나입니다. 알라께서 "믿는 자들이여! 알라를 경외하며 항상 정직한 자들과 함께하라"〈코란 타우바(9)장119절〉라고 말씀하셨습니다. 그리고 사도께서는 "그대들이여, 거짓은 방탕함으로 이끌고, 방탕함은 지옥의 불구덩이로 이끈다. 여전히 거짓말을 하는 사람이나 거짓말을 시도하는 사람은 결국 알라에게 거짓말쟁이로 기록된다"라고 말씀하셨습니다.

병가를 받을 만한 사유가 없는 직원이 거짓으로 병가를 받도록 해 준 의사는 믿는 자들을 기만하는 자입니다. 사도께서 "누구든지 속이는 자는 나의 사람이 아니다"라고 말씀하셨습니다.

합법적 사유 없이 병가를 받는 것은 허용되지 않습니다. 합법적 사유 없이 병가를 얻었다면 이는 죄입니다. 그리고 병가가 필요할 만큼 아픈 상황이 아닌데 병가를 받게 의사가 도왔다면, 이는 거짓말을 한 셈이고, 직원이 일하는 기관을 속이는 일입니다. 이렇게 받은 병가 기간 동안 직원이 받는 임금은 합법적이지 않은 수입으로 봅니다. 이에 모두가 알라를 경외할 것을 권고하는 바입니다.

* 출처: http://aliftaa.jo/index.php/ar/fatwa/show/id/959(요르단, 2013.8.12)

◈ **현장 업무를 마치고 조기 퇴근하는 것은 이를 허락하는 지침이 없는 한 금지된 일이다.**

질문 저희 어머니는 교육부 소속 장학사로, 현장업무가 끝나는 시각인 오전 11시면 부서로 복귀하지 않고 귀가하십니다. 어머니가 직장에 복귀해서 할 일이 없기 때문에 군이 복귀할 필요는 없습니다. 이때 어머니가 직장에서 받는 돈은 할랄입니까, 하람입니까?

파트와 먼저 어머니 행동의 판단에 대한 질문을 해 주신 점 높게 평가합니다. 우리는 알라께 질문자가 더욱더 독실하고, 믿음을 가지고, 할랄을 추구하시길 청합니다.

어머니가 일찍 일을 마치고 집으로 돌아오는 것에 대한 판단은 교육부 지침과 현행 규정에 따릅니다. 어머니의 조기 퇴근이 규정에 어긋나는 일이며 이에 대해 책임을 지거나 징계를 받아야 한다면 허용되지 않습니다. 어머니가 주어진 업무 수행을 소홀히 하는 것은 하람입니다. 알라께서 "믿는 자들이여! 알라와 사도를 배반하지 말며 너희의 신념도 배반치 말라 하셨으니 너희가 알고 있으리라"〈코란 안팔(8)장 27절〉라고 말씀하셨습니다. 어머니가 맡은 일을 소홀히 하고 받은 봉급에는 할랄인 돈과 하람이 돈이 섞여 있습니다. 할랄은 어머니가 열심히 일한 것이고, 하람은 업무를 소홀히 한 것을 의미합니다.

하지만 교육부나 총무처의 지침이 이를 허용한다면 문제 되지 않습니다.

* 출처 http://www.aliftaa.jo/index.php/fatwa/show/id/791(요르단, 2013.10.24)

◆ **정부 업무를 돌아가면서 결근한 사람을 대신해 출근 서명을 하는 것은 기만과 위조이며 계약을 위반하는 것이다.**

질문 정부 업무를 나누어 해도 됩니까? 예를 들어 우리 3명이 각자 이틀씩 돌아가면서 일을 하고 결근한 나머지 두 사람의 출근 서명을 해 주어도 되나요?

파트와 여러분이 소속된 정부 기관에 알리지 않고 이렇게 당신들끼리 합의할 수는 없습니다. 한 명의 직원이 결근한 동료 대신 서명을 하는 것은 기만과 위조, 그리고 준수해야 할 계약을 위반하는 것입니다. 알라께서는 "믿는 자들이여! 너희들은 모든 계약들을 수행하여라"라고 말씀하셨습니다. 출퇴근 전자 지문 인식 시스템을 사용하는 국가에서는 이런 현상이 사라졌습니다. 고인이 되신 법학자들은 "일하는 사람이 본인의 일을 타인에게 위임할 수 없다"고 말했습니다. 사주가 의도한 목적이 있어서 특별히 그 사람을 고용한 것이기 때문입니다. 그렇지 않았다면 정부기관은 3명을 고용하지 않고 단지 한 명을 고용했을 것입니다. 대학자 고 이븐 까심의 저서 『알무다와나al-Mudawwanah』의 내용입니다. "제가 양을 돌봐줄 사람을 고용했는데 다른 사람이 그 일을 하러 왔습니다. 이에 대해 어떻게 생각하세요?"라는 질문을 받았고, 이에 "그럴 수 없습니다. 그 사람을 고용한 것은 그의 신용과 능력에 만족했기 때문입니다"라고 답했습니다.

* 출처: http://www.awqaf.gov.ae/Fatwa.aspx?SectionID=9&RefID=10396(아랍에미리트, 2013.7.9)

◈ 근무시간에 태만한 것은 금지된다.

질 문   저는 한 회사에 근무하는 직장인입니다. 저는 가끔 근무시간에 사장의 허락 없이 외출하거나 쉬기 위해 꾀병을 부리기도 하지만 월급은 전액 다 수령합니다. 제 자신과 가족들이 이 금지된 돈을 멀리하려면 어떻게 해야 합니까?

파트와   당신이 이런 질문을 한 것은 신앙의 빛이 당신 마음속에서 빛나고 있으며 이로 인해서 당신은 의혹이 있거나 금지된 것을 양식으로 취하는 데 조심하게 되고 예방하게 된 것입니다.

당신과 회사 간에 작성된 계약서에 따라 정해진 업무 시간을 지키는 것은 알라의 명령입니다. 알라께서는 "믿는 자들이여! 모든 의무를 다하라"〈코란 마이다(5)장 1절〉라고 말씀하셨습니다. 이는 계약서의 요구사항들을 완전하게 지키라는 것입니다. 따라서, 당신이 허락 없이 외출을 하거나 쉬기 위해 꾀병을 부리는 것, 또한 할 일을 소홀히 하는 것, 업무 시간을 허비하는 것은 샤리아 규정에 위배되며 의혹을 만드는 것이고, 금지된 돈을 취하는 것입니다. 세 번째 질문은 하디스에 언급되어 있습니다. 이븐 마스우드가 전승한 이 하디스는 알티르미디가 그의 저서 『알수난』에 기록하였다. 사도께서 "인간들은 심판의 날 알라 앞에 서서 5가지 질문을 받을 것이다. 사는 동안 무엇을 했는지, 젊은 시절에 무엇을 겪었는지, 재산을 어디서 벌었는지, 그 재산을 어떻게 썼는지, 배운 지식을 어떻게 사용했는지에 대한 질문을 받을 것이다"라고 말씀하셨습니다.

샤리아에 의거해 올바르지 않게 취득한 돈으로부터 벗어나고자 한다면, 알라께 회개한 후 회사에 돈을 반납해야 합니다. 고용주에게 돈을 돌려줄 수 있는데도 돌려주지 않는다면 금전에 대한 회개가 받아들여지지 않기 때문입니다. 당신이 이 돈을 회사에 돌려줄 수 없다면 근무에 태만한 시간 만큼의 금액을 자선하시면 됩니다.

* 출처: http://www.awqaf.gov.ae/Fatwa.aspx?SectionID=9&RefID=2(아랍에미리트, 2013.7.9)

◈ 직원과 직원 업무에 대해 공정한 평가가 이루어져야 한다.

질 문   저는 한 회사에서 사장(사주) 대리 직급으로 일하고 있습니다. 저의 업무 중에는 직원들을 관리하고, 직원들과 직원들의 업무 처리에 대한 보고서를 제출하는 것이 있습니다.

한 그래픽 디자이너가 있는데, 그는 업무 개발 때문에 이미 수차례 관리부 및 사주로부터 경고와 주의를 받았습니다. 그러나 시정하지 않았고 할 일을 전혀 하지 않았으며, 업무에 전혀 도움도 되지 않고 있습니다. 그러자 사주는 저와 상의 끝에 "다음주에 그 직원을 해고했으면 좋겠다"고 하였습니다. 그래서 저는 사주에게 이 직원의 향방에 대한 결과 보고서를 송부했고, "그 직원은 일을 하지 않고 내내 앉아만 있으므로 해고하기로 결정했습니다"라고 말했습니다. 그렇다면 저에게 죄가 있습니까, 없습니까?

파트와 알라께서 당신을 성공시켜 주시고, 악으로부터 지켜 주시길 기원합니다. 질문에서 이해한 바로는, 당신이 그 직원에 대해 알라가 정해 놓으신 한계를 넘지 않고 진실되게 행정적인 조치를 따랐다면, 이는 당신이 마땅히 할 일이기 때문에 죄가 없습니다.

당신은 그 직원 담당자이자 책임자입니다. 당신은 당신 휘하에서 일을 하는 사람이건 당신과 함께 일을 하는 사람이건 간에 주변 사람들에게 충고해야 합니다. 당신의 업무를 위해서도 충고해야만 합니다. 그리고 그래픽 디자이너에게 했던 당신의 행동이 용납되는 일인지 아닌지에 대해 먼저 자문해 봐야 합니다.

사도께서 말씀하셨습니다. "누군가가 나에게 와서 의로움과 죄에 대하여 물었다. 이에 나는, '네 마음과 네 자신에게 세 번 물어보아라. 의로움은 네 마음이 안정이 되는 것이고, 죄는 스스로 의혹이 일고 마음이 혼란스러운 것이다. 사람들이 너에게 이와 관련하여 파트와를 내려 주었고 또 내려 주었다'라고 답하였습니다." 이는 이맘 아흐마드의 저서 『알무스나드』에 기록되었습니다.

근태 보고서의 투명성을 위해 관련 당사자가 보고서에 서명하고 그에게 잘못을 공지하며, 업무수행을 개선하도록 요청해야만 합니다. 가장 우선적이고 적절한 것은 지침을 내린 후 개선되는 것입니다. 만약 지침과 충고가 먹히지 않는다면, "경고, 질책, 협박, 예고, 감봉 등과 같은 다른 방법을 찾아야 합니다. 그러나 이렇게 하는 것이 효과가 없다면, 당신은 이러한 부담에서 벗어나 전문가에게 이 문제를 넘겨야 합니다. 이런 문제에서 성급하게 처리하다 보면 대부분 실수를 하기 마련입니다.

* 출처: http http://www.awqaf.gov.ae/Fatwa.aspx?SectionID=9&RefID=11732(아랍에미리트, 2013.7.9)

◈ **가정부에 대한 판단**

질 문 우리는 나이 많은 가정부를 데려왔습니다. 그러나 제 오빠가 가정부가 맘에 들지 않는다며 음식을 먹지 않습니다. 엄마는 큰 수술을 받으시고 지금 몸이 좋지 않아 요리와 같은 일을 못 하십니다. 우리 여자 형제들은 학교와 직장에 다닙니다. 라마단은 다가오고 어머니는 말동무와 도와줄 사람이 필요합니다. 아버지는 돌아가셨습니다. 가정부를 사무실로 돌려보낸다면 우리에게 죄가 됩니까?

파트와 당신은 이 가정부를 다른 목적이 아니라 오직 일 때문에 데려왔다는 것을 알아야 합니다. 그러므로 나이는 의미가 없습니다. 오직 가정부가 일할 능력이 있는지, 일을 효율적으로 하는지가 중요합니다. 가정부가 일할 능력이 된다면 오빠를 설득하세요. 가정부를 그대로 일하게 하고, 사무실로 돌려보내지 않는 것이 최선입니다. 가정부가 절실히 필요해 보이기 때문입니다. 당신이 오빠를 설득하여 가정부를 그냥 둔다면 당신께 복이 있을 것입니다. 그러나 오빠가 가정부에게 반감을 가지고 있는 상태에서 오빠를 설득하지 못하면, 이로 인해 오빠와 여러분들 간의 관계가 틀어지거나 오빠가 여러분들에 대한 의무사항을 제대로 이행하지 않게 될 것입니다. 가정부를 지키는 것보다 오빠를 지키는 것이 우선입니다.

* 출처: http://www.awqaf.gov.ae/Fatwa.aspx?SectionID=9&RefID=1444(아랍에미리트, 2013.7.9)

5) 여성의 직장 생활

맡은 업무가 샤리아에 위배되지 않는다면 여성은 어떠한 업무라도 할 수 있다.

◈ 여성이 판결하는 직책을 맡는 것에 관한 판단

　질문　요즘 여성이 판결하는 직을 맡는 것이 화제가 되고 있습니다. 여성이 판결하는 것에 대한 판단은 무엇입니까?

　파트와　이 사안에 대한 이슬람법학자들의 의견은 분분합니다. 이맘 말리크와 알샤피이, 한발은 여성이 판결하는 직책을 맡는 것을 허용할 수 없다고 보았습니다. 그러나 알타바리와 이븐 하즘은 이것을 허용되는 것으로 봅니다. 아부 하니파는 여성이 코란에 정해진 형벌과 응보형의 형사 사건이 아닌 민사 사건에서 판결하는 직을 맡는 것은 허용된다고 봅니다.

*　출처: Muṣṭafā Murād, p.545.

◈ 여성은 맡은 업무가 합법적이라면 무슨 업무라도 가능하다.

　질문　국가 왕실 경비대에 들어가는 것에 대한 판결은 무엇입니까? 저는 여자이고, 5년 전 교육대학을 졸업했으나 일에 적응하지 못했습니다. 저는 가족들을 부양하기 위해 일자리가 필요합니다. 저는 남동생들의 학비를 대고 있습니다.

　파트와　업무를 하는 데 샤리아 규정들이 잘 지켜진다면 여성이 일하는 것은 합법적이고 가능합니다. 코란에도 일하는 여성의 사례가 언급되어 있습니다. 나이 든 아버지를 돕던 딸 두 명이 있었습니다. 딸들은 "목동들이 양들을 우물에서 데리고 갈 때까지 우리는 우리 양들에게 물을 먹일 수 없어요. 우리 아버지는 매우 연로하세요"〈코란 끼싸스(28)장 28절〉라고 말했습니다. 왕실 경비대 일은 통치자를 보호하고 국가의 안전을 지키는 합법적인 일입니다. 따라서 당신의 여성성에 맞는 일이나 전공에 맞는 일을 찾았다면 고민할 필요가 없습니다. 많은 여성 교우들이 사도와 함께 현장으로 나가 부상자들에게 붕대를 감아 치료해 주었고 사도 경호 업무를 담당했습니다. 그중 한 여성이 "나의 가슴은 당신 가슴을 보호하기 위한 것이고, 내 영혼은 당신 영혼을 구원하기 위한 것입니다"라고 말했습니다.

*　출처: http://www.awqaf.gov.ae/Fatwa.aspx?SectionID=9&RefID=1494(아랍에미리트, 2013.7.9)

◈ 무슬림 여성이 스튜어디스나 호텔 직원으로 일하는 것은 외간 남자들과 접촉이 일어날 수 있으며 남성들의 시선에 노출되어 있기 때문에 허락되지 않는다.

> **질문** 무슬림 여성이 스튜어디스로 항공사에서 일하는 것과 호텔에서 일하는 것이 가능합니까? 그 근거는 무엇입니까?

> **파트와** 첫째, 여성이 스튜어디스로 항공사에서 일하는 것은 현실에서 나타나는 바와 같이 남편이나 마흐람 없이 여행해야 한다는 것입니다. 게다가 남성들의 접촉과 시선에 노출되어 있기에 이는 허락되지 않고 이 모든 것은 금지되었습니다.
>
> 둘째, 호텔에서 근무하는 것은 유혹을 불러일으키거나 수상한 사람들과 섞일 수 있습니다. 또한 외간 남자와 단둘이 남겨질 수도 있습니다. 이 속에는 극악함과 사회의 부패가 있습니다.

* 출처: 'Abd al-Wahhāb, pp. 1922-1923.

◈ 샤리아 규정에 위배되지 않는한 아버지는 아내나 딸들의 취업을 막을 권리가 없다.

> **질문** 남편이 아내에게, 아버지가 딸에게, 그리고 미망인 가족들이 미망인에게 직장 일을 하지 못하게 막을 권리가 있나요?

> **파트와** 이 질문은 현실과 동떨어져 있습니다. 남편이 아내를 위해서, 아버지가 딸을 위하여, 남성 친척이 여성 친척을 위하여 일자리를 구해 주어야 한다는 것이 우리 이프타 기관의 생각입니다. 그러나 여성이 수행해도 되는 업무는 업무 특성상 샤리아에 위배되는 상황에 처하지 않을 업무입니다. 이러한 맥락에서, 마드얀 지역의 한 신실한 남성의 딸들은 "목동들이 양들을 우물에서 데리고 갈 때까지 우리는 우리 양들에게 물을 먹일 수 없어요. 우리 아버지는 매우 연로하세요"〈코란 끼싸스(28)장 23절〉라고 말했습니다. 딸들은 남성과 함께 있게 되는 상황을 피하여 양들을 돌보았습니다. 딸들이 양을 돌볼 수밖에 없었던 것은 아버지가 일을 할 수 없는 상황이었기 때문입니다. 이 코란 구절은 여성이 일하는 상황에 대한 기준을 제시했습니다. 꼭 이러한 경우가 아니더라도 샤리아 조건에 맞는

일이라면 일하는 것을 금지하지 않습니다.

* 출처: http://aliftaa.jo/index.php/ar/fatwa/show/id/717(요르단, 2013.5.10)

◈ **여자로서 의사의 직업이 막중한 책임감과 부담을 느낄 수 있지만 환자의 도움이 되도록 최선을 다해야 한다.**

질 문   첫째, 저는 의사로서 많은 책임감과 부담을 느끼고 있습니다. 제가 모든 죄를 속죄하고 신실해질 수 있을까요? 저는 매일매일 실수를 범하고 있는 스스로를 발견합니다. 제가 의사를 완전히 그만두고 집에 들어앉는다면 알라께서 심판의 날 저에게 "너는 의사의 지식을 갖고 무엇을 했느냐?"고 물으실까봐 걱정이 됩니다. 특히 저는 의학 공부를 하는 동안 학비를 모두 가족의 돈으로 부담했습니다.

둘째, 어떤 사람들은 "의사로서 여자가 일을 하는 것은 충분한 의무7로 간주된다"고 말하고, 다른 사람들은 "여성들이 의사 일을 할 때 유혹에 노출될 수 있기 때문에 꼭 의사 일을 안 해도 되며, 필요하면 남성들이 여의사의 역할을 한다"고 말합니다. 무프티님의 의견은 무엇입니까?

파트와   첫째, 당신은 환자에게 도움이 되도록 최선을 다해야 합니다. 그리고 기도를 비롯한 모든 의무를 다하여야 하며 알라께서 금지한 일을 해서는 안 됩니다. 당신이 환자를 돌볼 능력이 부족하다면 알라께서 당신께 명하지 않으시니 걱정하지 마십시오. 알라께서 "알라는 인간에게 지탱할 수 없는 그 이상의 짐을 주지 않으신다"〈코란 바까라(2)장 2절〉라고 말씀하셨습니다. 그리고 "알라께서 최선을 다하여 알라를 두려워하라"〈타가분(64)장 16절〉라고 말씀하셨습니다. 또한 사도께서 "너희들에게 어떤 것이 명령되면 너희가 할 수 있는 한 최선을 다하여 그것을 행하고 금지한 것을 피하라"라고 말씀하셨습니다.(부카리와 무슬림이 전승)

둘째, 여자 의사가 여자 환자를 치료하는 것이 가능합니다. 그러나 근무지에서 남성과 섞이는 것은 허용되지 않습니다.

* 출처: 'Abd al-Wahhāb, p.1923.

7_ 일부가 대신해서 일하면 나머지는 안 해도 되는 의무.

(2) 교우 관계와 학교 생활

무슬림은 공동체의 일원으로서 사회의 질서를 유지하며 살아간다. 개인이 사회생활에서 가족이 아닌 다른 사람과 처음 관계를 맺는 관계가 친구 관계라 할 수 있다. 아랍 무슬림 사회에서 친구 관계인 우정은 두 사람 간에 진실한 우호적인 마음을 뜻하며, 친구 간에는 상대 친구의 허락 없이 먹을 수 있다. 예를 들면 친구 간에 우정이 돈독하다면 한 친구가 다른 친구의 집에 들어가 먹을 것을 발견한다면 친구의 허락 없이 먹을 수 있으며, 친구가 이 사실을 알게 되었을 때 허락 없이 먹은 것에 대해 기뻐한다.[8]

◆ **핑계를 대기 위해 거짓말을 해서는 안 된다.**

> 질문   저는 친구와 약속을 잡았습니다. 그런데 약속을 깜박 잊고 만나러 가지 못했습니다. 친구가 저에게 연락을 했고 저는 핑계거리를 찾아 이렇게 말했습니다. "고향으로 가려 했는데 가지 못했어(그래서 약속 장소에 못 나갔어)." 그에게 거짓말을 할 의도는 없었습니다. 이에 대한 이슬람의 판결은 무엇입니까?

> 파트와   핑계를 대려고 거짓말하는 것은 금지되어 있습니다. 당신은 회개해야 하고 모든 일에 진실해야 합니다.

* 출처: http://www.alifta.com/Fatawa/FatawaChapters.aspx?languagename=ar&View= Page &PageID=10110&PageNo=1&BookID=3(사우디아라비아, 2013.8.26)

◆ **친구 관계인 것을 이용하여 청탁을 한 경우 청탁 받은 내용이 적절하다면 친구를 도와주는 것이 금지되지 않는다.**

> 질문   친구가 제게 와서 한 스포츠 클럽에 등록하고 클럽 선거에서 자기를 후보자로 추천해 주면 대신 클럽 회비를 대신 내주겠다고 제안했습니다. 그리고 심지어 제가 친구를 후보로 추천하지 않더라도 회비를 내주겠다고 했습니다. 이것이 죄가 됩니까?

8_ Muḥammad Rawās Qal'ah Jī, pp.1199-1200.

파트와 클럽 자체가 금지된 것이 아니라면 클럽에 가입하는 것은 괜찮습니다. 그리고 말씀하신 친구가 신실하고 적격한 사람이라면 회비 대납 여부와 상관없이 그를 추천해도 됩니다. 만약 부적격한 사람이라면 그를 선출해서는 안 됩니다.

* 출처: http://cms.islam.gov.kw/Pages/ar/FatwaItem.aspx?itemId=4387(쿠웨이트, 2013.8.28)

◈ **어려움에 처한 친구를 도와주어야 한다. 돈을 훔친 친구에게 충고하고 회개시키기 위하여 도와주는 것은 허락된다. 사도 무함마드께서 "너의 형제가 억압을 하건 억압을 받건 그를 도와라"라고 말씀하셨습니다.**

질 문 친구가 금전적 위기에 처했습니다. 친구는 손해를 만회하기 위해 자신이 맡고 있는 공금을 일부 사용했지만 다시 손해를 보고 말았습니다. 그러자 더 큰 금액을 훔쳐 해외로 도주했습니다. 애석하게도 이 친구가 도주한 나라가 바로 제가 현재 근무하고 있는 곳입니다. 저는 친구가 저지른 일에 대해 속이 상했고, 그를 만나서는 쓴소리를 했습니다. 귀국하여 돈을 반납하라고 했지만 친구는 싫다고 했습니다. 친구는 저를 안심시키며 자신은 도둑질한 것이 아니고, 손해를 만회하려고 맡아 가지고 있던 돈을 운용하는 것이고 몇 달 내로 귀국해 회사 자금을 돌려주겠다고 했습니다. 그리고 잠잠했습니다. 친구에게 일어난 일을 우정에 입각해 생각하기 위해 저는 언제나 친구와 이야기를 나누고 있습니다. 이는 친구로 인해 상처받아 힘들어하고 있을 친구의 가족들을 위한 것입니다. 친구의 가족은 제게 친구를 저버리지 말고 충고를 해달라고 청하고 있습니다. 사도 무함마드께서 "너의 형제가 억압을 하건 억압을 받건 그를 도와라"라고 말씀하셨습니다. 저는 이 친구가 자신 스스로를, 자신의 가족을, 회사를 힘들게 했다는 것을 알고 있습니다. 그러나 저는 친구편에 서서 친구가 귀국하여 남은 자금을 돌려주고 회사와의 일을 원만히 해결해야 한다고 일깨워 주었습니다. 그러나 친구는 돈을 마련해 손해를 만회하기 전까지 돌아가지 않겠다고 고집을 부리고 있습니다. 하루는 친구와 함께 점심을 먹고 있었습니다. 저는 친구가 점심 값을 내지 않도록 제가 계산을 하겠다고 했습니다. 저는 사양을 했고, 다른 동료까지 함께 있었는데도 이 친구가 두 번이나 점심값을 계산했습니다. 현재로서는 친구가 나아진 모습을 보이지 않고 있습니다. 제가 이런 식으로 친구의 편을 드는 것은 금지된 것입니까? 제가 친구를 위해 어떻게 해야 하나요? 친구가 두 번 식사를 샀던 것에 대해선 제가 어떻게 해야 하나요?

파트와 질문자에게 권고하는 것은 계속해서 친구분에게 충고하고, 친구에게 신속히 회개하고 고난에서 빠져나와야 한다고 상기시키세요. 인생이 끝나는 것은 멀지 않았습니다. 인간은 언제 생을 마감할지 알 수 없습니다. 남의 권리를 가로채고 돈을 빼앗아 간 사람이 어떤 나쁜 결말을 맞게 될지는 아무도 모릅니다.

질문자가 반드시 해야만 하는 일은, 친구로 인해 돈을 잃은 모든 사람들에게 연락하여 꼭 갚겠다고 약속하고, 친구가 여러 차례에 나누어 갚을 수도 있지만, 가져간 돈을 모두 갚을 때까지 말미를 달라고 부탁하는 것입니다. 그렇게 되면 친구는 사람들의 마음속에 있는 일말의 용서와 관대함, 너그러움을 알게 될 것입니다. 이렇게 하면서 친구가 진정으로 회개할 수 있을 것입니다.

식당에서 질문자가 먹은 음식을 친구가 계산한 문제에 대해서는, 친구가 훔친 돈으로 산 음식이라는 확신이 있었다면 이 음식을 먹지 말아야 했습니다. 질문자는 친구가 사는 음식을 사양해야만 했습니다. 그렇게 했다면 친구가 자신의 과오와 큰 죄를 깨닫게 되고, 질문자 본인도 금지된 음식을 조금이라도 먹지 않을 수 있었습니다. 하지만 이미 벌어졌으니 회개하고 용서를 구해야 합니다. 알라께서는 자애로우시며 모든 것을 용서하십니다.

* 출처: http://aliftaa.jo/index.php/fatwa/show/id/289(요르단, 2012.12.23)

◈ **친구들뿐만 아니라 사람들과 대화를 나눌 때 가장 중요한 것은 선한 마음이며, 상대방이 이해할 수 있는 어휘를 사용하는 배려가 있어야 하고 나쁜 의미의 어휘를 사용하지 않는다.**

질 문 저는 친구들에게 "ㅇㅇ야, 날 묻어라" "재수 없어" "나 두고 혼자 오래 살아라" 등과 같이 거친 표현을 사용하는 청년입니다. 이런 표현들은 금지된 것입니까? 종교적으로 올바른 표현들은 무엇입니까?

파트와 각 지역마다 주민들이 사용하는 고유의 방언과 단어들이 있습니다. 주민들은 그 의미가 무엇인지, 그리고 그 의도가 호의적인지 부정적인지 알 수 있습니다. 당신이 질문한 표현들에 대한 판단은 의미가 좋은 것이라면 괜찮습니다만, 그렇지 않다면 금지됩니다. 말을 하는 사람은 상대방이 자신의 방언을 이해하는지에 주의를 기울여야 하며 나쁜 말은 삼가야 합니다.

아부 다르다아의 전언을 기록한 알티르미디의 저서 『알수난al-Sunan』에 다음과 같이 언급되어 있습니다. "심판의 날에 믿는 자의 저울에서 가장 무거운 것은 선한 마음이다. 알라께서는 죄인의 죄를 읽어 내신다"라고 사도 무함마드께서 말씀하셨다.

아니스의 전언을 기록한 알티르미디의 『알수난』에 다음과 같이 언급되어 있습니다. "더러움은 추잡함을 남기고 염치는 아름다움을 남긴다"고 사도 무함마드께서 말씀하셨다.

* 출처: http://www.awqaf.gov.ae/Fatwa.aspx?SectionID=9&RefID=30859(아랍에미리트, 2013.4.25)

◆ 칼와(마흐람이 아닌 관계에 있는 남녀가 다른 사람들의 눈에서 벗어난 공간에 단 둘이 있는 것)의 금지는 간음과 간음에 대한 구실을 막기 위함이다.

질문 남학생과 여학생 간의 우정이 친구 관계 이상으로 발전하는 것을 고려해볼 때 남녀 합반에 대한 파트와는 무엇인지 알려 주세요.

파트와 남녀가 학교나 그 외 다른 장소에서 함께 있는 것 자체는 이슬람의 예법과 가르침을 벗어나지 않는 한 샤리아에서 금지된 것이 아닙니다. 그러나 함께 있기 위해서는 지켜야 할 전제 조건이 있습니다. 여성이 정숙한 옷을 입고 헐렁한 옷을 입어 몸이 드러나거나 비치는 일이 없도록 하여 신체를 드러내지 않아야 하며, 주변 상황이나 이유가 어떻든 여성은 시선을 낮추고 남성과 단 둘이 있는 상황을 피해야 하며, 보고 듣고 느끼는 것에 있어 알라께서 금지하신 것을 준수해야 합니다. 남성 역시 이것에 관한 알라의 말씀을 지켜야 합니다. 알라께서 "(무함마드야!) 믿는 남성들에게 '(외간 여성을 바라보지 않도록) 그들의 시선을 (조금) 낮추고 (간음하지 않도록) 그들의 치부를 잘 지켜라'라고 말하라. 그렇게 하는 것이 그들에게 더욱 순결한 것이니라. 실로 알라께서 그들이 행하는 모든 것을 알고 계시니라〉〈코란 누르(24)장 30절〉라고 말씀하셨습니다. 남녀를 불문하고 이슬람의 예법이나 가르침을 준수하지 않는다면 남녀가 함께 있음으로 부정을 유발하고. 이는 알라의 명령에 대한 불복종으로 이어지게 되며, 결국에는 남녀가 함께 있는 것, 즉 남녀 합반은 샤리아에 의거하여 금지하게 될 것입니다.

* 출처: http://www.dar-alifta.org/ViewFatwa.aspx?ID=2269&LangID=1&MuftiType=(이집트, 2013.11.21)

◈ **교사는 학생 성적을 공정하게 평가해야 합니다. 성적을 조작하는 일은 학문을 쇠락시키며 교육 기관의 신뢰를 무너뜨린다.**

질문 저는 대학 교수인데, 가끔 학생 몇 명의 성적을 올려 주어야 할 때가 있습니다. 그렇지 않으면 이 학생들이 퇴학당할 수도 있기 때문입니다. 제가 인간적, 사회적으로 압박을 받을 수도 있습니다. 이 같은 사안에 대한 판단은 무엇입니까? 학생들은 이로 인해 아무런 피해를 입지 않았습니다.

파트와 학생들의 성적을 매기는 일은 심판의 날에 교사들이 받게 될 질문인 신뢰의 문제에 해당됩니다. 교사들이 매긴 성적에 따라 대학 졸업장을 받는 데 필요한 자격이 생기고, 성적을 매김으로써 학생의 학문적 역량에 대해 상세하게 기술할 수 있기 때문입니다. 따라서 이러한 기술 내용을 변경하는 행위는 모두 위조와 거짓에 속합니다. 아울러 교사가 이러한 점을 간과한다면, 이는 학문을 쇠락시키고 교육 기관의 신뢰를 뒤흔드는 일일 뿐더러, 필요한 역량을 갖추지 못한 무책임하고 취약한 집단을 사회로 내보내는 셈입니다.

그러므로 성적은 중요한 결과물이고, 이를 산출하는 교사들은 반드시 자신의 책무를 다해야 합니다. 교사는 특정 학생의 개인적인 이익보다 공공의 이익을 우위에 두어야 하며, 학교 행정 및 제도를 활용하여 학업 성적을 조작하는 일을 원천봉쇄해야 합니다. 그렇지 않으면, 이같은 빈틈이 사회를 허물고 병들게 할 것입니다. 알라께서 "믿는 자들이여 알라와 사도를 배반하지 말며 너희의 신념도 배반치 말라 하셨으니 너희가 알고 있으라"〈코란 안팔(8)장 27절〉라고 말씀하셨습니다.

* 출처: http://aliftaa.jo/index.php/fatwa/show/id/1863(요르단, 2013.3.4)

◆ 거짓 장애 진단서로 대학교에 입학하는 일은 금지된 일이다. 그러나 졸업 후 취업한 경우 업무 수행 능력이 충분하다면 사직하지 않아도 된다.

질문 대학에 입학하기에 시험 성적이 미달하는 사람이 있습니다. 그러나 장애인인 경우에는 예외가 적용되며, 장애를 증명하기 위해서는 의료 진단서를 제출해야 합니다. 그리하여 위 사람은 장애 정도가 40퍼센트 있다고 증명하는 위조 진단서를 제출하여 대학에 입학했으며 졸업도 했습니다. 이 학위를 통해 얻은 일에 대한 판단은 무엇입니까?

파트와 위조 진단서를 제출한 일은 알라께서 금지하신 거짓이며 위조이고 조작입니다. 알라께서 "믿는 자들이여! 알라를 경외하며 항상 정직한 자들과 함께 하라"〈코란 타우바(9)장 119절〉라고 말씀하셨습니다. 또한 사도 무함마드께서는 "내가 가장 큰 중죄 세 가지를 너희에게 전하지 않았느냐?"라고 말씀하셨습니다. 이에 청자들은 "아니오, 사도이시여"라고 말했습니다. 사도께서는 "우상을 숭배하고, 부모에게 불복종하는 것이다"라고 말씀하시고 앉아서 몸을 기댄 채 "그리고 거짓 발언을 하는 것이다"라고 말씀하시고 계속해서 반복하기에 우리가 "그만하셔도 됩니다"라고 말씀드렸습니다. 부카리가 전승했습니다.

따라서 이러한 행위를 했다면 반드시 뉘우치고 회개해야만 합니다. 그리고 두 번 다시 이러한 일을 저질러서는 안 됩니다. 참회가 받아들여지도록 알라의 뜻을 따르십시오. 금전으로 자선을 해도 괜찮습니다.

이 학위를 통해 얻은 일에 대하여는, 일에 숙달되어 업무 수행 역량이 충분하다면 사직하지 않아도 됩니다.

* 출처: http://aliftaa.jo/index.php/fatwa/show/id/2698(요르단, 2013.3.4)

◆ 시험 부정행위는 금지된 일이므로 감독 교사가 이를 보고하는 것은 샤리 아, 직업, 도덕상의 의무를 준수한 것이다.

질문 고교 졸업 자격시험을 감독하는 동료 교사가 있습니다. 제 동료가 응시자 중 한 명이 친형제를 대신해 시험에 응시했다는 사실을 알게 되어, 시험 감독관에게 이를 전했습니다. 그러자 원래 수험생은 모든 시험에 응시할 수 없게 되었고, 대리 응시자는 징역 1년에 처해졌습니다. 지금 제 동료는 후회하고 있습니다. 대리 응시자에게 징역이라는 형벌이 내려졌기 때문입니다. 감독관에게 보고한 것이 잘못이었다면, 상황을 바로잡을 방도는 무엇입니까?

파트와　삶의 모든 부문에 부정행위를 금지한다는 것이 샤리아의 결정입니다. 아부 후라이라가 전한 하디스에 따르면, 사도 무함마드께서 "부정행위를 저지르는 자는 나의 사람이 아니다"라고 말씀하셨습니다. 무슬림이 이를 전승했습니다.

시험장에서의 부정행위가 만연하다는 것은 잘 알려져 있습니다. 부정행위가 금지대상이라면 이를 돕는 일도 금지되어야 합니다. 알라께서 "그러나 죄악과 증오에는 협조하지 말고 알라를 두려워하라. 알라께서 엄한 벌을 내리실 것이라"〈코란 마이다(5장) 2절〉라고 말씀하셨기 때문입니다. 누구라도 부정행위 발생 사실을 알고 있다면 가능한 한 이를 바로잡기 위해 노력해야 합니다. 무슬림이라면 좋지 않은 일을 한 자 앞에서 침묵해서는 안 됩니다. 침묵한다면 죄의 공범자나 다름없습니다.

따라서 감독 교사가 대리응시자를 보고한 것은 샤리아와 직업, 도덕상의 의무를 준수한 것입니다. 시험은 노력한 자와 그렇지 않은 자를 가리는 자리이며, 시험을 통해 경쟁할 수 있는 권리가 생깁니다. 감독 교사가 침묵한다면, 이 자는 죄와 배반의 동반자가 됩니다. 그러므로 감독 교사는 일을 소홀히 하지 말고, 시험장에서 일어나는 일을 묵인하지 않아야 합니다. 그래야 교사 자신이 살고 있는 사회에서 부정행위가 사라지고, 그렇게 하지 않으면 이 같은 부정행위가 공동체 전체로 퍼져 나갈 수도 있습니다.

* 출처: http://aliftaa.jo/index.php/fatwa/show/id/861(요르단, 2013.3.4)

◈ 학교 보고서 작성시 형식적인 일은 도움을 받아도 허용되나 핵심적인 도움은 허용되지 않는다.

질문　대학생들이 교수에게 제출하는 연구보고서를 여러 사람의 도움을 받아 작성하는 것에 대한 판단은 무엇인가요?

파트와　연구 보고서 작성을 위해 도움을 준 것은 두 가지로 나누어집니다.

1. 인쇄, 목차 준비, 출처 수집 등과 같은 형식적인 도움을 주는 경우, 대가수수 여부에 상관없이 학생이 성과를 내도록 도움을 주어도 괜찮습니다.

2. 연구 보고서 그 자체를 작성하기 위한 도움, 즉 정보 수집, 결과 도출, 아이디어 정리, 당면 문제 논의와 같은 경우, 학생들에게 연구 준비를 위해 도움을 주는 것은 허용되지 않습니다. 이것은 교사를 속이는 것이기 때문입니다. 연구는 평가 수단 중 하나이고, 학생이 관련 출처로부터 정보를 찾고 정보 수집과 결론 도출을 위해 정리하는 것에 익숙하도록 하는 것도 연구의 목표 중 하나입니다. 위처럼 연구 보고서 작성을 대신해 주면, 도움 받은 학생은 실제 받을 자격이 없는 점수를 받고 열심히 노력한 다른 학생들과 동등한 대우를 받게 됩니다. 사도께서는 "(자신이 직접) 받지 않은 것을 가지고 있는 사람은 거짓의 옷을 입은 것과 같다"라고 말씀하셨습니다. 개인적인 도움을 받아 연구보고서를 제출하는 것은 거짓입니다. 거짓은 큰 죄입니다. 알라께서는 "믿는 자들이여 알라를 경외하며 항상 정직한 자들과 함께하라"〈코란 타우바(9)장 119절〉라고 말씀하셨습니다.

* 출처: http://www.aliftaa.jo/index.php/fatwa/show/id/942(요르단, 2013.11.3)

◈ **SNS 사이트는 선의적인 용도로 사용하는 것은 허용되며 부도덕과 타락을 조장하고 금지된 대화를 하기 위해 사용하는 것은 금지된다.**

질 문 페이스북 사용에 대한 판단은 무엇입니까?

파트와 페이스북과 기타 SNS사이트의 이용 문제는 중립적인 성격을 띱니다. 즉, 이러한 사이트 이용에 대한 샤리아의 판단은 그 사용 방법에 달려 있습니다. 허용된 대화를 나누거나, 선을 전파하고 계도하거나, 뉴스를 확인하거나, 유익한 대화에 참여하기 위해 사용하는 것은 허용되며 문제될 것이 없습니다. 오히려 무슬림이라면 유익한 모든 수단을 활용하여 선을 전파하고 자기계발을 추구해야 합니다.

금지된 대화, 또는 부도덕과 타락을 조장하는 데 이러한 사이트를 이용한다면 단연코 금지됩니다.

* 출처: http://aliftaa.jo/index.php/fatwa/show/id/838(요르단, 2012.12.16)

◈ **음주 자리에 참석한 것에 대한 판단**

질문 　모임에 술을 가지고 오는 비무슬림과 왕래하는 것에 대한 판단은 무엇입니까?

파트와 　무슬림들이 음주 자리에 있는 것은 금지됩니다. 알라께서 "성서에서 이미 말씀이 계시되었으나 너희 중에 알라의 말씀을 듣고서 그것을 불신하며 조롱하는 자가 있었더라. 그들이 다른 화제로 돌리기 전에는 그들과 함께하지 말라. 동참한다면 너희도 그들과 다를 바 없노라. 알라께서는 위선자들과 불신자들을 지옥으로 부르시니라"〈코란 니싸아(4)장140절〉라고 말씀하셨습니다.

사도께서는 "알라를 믿는 자와 심판의 날을 믿는 자는 술을 마시는 자리에 동석할 수 없다"라고 말씀하셨습니다. 이를 자비르 븐 압둘라가 전했고, 아흐마드가 저서 『알무스나드al-Musnad』에 기록하였습니다. 일부 학자들도 이 파트와의 내용이 건전하다고 하였습니다.

이맘 알샤르카시는 저서 『샤르흐 알사이르Sharḥ al-Sayr』(1권 57쪽)에서 "모름지기 무슬림이라면 이러한 자리에 동석하여서는 아니 된다. 할 수 있다면, 비난받을 행동을 금하는 것과 같이 술 마시는 행위를 금하라. 음주하는 곳에 가지 말라. 저주가 그들에게 내려질 것이다"라고 말했습니다.

* 출처: http://aliftaa.jo/index.php/ar/fatwa/show/id/478(요르단, 2013.8.14)

(1) 예 절

1) 인 사

무슬림은 인사를 중요하게 생각한다. 인사를 단순히 만남과 헤어짐을 의미한다고 보지 않고 상대방과의 교감과 신뢰를 확인하는 하나의 과정으로 생각하기 때문이다.

무슬림의 인사말 앗살람(al-Salām, 평화, 安寧)은 종교적이고 정신적인 나쁜 것으로부터 평화를 기원하는 것을 뜻한다. 무슬림이 무슬림 형제에게 앗살라무 알라이쿰(al-Salām 'alaykum)(당신께 알라의 평화가 깃드소서)이라고 말한다면 상대방에게 인사를 한 것뿐만 아니라 상대방을 존중하고 생명과 안녕과 건강을 위해 기도한 것이기도 하다. '앗살람' 인사는 무슬림형제들 간의 인사로 최상의 인사이다.[9] 인사를 받은 사람은 인사를 한 사람의 인사말보다 좀 더 긴 문장의 인사말로 화답하는 것이 예의이다.

가. 여성에게 인사하기

남성은 여성이 자신의 아내이거나 마흐람인 경우 인사하는 것이 순나이며, 여성은 인사에 답인사를 하는 것이 의무이다. 여성이 성욕이 없고 마흐람이 아닌 노파인 경우에도 인사하는 것이 순나이다. 그렇지만 여성이 젊고, 그 여성의 유혹이 두렵거나 그 여성 역시 유혹을 두려워한다면 인사하는 것은 혐오스러운 행위이다. 또한 여성이 큰

9_ al-Sayyid Sābiq, Vol. 2, p. 277.

소리로 남성에게 인사하는 것은 혐오스러운 행위로 여겨진다.

나. 인사를 먼저 하는 사람

아부 후라이라가 전언한 하디스에서 사도 무함마드가 "타고 있는 사람이 걷고 있는 사람에게 먼저 인사하고, 걷고 있는 사람이 앉아 있는 사람에게 인사하고, 수가 적은 사람들이 수가 많은 사람들에게 인사하느니라"라고 말했으며, 부카리가 기록한 하디스에서 무함마드가 "손아랫사람이 손윗사람에게 인사하느니라"라고 말했다.

그러나 이를 어기고 걷는 사람이 타고 있는 사람에게 인사하거나, 앉아 있는 사람이 걷고 있는 사람이나 타고 있는 사람에게 먼저 인사하는 것은 혐오스러운 행동이 아니다. 또한 수가 적은 사람들이 수가 많은 사람들에게 인사하거나 손윗사람이 손아랫사람에게 인사하는 것은 용서와 권리를 양보하는 것으로 존중과 너그러움을 나타낸다.[10]

다. 인사법

오늘날 무슬림들은 악수, 가벼운 포옹, 볼 키스 등 다양한 방법으로 인사한다. 악수는 가장 일반적인 인사법으로 깨끗한 오른손으로 인사하는 것이 원칙이다. 반면 가벼운 포옹과 볼 키스는 주로 동성 간 또는 가족 간, 아주 가까운 친척 간에 하는 것이 보통이다. 일부 아랍인은 손바닥을 펴 가슴-입-이마 순서로 가볍게 터치하고 마지막에 손을 상대를 향해 쭉 뻗으며 인사하는데 이는 당신을 내 가슴과 내 말과 내 머릿속에 오랫동안 남겨 두겠다는 의미로 풀이된다. 무슬림들은 부득이한 경우를 제외하고 머리를 숙여 인사하지 않는다.

10_ al-Sayyid Sābiq, Vol. 2, pp. 285-286.

◈ 인사를 할 때 남자는 여행에서 돌아온 남자와 어린아이에게 입맞춤하는
것이 허락된다.

질문 남남 간의, 남녀 간의 입맞춤은 허용되나요?

파트와 남자가 남자에게 하는 입맞춤에는 두 가지 경우가 있습니다.

첫째, 얼굴이나 뺨에 하는 입맞춤은 여행에서 돌아온 사람에게 입맞춤
을 하는 게 아니면 혐오스러운 일(마크루흐)[11]입니다. 사도께서 여행에서
돌아온 사람에게 입맞춤을 하신 바 있습니다. 에티오피아 지역에서 온 자
으파르 븐 아비 딸립에게 입맞춤을 하셨고, 여행에서 돌아온 자이드 븐
하리싸에게 입맞춤을 하셨습니다. 알티르미디의 기록에 따르면, 아이샤
가 전승한 올바른 하디스에 "자이드 븐 하리싸가 메디나에서 왔을 때 사
도께서 우리 집에 계셨다. 사도께서 그에게로 가서 노크하고, 그에게 다
가가. 껴안은 후 입맞춤을 했다"고 나와 있습니다.

학자들도 이미 이에 대해 명시한 바 있으며 이맘 알나와위는 저서『알
아드카르』에서 말했습니다. "어린이와 여행에서 돌아온 사람이 아닌 사
람과 포옹을 하거나 얼굴에 입맞춤을 하는 것은 혐오스러운 일이다." 두
가지 혐오스러운 일에 대해 아부 무함마드 알바그위와 그 외 다른 교우들
이 명시했는데, 이는 아니스가 전한 하디스를 기록한 알티르미디의 저서
와 이븐 마자의 저서에 기록되어 있습니다. "남자가 말하길, 사도시여! 우
리 중의 한 사람이 형제나 친구를 만났을 때, 고개를 숙여 인사를 해야 합
니까? 그러자 사도께서 '아니다'라 하셨다. 그래서 '그러면 그에게 입맞춤
을 해야 합니까?'라 하자 사도께서 '아니다'라고 하셨다. 그래서 '그럼 손
을 잡고 악수를 합니까?'라 묻자 사도께서 '그렇다'라 하셨다." 알티르미디
는 "이는 올바른 하디스다"라고 말했습니다.

샤피이 학자 이븐 하자르 알하이타미는 그의 저서『투흐파트 알무흐타

11_ 혐오스런 일, 동사 karaha '싫어하다'의 수동분사 형, 순나에서 바람직하지 않은
범주의 행위들. 김정위(2002).『이슬람 사전』, (서울, 학문사), p.288.
    그 외 다른 범주의 행위들로는 기도나 금식처럼 의무적으로 해야 되는 행동을
가리키는 파르드(farḍ)나 와집(wājib)과, 권장할 만한 행동을 가리키는 무스타합
(mustaḥabb) 또는 만둡(mandūb), 허용이 되거나 판단 기준이 분명치 않은 행동을
나타내는 무바흐(mubāḥ), 하지 말라고 금지된 행동이나 일을 지칭하는
하람(ḥarām) 등이 있다.

즈』에서 "자으파리가 에티오피아에서 왔을 때처럼 여행에서 돌아온 사람에게 입맞춤을 하고 안아 주는 것은 순나[12]이며, 마흐람이 아닌 미소년에게 입맞춤하는 것과 스쳐 지나가듯이 미소년의 몸을 만지는 것은 금지된다"라고 말했습니다.

여행에서 돌아온 사람이 아닌 사람에게 입맞춤하는 것은 혐오스러운 일이나 여행에서 돌아온 사람에게 입맞춤은 허용됩니다. 다만 이때 욕정이 없어야 합니다. 만약 욕정이 있다면 이는 엄격하게 금지됩니다.

둘째, 남자끼리 욕정을 품고 입에 입맞춤을 하는 것은 금지됩니다. 남자끼리 또는 여자끼리 비정상적으로 입맞춤을 하는 것은 금지된 일로, 하고 싶은 동기와 이유를 억제하고 삼가야만 합니다. 이에 대해서 모든 학자들 간의 의견이 일치합니다. 이븐 아비 시바는 그의 저서 『알무쌘나프』에서 사도 무함마드가 "함께 자는 것이 금지되는데 포옹하는 것이 해당되며, 입을 채우는 것이 금지되는데 입맞춤이 여기에 해당한다"라고 말씀하신 것을 기록하였습니다.

하나피 학자인 이맘 알자일라이가 저서 『나쓰브 알라야』에서 아부 우바이드가 "입을 채우는 것이란 남자가 그의 남성 친구의 입에 입맞춤을 하는 것으로 낙타는 흥분하면 입을 오므리는데, 이 상태로 낙타에게 굴레를 채우는 것에서 유래된 말이다.

말리키 학자인 알나프라위는 저서 『알파와키흐 알다와니』에서 손에 키스하는 것에 대한 혐오스러움을 언급한 후, "손에 입맞춤하는 것이 입에 입맞춤을 하는 것보다는 덜 혐오스러운 일이며, 남자가 남자의 입에 입맞춤하는 것은 허락되지 않는다"라고 기록하였습니다.

한발리 학자인 알라히바니는 저서 『마딸리브 아우왈리 알나흐이』에서 "남자끼리, 또는 여자끼리 입에다 입맞춤을 하는 것은 욕정을 일으킬 염려가 없더라도 혐오스러운 일이며. 이는 의심할 여지 없이 금지된 사항이다"라고 기록하고 있습니다.

욕정이 없더라도 이는 혐오스러운 일이며, 이는 대부분의 사람들이 이상하게 생각하는 것으로 이미 금지된 사항에 포함되어 있습니다.

12_ 아랍어의 의미로는 관례, 관행을 의미하지만 특히 예언자 무함마드의 언행을 가리킨다.

남자가 여자 입에 하는 입맞춤에는 두 가지 경우가 있습니다.

첫째, 여성이 마흐람인 경우, 손, 머리, 이마, 뺨에 입을 맞출 수 있습니다. 단, 남성이 욕구를 느끼거나 현혹되지 않도록 스스로 조심해야 합니다. 입에다 입맞춤을 해서는 안 됩니다. 사도께서 딸인 파티마의 양쪽 눈에 입맞춤을 하셨고, 아부 바크르는 믿는 자들의 어머니이자 자신의 딸인 아이샤의 뺨에 입맞춤을 하였습니다.

말리키 학자인 알나프라위는 저서 『알파와키흐 알다와니』에서 "여행에서 돌아왔다면 자신의 딸과 누이, 엄마의 입에 입맞춤을 해도 괜찮다. 또한 딸의 뺨에 입맞춤을 해도 괜찮다. 그러나 나이든 여성이라 할지라도 장모나 해방된 여자 노예에게 입맞춤하는 것은 혐오스러운 일이다"라고 말했습니다.

한발리 학자인 바후티는 저서 『캇샤프 알까나이』에서 "스스로 두렵지 않다면 여행에서 돌아온 사람이 마흐람 관계에 있는 여성의 입에 입맞춤을 해도 괜찮다"고 말했습니다. 그리고 "사도께서 전쟁에서 돌아와 파티마에게 입맞춤을 하셨다. 그러나 입에다 입맞춤을 하지 않고, 이마와 머리에 입맞춤을 하셨다"고 칼리드 븐 왈리드가 전승한 하디스에 기록되어 있습니다.

둘째, 외간 여성에게는 입맞춤뿐 아니라 만지는 것, 악수하는 것이 금지되며, 약혼이나 증언할 때를 제외하고는 정당한 사유가 있지 않고서는 바라보는 것도 금지됩니다.

이는 나이가 들고 욕정이 약해졌어도 남성과 여성 모두에게 해당됩니다. 나이가 젊은 청년이라면 입에 입맞춤을 하는 것은 더 엄격하게 금지됩니다. 이는 모두가 다 알고 있는 위배사항이며 금지 사항입니다. 이것이 난잡한 행위가 아니지만 커다란 사악함이 숨어 있어 금지된 행위이며 이로 인해 난잡한 행위를 저지를 수 있기 때문입니다. 입에 입을 맞추는 것은 간음의 시작이고, 가감 없이 말하자면 이는 부끄러운 간음 중에 하나입니다. 알바이하끼가 이븐 마스우드가 전승한 하디스를 저서 『샤으브 알이만』에 기록하였습니다. 알라께서 "작은 실수"라고 말씀하신 것에 대해 사도 무함마드는 "눈의 간음은 즉 바라보는 것이고, 입술의 간음은 입맞춤이고, 손의 간음은 손을 잡는 것이고, 다리의 간음은 간음을 하러 같이 걸어가는 것이다. 실제로 간음이 일어날 수도 있고 일어나지 않을 수도 있다"라고 말씀하셨다.

4대 법학파 이맘들은 모두 남성이 젊은 외간 여성을 만지거나 악수하는 것을 금지하고 있습니다. 특히 입에 입맞춤을 하는 것은 더 엄격하게 금지하고 있습니다. 알따브라니와 알바이하끼는 마으깔 븐 야사르가 전승한 하디스에서 발췌하여 다음과 같이 전했습니다. 사도께서 "허락되지 않는 여자를 만지느니 쇠창살에 찔려 죽는 것이 낫다"고 말씀하셨습니다.

이맘 알나와위는 저서 『알마즈무아』에서 "보는 것이 금지된 자는 만지는 것도 금지된다. 만지는 것이 금지되었어도 보는 것은 가능할 수도 있다. 외간 여성을 매매하거나 주고받을 때와 같은 상황에서는 바라보아도 된다. 그러나 이 경우에도 만지는 것은 안 된다"라고 말했습니다.

* 출처: http://www.awqaf.gov.ae/Fatwa.aspx?SectionID=9&RefID=10739(아랍에미리트, 2013.1.8)

◈ 남성은 외간 여성과 단둘이 있으면 안 되고, 외간 여성과 악수하는 것도 안 된다.

질문 외간 여성과 단둘이 있고 여성과 악수하는 것에 대한 판단은 무엇입니까?

파트와 외간 여성과 폐쇄된 공간에 단둘이 있으면 안 됩니다. 이맘 아흐마드가 오마르 븐 알캇탑이 전승한 하디스를 기록했습니다. "남녀가 폐쇄된 공간에 단둘이 있지 말라. 사탄이 제3자가 되기 때문이다." 또한 외간 여성과 악수하는 것은 안 됩니다. 아이샤의 전언에 따라 무슬림이 기록하였습니다. "사도 무함마드의 손은 어느 여성의 손에도 닿지 않았습니다." 그리고 사도 무함마드께서 "나는 여성과 악수하지 아니한다"라고 말씀하셨습니다.

* 출처: http://www.alifta.com/Fatawa/FatawaChapters.aspx?languagename=ar&View= Page &PageID=6357&PageNo=1&BookID=3(사우디아라비아, 2013.7.9)

◈ "앗살라무 알라이쿰"은 무슬림들끼리 하는 인사이며, 무슬림이 다른 무슬림을 만나면 먼저 인사를 한다. 그러나 비무슬림을 만난 경우에 먼저 인사

해서는 안 된다.

> **질문**　"앗살라무 알라이쿰(알라의 평화가 당신에게 있기를)"은 무슬림들끼리 하는 인사입니다. 이 인사를 구별 없이 모든 사람들에게 해도 됩니까?

> **파트와**　무슬림이라면 다른 무슬림을 만났을 때 상대에게 인사해야 합니다. 그 근거로 아비 후라이라의 하디스가 있습니다. 사도 무함마드께서 "무슬림이 다른 무슬림에게 해야 하는 것이 6가지 있다"고 말씀하셨습니다. 누군가가 물었습니다. "그것이 무엇입니까, 사도님?" 사도께서 답하셨습니다. "다른 무슬림을 만나면 그에게 인사하라. 상대방이 너를 초대하면 초대에 응하라. 네게 충고를 요청하면 충고해 주어라. 상대방이 재채기를 하면 '하미다카 알라'(알라의 자비가 있기를)라고 말하고 살아 있는지 확인을 해라. 아프면 치료해 주어라. 사망하면 뒷일을 돌보아 주어라." 알라께서 "'앗살라무 알라이쿰'으로 먼저 인사를 건넨 사람에게 답인사를 하는 것 또한 너희가 해야 할 일이다."라고 말씀하셨고 "너희는 인사를 받으면 그보다 더 좋은 답인사를 하거나 대답하라"라고 말씀하셨습니다. 비무슬림 또는 기독교인, 유대교도에게 먼저 인사하면 안 됩니다. 그 근거로 아비 후라이라의 하디스가 있습니다. 사도 무함마드께서 "길에서 유대교도나 기독교인을 마주치면 먼저 '앗살라무 알라이쿰'으로 인사하지 말고 상대가 먼저 인사하게 하라"고 말씀하셨습니다.

* 출처: http://www.alifta.com/Fatawa/FatawaChapters.aspx?languagename=ar&View=Page&PageID=9431&PageNo=1&BookID=3(사우디아라비아, 2013.8.11)

◈ **인사를 한 상대가 무슬림인 경우 무슬림의 언어인 아랍어로 인사한다. 그러나 아랍어를 모르는 비아랍인에게는 그들의 언어로 답인사를 한다.**

> **질문**　영어 인사말 "굿모닝", "굿 애프터 눈" 등과 같이 비아랍인의 인사에 대해 아랍어로 답 인사를 하는 것에 대해 판단은 무엇입니까? 그리고 저에게 이렇게 인사한 사람에 대해 판단은 무엇입니까? 인사에 대한 답인사를 같은 언어로 해야 합니까, 아니면 무슬림으로서 알라를 경배하는 이슬람식 인사로만 주고받아야 합니까?

인사를 건넨 사람이 무슬림이면 무슬림의 언어인 아랍어로 답을 합니다. 인사를 건넨 사람이 아랍어 구사자가 아닐 경우에는 그들이 사용하는 언어로 답 인사를 하십시오. 아랍어를 구사하는 사람이라면 아랍어로 인사를 주고받으십시오. 당신과 그들에게 축복이 있을 것입니다.

* 출처: http://www.alifta.com/Fatawa/FatawaChapters.aspx?languagename=ar&View=Page&PageID=9444&PageNo=1&BookID=3(사우디아라비아, 2013.8.11)

◆ 남자 무슬림들끼리 만났을 때 인사로 악수를 하는 것으로 충분하나 먼 여행에서 돌아온 경우 포옹을 해도 된다. 그러나 입에 입맞춤을 하는 것은 안된다.

무슬림 남성이 무슬림의 남성의 얼굴에 입맞춤을 하는 것에 대한 판단은 무엇이며, 이로 인해 교우들에게 미칠 영향에 대한 판단은 무엇입니까?

일반적으로 만났을 때 악수하는 것으로 충분합니다. 상대방이 여행에서 돌아왔다면 포옹해도 됩니다. 아니스가 전승한 하디스입니다. "사도의 교우들은 서로 만나면 악수를 했다. 여행에서 돌아오는 경우에는 포옹을 했다." 이는 알따바라니가 올바른 하디스로 기록하였습니다.

* 출처: http://www.alifta.com/Fatawa/FatawaChapters.aspx?languagename=ar&View=Page&PageID=9453&PageNo=1&BookID=3(사우디아라비아, 2013.8.11)

◆ 무슬림들 간에 샤리아에 맞는 인사말로 인사하는 것은 순나이다. 인사를 받았을 때 더 좋은 인사말로 답하는 것이 좋다.

앗살라무 알라이쿰(알라의 평화가 당신에게 있기를) 인사말이 아니라 "반갑습니다", "환영합니다", "어떻게 지내십니까"와 같은 인사말, 또는 손인사와 눈인사, 또는 운전을 하다가 경적으로 인사를 하는 것에 대해 답을 해야 합니까?

무슬림이 상대 무슬림에게 샤리아에 따른 인사말로 인사하는 것이 순나입니다. 따라서 다음과 같이 인사하면 더 좋습니다. 무슬림의 인사말은 "앗쌀라무 알라이쿰 와라흐마툴라히 와바라카투후"입니다. 이에 대한 근거로 아부 다우드, 알티르마디 그리고 알니싸이가 이므란 븐 하신의 전언을 기록한 하디스가 있습니다. 사도가 말씀하셨습니다: "한 남성이 사도께 다가와 '앗살라무 알라이쿰'이라고 인사하고 앉자, 사도께서 '앗살람'이라고 답하시고 자리에 앉으시며 '10'이라 말씀하셨습니다. 또 다른 남성이 와서 '앗쌀라무 알라이쿰 와라흐마툴라히'라고 인사하자 사도께서 답인사를 하시고 앉으면서 '20'이라 말씀하셨습니다. 또 다른 남성이 와서 '앗살라무 알라이쿰 와라흐마툴라히 와바라카투후'라고 인사하자, 사도께서 답인사를 하시고 자리에 앉으시며 '30'이라고 말씀하셨습니다." 인사를 받은 자는 같은 인사말 또는 더 나은 인사말로 답해야 합니다. 알라께서는 "너희는 인사를 받으면 그보다 더 나은 인사말로 인사 또는 답하라"〈코란 니싸아(4)장 86절〉라고 말씀하셨습니다.

멀리 있는 사람 또는 차에 타고 있는 사람과는 손으로 서로를 가리켜서 의식하며, 위에 언급한 대로 샤리아에 맞는 인사말을 건네면 됩니다. 무슬림이 다른 무슬림에게 "알라께서 축복을 내려주시기를", "반갑습니다." 혹은 "어떻게 지내십니까?" 등과 같이 인사 받는 이의 기쁨을 배가시킬 수 있는 인사 표현을 사용하는 데는 문제가 없습니다. 그러나 샤리아에 따른 인사말을 한 후에 다른 인사를 나누어야 합니다. '앗살라무'라고 인사하지 않은 채 다른 표현으로 또는 자동차 경적소리로만 인사하는 것은 순나에 위배되는 근거 없는 방식이므로 하면 안 됩니다.

* 출처: http://www.alifta.com/Fatawa/FatawaChapters.aspx?languagename=ar&View=Page&PageID=9462&PageNo=1&BookID=3,(사우디아라비아, 2013.8.11)

2) 식사(식음의 할랄과 하람)

무슬림들의 식사 예절은 다음과 같다.[13]

음식을 먹기 전과 후에 손을 씻는다. 무함마드가 "음식에 대한 축복은 음식을 먹기 전과 후에 우두를 하는 것에 있다"라고 말했다.(아부다우드 전승)

음식을 먹기 전, "알라의 이름으로"라고 말한다. 무함마드가 "너희들 중 누군가가 음식을 먹는다면 '알라의 이름으로'라고 말하게 하

13_ Muḥammad Rawās Qalʿah Jī, pp.1310-1311.

라, 식사를 시작할 때 말하는 것을 잊어버렸다면 '처음과 끝에 알라의 이름으로'라고 식사 후에 말하게 하라"라고 말했다.(아부 다우드와 알티르미디 전승)

오른손으로 먹고 앞 쪽에 있는 것부터 먹는다. 무함마드가 오마르 븐 아부 쌀마에게 "알라의 이름을 언급하고, 너의 오른손으로 먹고, 너에게서 가까운 것부터 먹어라"라고 말했다.(부카리 전승)

음식을 먹은 뒤 입을 헹군다.

음식 덩어리를 작게 만들어 먹는다.

배가 부르면 알라께 감사하며 찬양한다. 무함마드가 "알라가 주신 음식을 먹은 자에게 '알라시여, 우리를 위해 음식으로 축복을 내려 주시고 이보다 더 좋은 음식을 내려 주십시오'라고 말하게 하라"라고 말했다.(아부 다우드 전승)

손가락과 접시를 깨끗하게 핥는다.

음식 타박을 하지 않는다. 아부 후라이라가 전한 하디스에 따르면 "예언자께서는 어떠한 음식에도 타박하지 않으셨다. 특정 음식을 좋아하면 그것을 드셨고, 싫어하면 그것을 드시지 않았다."(부카리 전승)

◆ 할랄과 하람의 대상에 관한 판단

질문   음식에서 할랄과 하람은 육류에만 해당되는 건가요? 음료에서는 술만 해당되나요?

파트와   자연의 구성요소와 그 안에 알라께서 창조하신 것들을 취급하는 법을 명백하게 밝혀 주는 합법적인 규칙이 사물에 대한 기본 원칙은 ―제한적이면서 간단한 금지에 대한 규정이 언급된 것을 제외하고― 모두 허용하는 것이라는 것을 알라께서 우리에게 가르쳐 주셨습니다. "그분에게서 온 하늘에 있는 것과 땅에 있는 것 모두를 그분께서 너희에게 도움이 되도록 만드셨느니라. 실로 그[언급된 것] 안에 생각하는 사람들을 위한

본보기들이 있느니라."〈코란 자씨야(45)장 13절〉

알라께서 금지할 것을 코란에서 분명하게 하신 것 중에는 고기에 관해 언급된 것이 있습니다.

"(무함마드여!) '나에게 계시된 것에서 (의식의 요건에 따라 도살되지 않고) 죽은 동물이거나, 흘린 피이거나, 아주 불결한 것이라는 이유로 돼지고기이거나, 알라가 아닌 것에 바쳐진 불경스러운 (고기인) 것을 제외하고 먹고자 하는 사람에게 (먹는 것이) 금지된 것을 발견하지 못했다'라고 말하라. 그러나 (먹기를) 원하지도 않고 (지켜야 할 한계를) 넘지도 않으면서 어쩔 수 없이 먹도록 강요받은 자는, 틀림없이 알라께서 (그를) 용서해주시며 (그에게) 자비로우시니라."〈코란 안암(6)장 145절〉

"(믿는 사람들이여!) 너희에게는 (도살되지 않고) 죽은 동물과 피, 돼지고기, 알라가 아닌 것에 바쳐진 것, 교살되었거나 (돌이나 막대기에) 맞아 죽었거나 거꾸로 떨어져 죽었거나 뿔에 받혀 죽은 것[동물들], 그리고 너희가 (죽기 전에 정식으로) 도살한 것을 제외하고 맹수가 먹던 것, (돌)제단에 바쳐진 것[동물을 먹는 것], 그리고 점화살[깃털과 촉이 없는 화살]로 제비뽑기를 하(여 고기를 나누)는 것이 금지되어 있느니라. 그것은 사악한 행위이니라. 이날 불신하는 자들은 너희 종교에 대한[너희 종교를 꺾으려는] 희망을 포기하였느니라. 그러니 그들을 두려워하지 말고 나를 두려워하라. 이날 내가 너희를 위해 너희 종교를 완성하였고, 너희에 대한 나의 은혜를 완성하였으며, 너희를 위해 내가 이슬람을 (너희) 종교로 택하였느니라. 그러나 죄를 짓고 싶어하지 않으면서 모진 배고픔으로 어쩔 수 없이 (위에 언급된 금지된 것들을 먹도록) 강요 당한 자는, 틀림없이 알라께서 (그를) 용서해 주시며 (그에게) 자비로우시니라."〈코란 마이다(5)장 3절〉

그리고 음료와 관련하여 알라께서 "믿는 사람들이여! 실로 술과 도박과 우상과 점술에 사용되는 화살은 사탄의 소행으로 인한 더러운 행위이니 너희가 번창할 수 있도록 그것을 피하라"〈코란 마이다(5)장 90절〉라고 말씀하셨습니다.

학자들이 모든 더러운 음식과 더러운 것이 섞인 음식을 금기로 규정한 바 있습니다. 그래서 이맘 알카르시가 『무크타사르』에 주석을 달면서 말하길 "육류가 아닌 것을 음식물로 선택하는 상황에서 섭취하는 것이 허락된 것은 청결한 음식이다. 이 반대는 안 된다. 더러운 것은 썩은 달걀과 같이 자체로 더러운 것과 그 외의 더러운 것이 섞인 것, 예를 들면 더러운 것이 섞인 유동식 같은 것이 있다"라고 하였습니다. 그리고 금지되지 않은 유동식의 경우, 더러운 것이 없어야 할뿐더러 심신에 해가 되어서도 안 됩니다. 그래서 정신에 영향을 주는 모든 음료는 그 이름이 어떻게 되어 있든 마시는 것이 금지되어 있습니다."

자비르가 전하는 하디스에 따르면 사도께서 "많은 양이 취하게 하는 것은 그것의 적은 양으로도 금지된다"고 말씀하셨습니다. 이는 이슬람 법이 의도하는 것들 중에 종교와 정신, 이성, 종족, 그리고 재산을 보호하는 것이 있기 때문입니다.

그래서 이슬람 법에서는 위의 목적을 실현하는 데 방해가 되는 모든 것을 금지하고 있습니다. 알라께서 우리에게 모든 좋은 것들을 허락하시고, 모든 나쁜 것들 것을 금지하셨습니다.

알라께서 "(무함마드여! 음식물 중에서) 무엇이 그들에게 허락되어 있는지 그대에게 물을 것이니라. '너희에게 (모든) 좋은 식품과 알라께서 너희에게 가르쳐 주신 것[사냥법과 사냥에서 잡은 것을 가져오는 법]과 같은 방법으로 너희가 [사냥법과 사냥에서 잡은 것을 가져오는 법을] 가르치면서 (사냥법을) 훈련하는 (개나 매 같은) 포식 동물(이 잡아온 사냥감)이 허락되어 있다. 그러니 그것들이 잡아온 것을 먹되 (그것을 놓아 줄 때) 그것에 대고 알라의 이름을 언급하고 알라를 경외하라"라고 말하라. 실로 알라는 응보를 빨리 하시느니라"〈코란 마이다(5)장 4절〉라고 하셨으며, "구약 성서[신명기 18장 15절]와 복음서[요한 복음 14장 16절]에 자신들과 함께 기술되어 있는 것을 볼 수 있는 문맹의 선지자인 사도[무함마드]를 따르는 사람들을 위해 (자비를 베풀어 줄 것이니라.) 그가 그들에게 정평이 있는 것을 명하고 역겨운 것은 금하며, 그들에게 좋은 것[좋은 것 중에서 금지되어 있던 것]들을 허락하고 악한[나쁜 것으로 간주되는] 것들은 금지하며, 그들에게서 그들의 무거운 부담을 덜어 주고 그들에게 채워진 족쇄를 풀어 주느니라. 그와 마찬가지로 그[무함마드]를 믿고 존경하며 돕고 그에게 계시된 빛[코란]을 따른 사람들에게 (자비를 베풀어 줄 것이니

라.) 이들이 바로 성취할 사람들이니라"〈코란 아으라프(7)장 157절〉라고
도 하셨습니다.

> * 출처: http://www.awqaf.gov.ae/Fatwa.aspx?SectionID=9&RefID=10365(아랍에미리트,
> 2013.1.8.)

◈ **과식은 금지된 일이다. 이에 대한 근거로 〈코란 아으라프(7)장 31절〉이 있다.**

질 문　과식하는 것은 금지되어 있습니까?

파트와　그렇습니다. 몸에 좋지 않을 정도로 과식하는 것은 무슬림에게
금지되어 있습니다. 많이 먹는 것은 낭비이고, 낭비는 금지된 일이기 때
문입니다. 알라께서 "아담의 자손들이여! 너희가 예배할 때와 예배하는
장소에서는 의복으로 단장하되 사치하지 말고 과식하지 말며 과음하지
말라. 실로 알라께서는 낭비하는 이들을 사랑하지 아니하시니라"〈코란
아으라프(7)장 31절〉라고 말씀하셨습니다.

> * 출처: http://www.alifta.com/Fatawa/FatawaChapters.aspx?languagename=ar&View=
> Page&PageID=8604&PageNo=1&BookID=3(사우디아라비아, 2013.7.9).

◈ **육두구는 고체 형태이므로 음식에 조금 넣는 것은 괜찮지만 종교적으로
죄를 짓지 않으려면 육두구 사용을 삼가야 한다.**

질 문　음식에 육두구를 사용하는 것은 샤리아에 금지되어 있습니까?

파트와　일부 학자들은 육두구를 음식에 사용해도 괜찮다고 합니다. 이는
"취하게 하는 소량의 고체 물질"로 간주되기 때문입니다. 하디스 구절 "많
은 양으로 취하게 하는 것은 적은 양도 금지한다"는 액체에 해당되는 것
이지 고체 물질에는 해당되지 않습니다. 말리키 학자인 알아다위가 『키
파야트 알딸립 알랍바니』 해설서에서 사도께서 "많은 양으로 취하게 하
는 액체는 적은 양도 금지한다"라고 말씀하신 내용에 대해 설명하였습니
다. "많은 양으로 취하게 하는 것"은 많은 양으로 이성을 잃게 만드는 것
을 의미하고, 취하게 하는 액체를 금지한 것은 이성을 잃는 것을 경계하
기 위함입니다. 그래서 액체의 경우 적은 양도 금지됩니다. 당신이 육두
구를 음식에 조금 넣는 것은 괜찮습니다만, 육두구 사용을 삼가는 것이

종교적으로 죄를 짓지 않는 것입니다.

* 출처: http://www.awqaf.gov.ae/Fatwa.aspx?SectionID=9&RefID=14678(아랍에미리트, 2013.3.21)

◈ 돼지고기가 조리되었던 기름으로 음식이 조리된 것을 알았다면 이 음식을 먹어서는 안 된다.

질 문 저는 가끔 학생식당에서 식사합니다. 금지된 음식은 당연히 피하고 있습니다. 종종 감자튀김이나 달걀 프라이를 주문하는데 한번은 이 일을 하는 담당자가 달걀과 고기를 같이 기름에 넣고 조리하는 것을 보았습니다. 무슨 고기인지 정확히 알 수는 없었지만 제가 보기에는 돼지고기처럼 보였습니다. 그렇다면 그 달걀 프라이나 감자튀김을 먹는 것이 금지되나요?

파트와 돼지고기를 조리했던 유지나 기름을 그대로 사용해서 튀겨졌다는 확신이 든다면 먹지 말아야 합니다. 확신이 없다면 먹어도 됩니다.

* 출처: http://www.alifta.com/Fatawa/FatawaChapters.aspx?languagename=ar&View=Page&PageID=8548&PageNo=1&BookID=3(사우디아라비아, 2013.7.9)

◈ 불순한 물과 먹이를 먹고 자란 양의 젖과 고기를 먹는 것은 허용되지 않는다.

질 문 저는 양을 키우고 있습니다. 양은 농장 하수에서 자란 식물을 먹고, 이 하수를 마시고 자랐습니다. 이 양을 먹어도 됩니까?

파트와 양이 먹고 마신 먹이와 물이 불결한 것이라면 그 양의 젖과 고기를 먹으면 안 됩니다. 사도 무함마드께서 잘랄라는 먹으면 안 된다고 금하셨기 때문입니다. 잘랄라는 불결한 것을 먹은 동물을 의미합니다. 3일간 묶어 두고 정결한 것을 먹인 후에야 그 고기를 먹을 수 있습니다.

* 출처: http://www.alifta.com/Fatawa/FatawaChapters.aspx?languagename=ar&View=Page&PageID=8572&PageNo=1&BookID=3(사우디아라비아, 2013.7.9)

◈ 더러운 환경에서 자란 대추야자 열매에 더러운 불순물의 영향이 드러나지 않으면 먹어도 된다.

질문 저는 나즈란에 소재한 정부 부처에서 일하고 있습니다. 부처가 소재한 부지에 대규모 주거단지가 딸려 있고 기반 시설 중에 하수구가 있습니다. 알라께서 여러분을 축복하시기를 ─ 하수구 주변에는 대추야자 나무가 자라고 열매가 열렸습니다. 어떤 사람들은 이 대추야자 열매를 먹고, 또 어떤 사람들은 이 나무가 하수와 하수 찌꺼기 양분으로 자랐다는 이유로 열매 먹기를 꺼려합니다. 제가 드리고 싶은 질문은 다음과 같습니다. 계속해서 또는 일정 기간 동안 하수와 하수에 섞여 있는 사람의 배설물이 유일한 영양 공급원이었던 식물의 과실을 먹어도 됩니까? 먹으면 안 됩니까? 불결한 것을 먹고 자란 동물 잘랄라를 기준으로 보면 동물이 사람의 배설물을 먹고 자라 잘랄라로 분류된 경우에, 반드시 샤리아 규정에 따라 처리를 한 후에야 먹을 수 있다고 합니다.

파트와 대추야자 과실의 맛 또는 향에 불순물로 인한 영향이 드러나지 않는다면 먹어도 무방합니다. 대추야자 과실은 본래 먹어도 무방하기 때문입니다. 그러나 과실의 맛과 향에서 불순물로 인한 영향이 드러난다면 먹으면 안 됩니다.

* 출처: http://www.alifta.com/Fatawa/FatawaChapters.aspx?languagename=ar&View=Page&PageID=8570&PageNo=1&BookID=3(사우디아라비아, 2013.7.9.)

◈ 봉사료에 관한 판단

질문 관광식당에서 일하는 직원인데 손님이 식사를 끝내고 직원에게 서비스의 대가로 팁을 줍니다. 손님은 그럴 의무가 없습니다. 오히려 이것은 직원에게 단지 선물일 뿐입니다. 그러나 식당 주인이 직원에게서 팁을 가져가기도 하는데, 만약 이것을 안다면 손님은 직원에게 아무것도 주지 않을 것입니다. 그러므로 일부 직원들은 그들이 받은 팁을 주인이 알 수 없도록 감추기도 합니다. 그들의 행동이 허용되는 것입니까? 또 식당 주인이 직원에게서 팁을 가져가는 것이 허용되는 것인지요?

파트와 알라께서는 우리가 사람들의 돈을 거짓으로 혹은 불법적으로 취하는 것을 금하셨습니다. 또 예언자께서는 '자신이 선의로써 돈을 제공하는 경우를 제외하고는 무슬림의 돈을 갈취해서는 안 된다'라고 말씀하셨습니다. 식당의 주인처럼 직원 역시 금전적으로 독립된 권리를 갖고 있다는 것은 잘 알려져 있습니다. 그리고 식당주인은 급여를 받을 자격이 있는 이를 직원으로 일할 수 있도록 고용했습니다. 또 직원과 식당주인간의 고용계약에는 직원이 얻는 모든 돈을 주인이 가져가야 한다는 사항이 명시되어 있지 않습니다. 그리고 이둘 사이에는 '노예의 돈은 그 노예를 부리는 주인의 돈이다'라고 말할 수 있는 노예관계가 정립된 것도 아닙니다. 단, 직원은 맡은 일을 수행해야 하고, 식당 주인은 직원에게 급여를 지급해야 합니다. 그러나 그 외에 직원이 받은 모든 것을 식당 주인이 가져가는 것이 합법적이라고 볼 수 있는 것이 없습니다. 왜냐하면 팁을 준 손님이 의도한 것이 희사나 자카트, 증여, 혹은 그 이외의 것일 수 있기 때문에 식당 주인은 팁을 받는 사람에 포함되지 않습니다. 손님이 선의로 직원에게 돈을 주었다면 이 돈은 업주에게는 금지된 돈입니다. 또 주인이 자신을 위해 팁을 가져갔다는 것을 알면 손님의 마음도 좋지 않을 것입니다.

그리고 직원은 손님이 음식을 먹은 대가로 식당 주인에게 지불하는 돈을 횡령해서는 안 됩니다. 또 주인은 직원이 손님의 배려의 표시로 받은 것을 가져가서도 안 됩니다. 왜냐하면 이것은 식당 주인과는 전혀 관계 없는 것이기 때문입니다. 이것을 근간으로 질문에 대한 답을 드리겠습니다. 식당주인이 팁을 가져갈 것이라고 염려되는 경우, 직원이 손님으로부터 받은 것을 숨기는 것은 법적으로 허용됩니다. 그리고 업주가 팁을 가져가서 손님과 직원의 기분이 좋지 않다면 식당 주인은 직원이 받은 팁을 가져가서는 안 됩니다. 이 경우에 주인에게 팁은 삼가야 할 금지된 돈으로 여겨집니다.

* 출처: http://www.dar-alifta.org/ViewFatwa.aspx?ID=492&LangID=1&MuftiType=0(이집트, 2012.12.31)

3) 가축 도살

도살은 목과, 두 개의 경정맥을 끊는 것이다. 두 개의 경정맥은

피를 머리로 운반하는 것이다.[14]

  가. 식용 동물에는 흐르는 피가 있는 것, 흐르는 피가 없는 것의
    두 종류가 있다.

    ① 흐르는 피가 있는 것에는 물 속에서만 사는 것과, 물과 물
      밖에서 사는 것과, 물에서 살지 않는 것이 있다.

      - 물속에서만 사는 동물은 생선과 같은 것인데, 이는 도살하
        지 않고 먹어도 된다. 예언자가 "깨끗한 물속에 사는 고기
        는 먹어도 된다"[15]라고 말했다.

      - 물에 살지 않는 동물이거나, 물개처럼 물에서도 살고 물 밖
        에서도 사는 동물의 경우, 이슬람식 도살방법으로 도살하
        지 않은 것은 먹으면 안 된다.

  나. 메뚜기처럼 흐르는 피가 없는 것은 도살되지 않았더라도 먹
    는 것이 가능하다. 왜냐하면 부패의 원인이 피인데 피가 없다
    면 부패의 원인도 없기 때문이다.

    ① 식용이 아닌 동물: 식용이 아닌 동물에는 두 가지 종류가 있
      다. 생활 환경이 깨끗한 것과 생활 환경이 불결한 것이다.

      - 생활 환경이 깨끗한 동물은 돼지와 개를 제외한 모든 동물
        이다. 이 동물들의 경우 고기와 가죽이 깨끗하게 도살되었
        더라도 고기는 여전히 금지된 것이라 먹으면 안 된다. 그러
        나 도살되지 않고 죽었다면 이는 죽음으로 불결해진 것이
        다. 동물의 피는 부패의 원인이다. 그렇기 때문에 이를 먹
        지 말아야 한다.

      - 생활 환경이 불결한 동물은 돼지와 개이다. 이 동물들은 도
        살되었든 제 명에 죽었든 간에 불결한 것이다.

14_ Muḥammad Rawās Qal'ah Jī, p.894.

15_ Sunan an-Nasa'I, 4350번.

◆ 육류 통조림과 치즈에 대한 판단

질문 육류 통조림과 치즈가 금지되었다거나 또는 그 일부는 허용되고 다른 일부는 금지되었다는 것이 확인되었습니까?

파트와 치즈는 기본적으로 우유에 레닛(rennet 응유효소)을 첨가하거나 응고용 화학물질을 넣은 것입니다. 우유를 먹고 마시는 것은 무슬림이든 무슬림이 아니든 허용되는 일입니다. 그러므로 저희는 치즈를 먹는 것은 치즈에 금지된 물질이 첨가되었다고 밝혀지지 않는 한 허용된다는 판단을 내립니다. 그러나 질문자께서 금지된 물질이 첨가되었다는 그러한 종류의 치즈를 섭취하실 수 없습니다.

육류에 대해 말씀드리자면 이는 이슬람식으로 도살되지 않은 경우엔 그 고기를 먹을 수 없습니다. 이슬람식이란 무슬림이나 유대인, 또는 기독교인이 칼과 같이 날카로운 것으로 도살하여 그 동물의 피를 흘려보내는 것을 말합니다. 목이 졸려 죽은 동물과 같이 다른 방식으로 죽은 동물은 식용으로 금지되어 있습니다. (육류) 통조림이 기독교도나 유대교도의 국가에서 생산되었고, 피를 흘려보내는 방식으로 도살된 것일 경우 이 통조림을 섭취해도 됩니다. 질문자께서 질문하는 육류 통조림의 원산지는 모르겠으나, 원칙을 알려드렸으니 귀하께서 알아보시기 바랍니다.

셰이크 누흐 알리 살만의 파트와. (음식과 도살 파트와 제2번 파트와)

* 출처: http://aliftaa.jo/index.php/fatwa/show/id/2480(요르단, 2013.8.4)

◆ 인간이 조류 인플루엔자에 걸리지 않게 하기 위한 가금류의 도살 방법

질문 저는 가금류 생산을 수의 감독하는 농업부 소속 국가 실험실에서 일하고 있습니다. 제가 일하는 실험실은 조류 인플루엔자를 진단하고 연구하는 책임을 맡고 있습니다. 조류 인플루엔자는 엄청난 경제적 피해를 야기하고 인간의 목숨을 앗아가는 위험한 질병으로, 우리는 이 질병이 전 세계적인 재난으로 변하지 않기를 알라께 간청합니다. 그리고 과학 연구에 따르면 인간은 이 질병과 관련된 많은 양의 바이러스에 노출될 때, 특히 이 질병에 감염된 조류를 도살할 때 조류 인플루엔자에 걸릴 수 있다는 것이 증명되었습니다. 실제로 이집트에서 이러한 일들이 발생했고 조류를 도살함으로 인해 사망에까지 이르게 되었다는 보고가 있었습니다. 우리는 외국인 연구원들과 함께 공동으로 과학적인 시도를 하고자 했습니다. 그것은 바로 도살을 하는 동안 바이러스의 양을 줄이기 위한 것인데, 이 방법은 쉽고 간편하여 시골 여성이 비용을 많이 들이지 않고 그 과정도 복잡하지 않게끔 고안되었습니다. 그 아이디어는 바로 새를 일반 비닐봉지(집에서 많이 볼 수 있는)에 넣고 머리를 바깥으로 내보이며, 새의 목은 조르지 않고 새의 움직임도 제어하지 않고 칼로 도살을 하는 것입니다. 실제로 보니 새의 피나 분비물이 묻은 흙(먼지)의 양이 현저히 줄었습니다. 그래서 태스크 포스 팀에게 미국에 있는 조류 인플루엔자 관련 국제 참조 실험실에 연락하여, 더 많은 실험을 통해 대기 중 바이러스의 양을 정확히 측정할 수 있도록 하고, 이 방법을 사용하면 시골 여성들이 도살을 하는 동안 어느 정도 바이러스로부터 벗어날 수 있는지 본 방법의 효율성을 연구하도록 했습니다.

외국인 연구원들은 이슬람 법에 따라 이 도살 방법이 할랄인지 그래서 미국에서 실험을 하는 동안 이것을 적용할 수 있는지 알기 위해 파트와를 받을 것을 요구했습니다. 우리는 이 연구를 진행해서 좋은 결과에 도달하려는 목표를 세우고 있고, 이 연구의 결과가 과학적 참고자료나 국제 전문 회의, 농촌 교육 지침 간행물에 실리게 되기를 바랍니다.

파트와 모든 도살의 조건이 되는 것은 도살을 하는 자(짐승의 목을 찌르는 자)가 무슬림이거나 성서의 자손. 즉 유대교인이거나 기독교인이어야 한다는 것입니다. 만약 무슬림이 아니거나 성서의 자손이 아닌 자가 도살했다면 그것은 죽은 동물이고 이것을 먹는 것은 허용되지 않습니다. 앞서 언급된 것을 근거로 하여 닭과 그 이외의 조류를 플라스틱(비닐)이나 다른 물질로 만든 것에 넣고 목을 내놓게 하여, 그 목을 조르지 않고 위에 제시된 조건을 근간으로 하여 도살하는 것에는 아무 잘못이 없습니다. 오히려 심각한 결과를 초래하는 질병을 막는 데 꼭 필요하다고 여겨지는 방법이라면 사람들은 이것을 의무로 행하여야 합니다. 그리고 이것은 인명 피해와 물질의 피해를 막는 것이기도 합니다.

* 출처: http://www.dar-alifta.org/ViewFatwa.aspx?ID=399&LangID=1(이집트, 2013.6.20)

◈ 전기 충격을 통한 도살에 관한 판단

질 문　저는 여러분께서 무슬림인 우리가 폴란드에서 가금류, 송아지, 새끼낙타 등의 도축 문제와 도축의 합법성에 관련하여 어려움을 겪고 있다는 것을 알아주시면 좋겠습니다. 폴란드의 한 기업이 이 문제에 대해 저희와 협력하기를 원하고 있습니다. 저희의 질문은 다음과 같습니다.

매일 아침 도축을 시작할 때 알라의 이름을 언급하는 것만으로도 충분합니까? 그리고 전기 충격을 가한 후에 가축이 죽지 않고 깨어나기도 한다는 사실을 말씀드리고 싶습니다. 가축이 전류가 흐르는 물통에 들어갔다가 나와서 다시 깨어나는 것을 저희가 직접 목격하기도 했습니다. 그리고 이프타 기관에서 공식 파트와를 받은 후, 도축과 관련하여 모든 무슬림들을 안심시키기 위해 저희는 음식 포장지에 할랄이라는 단어를 쓰고자 합니다.

파트와　의학·과학적으로 가축을 도축하기 전 가축을 제어를 하고자 특정방법을 사용함으로써 가축이 안정적으로 지속되어 오던 생명을 잃으며 죽음을 맞이하거나, 의지대로 움직이지 못하고 도살당하는 것이 분명하다면, 이것은 이슬람 법에서 정해진 도살의 규칙에 위배되는 것입니다. 이 방법은 이슬람 법에서 허용되지 않습니다. 만약 전기충격 방식으로 얻을 수 있는 이득이 가축의 저항을 약하게 하거나 고통을 줄이는 정도에 그침으로써 도살을 하지 않고 풀어 주면 제 상태로 돌아갈 수 있을 정도라면, 도살 전에 전기충격 방식을 사용하는 것이 허용됩니다. 왜냐하면 이것은 가축도살과 관련한 샤리아에 어긋나지 않기 때문입니다.

그리고 동물에 대고 '알라의 이름으로'라고 하는 것은 순나이지만 샤피이, 한발리 학파가 언급한 도살의 타당성을 충족시키는 조건은 아닙니다. 그러므로 도살자가 무슬림이거나 성서의 자손이라면 '알라의 이름으로'라고 하지 않아도 문제가 되지 않습니다. 그리고 도살 기계를 사용하는 것에 대해서, 만약 그 이외의 방법을 사용하지 않고 순전히 기계 하나만을 사용한다면, 직접 동물에 접촉하여 도살하는 것을 대체하는 방법으로 인정됩니다. 또 대신 기계 사용을 하는 자가 무슬림이나 성서의 자손이어야 하며, 무신론자나 다른 종교를 믿는 자는 허락되지 않습니다.

앞서 말한 것에 근거하여 질문에 답하자면, 다른 수단을 배제하고 도살기계만 사용하며 그 기계를 사용하는 자가 무슬림 혹은 성서의 자손이라면, 또 도살된 것이 식용고기라면, 이것을 먹는 것은 허용됩니다. 그리고 전기충격을 사용하는 것이 동물 자신의 의지대로 움직일 수 있는 상황에서 동물의 저항을 줄이기 위함에 그 목적이 한정되어 있다면 이 해결책은 비난 받지 않습니다. 또 도살시 또는 그 이후에 동물에 대고 '알라의 이름으로'라고 하는 것은 순나이고 샤피이 학파의 원칙이자 한발리 학파의 교리이기도 합니다. 하지만 이것을 언급하지 않아도 해는 없습니다.

* 출처: http://www.dar-alifta.org/ViewFatwa.aspx?ID=313&LangID=1&MuftiType=(이집트, 2012.1.29)

◈ 기계를 사용하여 도살하는 일에 관한 판단

질 문　　저는 기계로 닭을 도살하는 도살장 주인입니다. 인간의 손이 가지 않고 기계로 도살이 되는데, 저는 이 방법에 대한 법적 판단을 알고 싶습니다. 물론 기계를 다루는 이가 "알라의 이름으로, 알라는 위대하시다"라고 한 번 말합니다.

파트와　　모든 이슬람 법학자들은 뽑혀 있지 않은 손톱과 치아를 제외한 피를 내게 하고 정맥을 자르는 모든 것이 도살의 도구라고 말했습니다. 왜냐하면 뽑히지 않고 몸에 연결된 손톱과 치아로 도살을 하는 것은 교살을 하는 것과 같기 때문입니다. 만약 상황이 질문자가 말한 대로라면 닭은 기계로 도살되는 것이고, 그 기계를 다루는 직원이 알라의 이름을 부르고 알라를 높인다면, 이 방법으로 도살을 하는 것은 무방하며 합법적입니다.

* 출처: http://www.dar-alifta.org/ViewFatwa.aspx?ID=2387&LangID=1&MuftiType=0(이집트, 2012.1.29)

◈ 동물에게 돼지고기를 먹이는 것에 대한 판단

질 문　　한 남성이 맹수와 그렇지 않은 동물 등 모든 종류의 동물을 보여주는 개방된 동물원을 설립했습니다. 그가 동물원의 맹수들에게 돼지고기를 먹이로 주어도 되나요?

파트와　　물건들에 관한 원칙은 허용하는 것이며, 규정에 의해서만 금지되는 것입니다. 코란에서 돼지고기를 금하는 내용은 다음과 같이 언급되어 있습니다. "너희에게는 죽은 동물과 피, 돼지고기, 알라가 아닌 것에 바쳐진 것, 교살되어 죽은 것, 심하게 맞아 죽은 것, 곤두박이로 떨어져 죽은 것, 뿔에 받혀 죽은 것, 그리고 (죽기 전에 합법적으로) 도살할 수 있었던 것을 제외하고 맹수가 먹던 것, 그리고 돌 제단 위에 제물로 바쳐진 것이 금지되어 있으며, 점화살로 결정을 구하는 것도 금지되 있느니라. 그것들은 모두 불복종하는 것이니라"〈코란 알마이다(5)장 3절〉"(무함마드여!) '나에게 계시된 것 안에서 죽은 동물이거나 흘린 피이거나 돼지고기인 것을 제외하고 먹고자 하는 사람에게 금지된 것을 발견하지 못했노라"라고 말하라"〈코란 알안암(6)장 145절〉 그런데 알라의 말씀이 인간에게 전해진 것이기 때문에 이 구절들은 단지 인간과 연관된 것입니다. 앞서 언급된 것에 근거하여 질문에 답하자면, 맹수들에게 돼지고기를 먹이로 주는 것은 법적으로 금지되어 있지 않습니다. 인간이 살을 먹을 수 없는 가축의 경우는 그와 같습니다. 그러나 살을 먹을 수 있는 가축들의 경우에는 불결한 돼지고기를 먹이는 것이 법적으로 허용되지 않습니다. 이 가축들에게 돼지고기를 먹였을 경우, 돼지고기를 먹는 것과 활용하는 것을 금지하신 알라의 심판을 받게 될 것입니다.

* 출처: http://www.dar-alifta.org/ViewFatwa.aspx?ID=3639&LangID=1&MuftiType=0(이집트, 2013.6.20)

4) 복식과 치장

가. 의복은 알라께서 그의 종에게 내린 축복 중 하나이다. 알라께서 "아담의 자손들이여 너희들에게 의복을 주었으니 너희의 부끄러운 곳을 감추고 아름답게 꾸미라. 그러나 알라를 공경하는 의복이 제일이니라. 그것이 곧 알라의 증표이거늘 그들은 기억하리라"〈코란 아으라프(7)장 26절〉라고 말씀하셨다.

　의복은 반드시 깨끗하고 아름다워야 한다. 알라께서 "아담의 자손들이여! 너희가 예배할 때와 예배하는 장소에서는 의복으로 단장하되 사치하지 말고 과식하지 말며 과음하지 말라. 실로 알라께서는 낭비하는 이들을 사랑하지 아니하시니라. 일러 가로되 종들을 위하여 창조하신 알라의 아름다움과 깨끗한 이 양식을 누가 금기하느뇨. 일러가로되 이것은 현세에 살며 믿음을 가진 이들과 심판의 날 이들을 위한 것이라 이렇게 하여 알라는 생각하는 이들을 위해 징표를 설명하니라"〈코란 아으라프 (7)장 31-32절〉라고 말씀하셨다.[16]

　의복은 치부를 가리고, 더위와 추위로부터 몸을 보호하는 것이고, 해로운 것을 막기 위한 것이다. 하킴 븐 히잠이 전한 바에 따르면, 그의 아버지가 "사도여, 우리의 치부를 누구로부터 가리고, 누구에게 보여 줄 수 있습니까?" 라고 묻자, 사도는 "너의 부인과 너의 하녀를 제외하고는 너의 치부를 가려라"라고 말했다. 그래서 "사도여, 그렇다면, 사람들이 모여 있을 때는 어떻게 해야 하나요?" 라고 묻자, 사도가 "네가 어느 누구도 치부를 보지 못하게 할 수 있다면 어느 누구도 너의 치부를 보아서는 안 된다"라고 말했다.

　여성의 경우 비단 옷을 입는 것이 허용되지만 남성에겐 비단과 금으로 만들어진 옷이 금지된다. 그리고 남성에게 여성의 옷, 여성에게 남성의 옷이 금지되며, 과한 옷이 금지된다. 남성에게 비단과 금으로 된 옷이 허용이 되는 경우는 합당한 이유가 있을 때이다. 알리가 전한 일화에 따르면 알리는 "사도로부터 값비싼 옷 한 벌을 받았습니다. 사도가 저에게 옷을 보내셨고, 저는 그 옷을 입었습니다. 그러나 저는 사도가 화가 나신 것을 알았습니다"라고 사도에게 말했다. 그러자 사도가 "나는 네가 그 옷을 입으라고 보낸 것이 아니었다. 나는 네가 그 옷을 찢어 여성을 가려 주라고 보냈다"라고 말했다.(부카리와 무슬림

16_ al-Sayyid Sābiq, Vol.4, P.252.

전승)[17]

나. 여성은 금, 은, 유색 광물, 보석류, 염료, 기름, 의복 등을 사용
해 자신을 치장할 수 있다. 한편 남성이 금으로 치장하는 것은
금지된다. 무함마드가 "금과 비단은 여성들에게 허용되고 남성
들에게 금지된다"라고 말했다. 남성들은 금과 비단을 제외하고
다른 재료를 사용해 자신을 치장할 수 있다. 또한 동물과 건물의
가치를 높이기 위해 금으로 장식하는 것이 금지된다. 그러나 금
을 제외한 나머지 재료로 장식할 수 있다. 단, 이때 낭비해서는
안 된다. 낭비는 혐오스러운 일이기 때문이다.[18]

　본래의 타고난 모습을 일시적으로 바꾸었다가 원 상태로 복
구시킬 수 있는 것은 허용된다. 예를 들면 얼굴이나 몸에 난 털
을 제거하는 행위, 머리카락을 심거나 염색하는 행위, 마사지
등을 통해 체내에 축적된 지방을 제거하는 행위, 과격한 다이
어트로 지방을 제거하는 행위, 렌즈를 부착하여 검은 눈동자의
색을 바꾸는 행위 등이 있다. 그러나 이렇게 바꾼 후에 원상 복
구할 수 없다면 금지된다. 알라께서 "일러 가로되 종들을 위하
여 창조하신 알라의 아름다움과 깨끗한 이 양식을 누가 금기하
느뇨"〈코란 아으라프(7)장 32절〉라고 말씀하셨다. 그러나 모스크
에 갈 때 치장하는 것은 바람직한 것을 넘어 순나로 여겨진다.
알라께서 "아담의 자손들이여! 너희가 예배할 때와 예배하는
장소에서는 의복으로 단장하되 사치하지 말고 과식하지 말며
과음하지 말라"〈코란 아으라프(7)장 31절〉라고 말씀하셨다. 따라
서 사람들을 만날 때나 명절이나 결혼식 등과 같이 특별한 때
에는 치장해야 한다.

17_ al-Sayyid Sābiq, Vol. 4, pp. 253-256.
18_ Muḥammad Rawās Qalʻah Jī, p. 1053.

◆ 검은 헤나로 머리를 염색하는 것은 허용된다.

질문　 저는 머리카락을 검은 헤나로 염색하고 싶습니다만, 검은 헤나 염색이 할랄인지 하람인지 모르겠습니다.

파트와　 많은 이슬람 법학자들이 괜찮다고 봅니다.

* 출처: http://cms.islam.gov.kw/Pages/ar/FatwaItem.aspx?itemId=2962(아랍에미리트, 2013.8.22)

◆ 여성이 남편에게 예쁘게 보이기 위해 머리를 염색하는 것은 허용된다. 단, 검은색이 아닌 다른 색으로 염색하는 일은 혐오스러운 일이다.

질문　 여성이 남편에게 예쁘게 보이기 위해 검정색으로 머리카락을 염색하는 것이 가능한가요?

파트와　 여성이 남편에게 예쁘게 보이기 위해서 검정색이나 다른 색으로 머리카락을 염색하는 것은 가능합니다. 학자 나프라위가 저서『알파와키흐 알다와니』에서 "샤리아에 의거, 합당한 필요성이 없는 상태에서 검은색 머리를 다른 색으로 염색하는 것은 혐오스럽게 여겨진다. 금지 사항은 아니지만 멀리하라. 그러나 샤리아에 의거 합당한 목적이 있는 경우 다른 색으로 염색을 하는 것은 괜찮다. 이에 대한 보상이 있을 것이다."라고 하였습니다.

　학자들은 머리를 검정색으로 염색하는 것이 가능하다고 보았습니다. 이에 대한 근거로『알따브라니al-Ṭabrānīy 대사전』, 이븐 아비 시바의『알무싼나프al-Muṣannaf』, 압둘 라자끄의 『알무싼나프al-Muṣannaf(하디스 모음집)』하킴의『알무스타드리크al-Mustadrik(하디스 모음집)』에 다음과 같이 기록되어 있습니다. 많은 교우들과 그 후대 이맘들이 검정색으로 머리를 염색하였습니다. 예를 들면 알리의 아들 하산과 후사인이 있고, 사아드 븐 아비 와까스와 아끄바 븐 아미르, 압둘라 븐 아므르가 있습니다.

* 출처: http://www.awqaf.gov.ae/Fatwa.aspx?SectionID=9&RefID=19550(아랍에미리트, 2013.2.11)

◈ 여성이 남편에게 예쁘게 보이기 위해 화장하고 미용도구를 사용하는 것은 허용된다.

질 문 화상 등으로 인해 보기 흉한 상처를 가리기 위해 미용도구를 사용하여 꾸미는 것이 허용되나요?

파트와 약혼자를 속이기 위한 것이 아니라면 여성이 상처를 가리기 위해 치장을 목적으로 미용 도구를 사용하는 것은 가능합니다.

여성이 여성 앞에서 이러한 미용도구를 사용하여 꾸미는 것은 괜찮습니다. 또한 여성은 모든 허락된 방법을 동원하여 남편에게 예쁘게 보이기 위해 노력해야 합니다. 그중에는 얼굴을 예쁘게 보이기 위한 것이 있는데, 대학자 알까르따니는 저서 『알무프힘』에서 "여성은 남편을 위해 가능한 한 꾸미고 치장하며, 향수를 뿌리고 염색해야 한다. 그리고 남편이 부인의 정돈되지 않고 더러운 모습을 보고 싫어하지 않도록 아내가 노력해야 한다"라고 말했습니다.

화장품을 사용하는 사람들은 피부건강에 문제가 없는지 확인하고 사용해야 합니다. 또 화장품이 우두를 할 때 피부에 물이 닿는 것을 막지는 않는지 확인해야 합니다.

* 출처: http://www.awqaf.gov.ae/Fatwa.aspx?SectionID=9&RefID=18841(아랍에미리트, 2013.2.11)

◈ 남성이 머리를 손질하는 것은 허락된 일이며 깨끗한 오일을 사용해야 한다. 또한 우두나 세정시 머리에 물이 닿아야 한다는 점에 유의해야 한다.

질 문 남성이 머리를 손질하는 것은 금지됩니까? 그렇다면 그 이유를 알고 싶습니다.

파트와 머리 손질은 곱슬거리는 머리를 더 매끄럽게, 즉 부드럽게 바꾸는 것을 의미합니다. 이는 기름이나 오일을 머리카락에 바르고 손으로 잘 매만져 곱슬곱슬한 머리카락이 더 매끄러운 상태로 바뀔 수 있게 도와줍니다.

머리 손질은 남성이나 여성 모두에게 다 괜찮습니다. 여성의 경우 대부분 남성보다 꾸미고자 하는 욕구가 더 강합니다. 머리카락 손질이 건강상 필요하거나, 꾸미거나 상한 머리카락 상태를 개선하려 할 때 몇 가지 주의사항을 고려해야 합니다. 주의사항은 다음과 같습니다.

머리 손질에 사용되는 기름이나 오일은 깨끗해야 합니다. 또한 정제된 추출물이어야 합니다. 오일이 더럽거나 추출물이 더러워서는 안 됩니다.

머리 손질을 하고 나서 머리카락이 상하거나 피부나 몸에 해가 되어서는 안 됩니다.

또한 종교적인 의무인 우두나, 세정(구슬)을 할 때, 물이 머리카락에 닿아야 한다는 점을 유의해야 합니다. 이 규칙에 따라 머리 손질이 이루어진다면 가능하지만, 그렇지 않다면 안 됩니다.

* 출처: http://www.awqaf.gov.ae/Fatwa.aspx?SectionID=9&RefID=7526(아랍에미리트, 2013.2.11)

◈ **여성이 멋을 내기 위해 머리카락을 짧게 자르는 것은 남자같이 보이지 않는다면 허락된다.**

[질 문] 여성이 멋을 내기 위해 머리카락을 짧게 자르는 것에 대한 판단은 무엇입니까? 머리카락을 층이 지게 자르는 것이 가능합니까?

[파트와] 여성이 머리카락을 자르거나 머리숱을 치는 것은 가능합니다. 남자같이 보이지만 않는다면 귀 아래까지도 괜찮습니다. 여성은 남편에게 예쁘게 보이기 위해 꾸며야 합니다. 여성들에게는 다양한 머리손질 방법들이 있습니다. 믿는 자들의 어머니 아이샤의 전언을 기록한 무슬림의 하디스에 따르면, "믿는 자들의 어머니 아이샤가 '사도의 아내들은 머리손질을 하곤 했는데, 숏커트까지 했다.'고 말했습니다."

무슬림의 해설서에서 이맘 알나와위가 "숏커트"는 단발머리보다 더 숱이 많아 보이며, 단발머리란 머리카락이 어깨까지 오는 것을 말한다. 이에 대해 알아쓰마이와 다른 사람들도 "숏커트란 단발머리보다 더 짧고, 두 귀를 넘지 않는 것이다"라고 말했습니다. 아부 하팀은 "숏커트란 머리카락이 두 귀 위에까지 오는 것이다. 이는 여성들이 머리카락을 정리하는 것이 허락된다는 증거이다"라고 말했습니다.

* 출처: http://www.awqaf.gov.ae/Fatwa.aspx?SectionID=9&RefID=8495(아랍에미리트, 2013.3.8)

◈ 여성은 피부에 금이나 코흘로 그림 그리는 것이 가능하나, 문신을 하는 것은 금지된다.

질 문 개인적인 질문이 있습니다. 제 상황을 이해하신 다음 여러 측면에서 이 문제를 검토하여 답변해 주시길 부탁드립니다. 저는 몇 해 전에 아랫배에 수술을 받아 수술 자국이 남아 있습니다. 저는 이 위에 문신을 하여 흉터를 가릴까 생각하고 있습니다. 이에 대해 찾아보니 고도의 현대 문신기술로 제가 원하는 무늬, 크기, 색상대로 그릴 수 있어 보기에도 예쁘게 꾸밀 수 있다는 것을 알았습니다. 그리고 최근에 읽은 자료에 따르면 여성들 사이에서는 금으로 문신하는 것이 최신 유행이라고 합니다. 그래서 저는 문신을 하기로 마음먹었습니다. 제 마음이 편안해질 수 있도록 이 문제에 대한 의견을 부탁드립니다.

파트와 우리는 우선, 문신과 그림이라는 이 두 주제를 구분해서 이야기해야 합니다.

문신은 신체에 바늘과 같은 것으로 피가 날 때까지 찌르고, 꽃물 같은 것을 집어넣어 착색시키는 것입니다. 문신은 손이나 신체 다른 부분에 할 수 있고, 코흘이나 금 등으로도 하는데, 이는 금지된 것입니다. 금지는 저주의 의미를 갖고 있습니다. 부카리가 이븐 우마르의 전언을 기록한 바에 따르면 사도께서 "가짜 머리카락을 붙인 사람, 가짜 머리카락을 붙여 달라 요청한 사람, 문신한 사람, 문신을 해 달라고 하는 사람을 저주한다"고 말씀하셨습니다.

알라께서는 문신을 금하셨는데, 이는 살과 피부 사이에 피가 맺혀 있고, 신체에 해가 되며, 알라께서 창조하신 본연의 모습을 바꾸는 것이기 때문입니다.

그러나 말씀하신 문신을 하지 않고 피부에 그림을 그리는 것은 특정 조건과 규정에 부합하다면 허락됩니다. 그중에는 다음과 같은 것이 있습니다.

- 신체에 그림을 그리거나 색칠하는 재료는 샤리아에 의거, 금지된 더러운 물질이 아니어야 하며, 더러운 물질이 섞여서도 안 된다.
- 그림 그리는 재료가 방수 작용을 해 우두나 세정의 의무를 이행할 때 피부에 물이 닿는 것을 막으면 안 된다.

샤리아에 의거한 이러한 규정에 맞게 신체에 그림을 그린다면 이는 가능합니다. 또한 여성이 피부에 그림을 그리는 것은 치장하는 것이므로 괜찮습니다.

이에 따라, 피부에 금으로 그림 그리는 것은 가능하다고 말씀드리는 바입니다. 그러나 코흘이든 금이든 문신을 하는 것은 안 됩니다.

* 출처: http://www.awqaf.gov.ae/Fatwa.aspx?SectionID=9&RefID=14071(아랍에미리트, 2013.3.7)

◈ 남성이 길어진 손톱과 머리카락을 자르는 것, 겨드랑이 털을 뽑는 것, 콧수염을 깎는 것, 음모를 면도하는 것은 순나이다.

질문 남성이 귀털이나 비정상적인 형태로 자란 털, 또는 고양이 수염처럼 이상한 형태로 자란 털을 깎는 것이 샤리아적으로 금지됩니까?

파트와 귓구멍에 자라는 털을 제거하는 것은 괜찮습니다. 이는 샤리아에 의거 허용된 일로 제거하는 것이 가능하며 제거하는 것은 금지되지 않습니다. 말리키 학자 이맘 알나프라위가 저서 『알파와키흐 알다와니 al-Fawākih al-Dwānīy』에서 "손이나 다리에 난 털과 같은 체모 중 음모가 아닌 털을 깎는 것은 괜찮다. 또한 손이나 다리에 난 털 외에도 나머지 체모와 엉덩이 털도 면도할 수 있다. 그러나 머리카락과 턱수염은 안 된다, 턱수염을 면도하는 것은 금지된 비드아[19]이며 삭발하는 것은 금지되지 않았다"라고 말했습니다.

샤피이 학자 이맘 알카띱 알시르비니는 저서 『무그니 알무흐타즈Mughī al-Mḥtāj』에서 "치장하는 것은 순나이다, 길어진 손톱과 머리카락을 자르는 것, 겨드랑이 털을 뽑는 것, 콧수염을 깎는 것, 음모를 면도하는 것은 순나이다. 그리고 면도하기, 깎기, 뽑기는 선택해서 할 수 있다. 수도 중일 때와 태어난 지 7일 된 신생아를 제외하고는 삭발하는 것이 허용되지 않는다"라고 말했습니다.

* 출처: http://www.awqaf.gov.ae/Fatwa.aspx?SectionID=9&RefID=11357(아랍에미리트, 2013.2.11)

19_ 이슬람 순나가 아닌 것.

◆ 손톱깎기, 이발, 겨드랑이 털 뽑기, 음모 면도는 순나이며 40일을 넘기지 않는다.

질 문　밤에 손톱을 깎는 것을 금지하는 유효한 샤리아 규정은 없습니다. 순나에 따르면 언제든 필요하다면 손톱을 깎을 수 있습니다. 아니스의 전언을 무슬림이 기록한 올바른 하디스에 따르면 사도께서 "우리에게 수염을 깎고, 손톱을 자르고, 겨드랑이 털을 뽑고, 음모를 면도를 할 시간이 주어졌다. 그러니 40일 이상 방치하지 말라"라고 말씀하셨습니다.

파트와　이맘 알나위가 그의 저서 『알마즈무아』에서 "이런 일들을 미루지 말아라. 늦어도 40일을 넘기지 말아라"라고 말했습니다.

* 출처: http://www.awqaf.gov.ae/Fatwa.aspx?SectionID=9&RefID=29148(아랍에미리트, 2013.3.21)

◆ 가발이 히잡을 대신할 수 없다. 가발은 치장으로 여겨진다.

질 문　자연적이지 않은 것(가발)으로라도 머리카락을 가려야 합니까? 머리와 목 등, 히잡으로 가려야만 하는 곳을 말씀드리는 것입니다.

파트와　여성은 가발도 가려 써야 합니다. 사람들이 가발을 진짜 머리카락으로 보기 때문입니다. 그리고 여성은 얼굴과 양 손바닥을 뺀 모든 몸을 가려야만 합니다. 학자 이븐 압둘 바르가 저서 『알이스티드카르al-'Istidkār』에서 "히자즈 지역과 이라크 도시 학자들이 여성 자유인은 넓고 두터운 옷으로 몸 전체를 가려야 하고 머리를 가려야 한다. 여성은 얼굴과 양 손바닥 이외에는 모두 치부이기 때문에 얼굴과 양 손바닥을 제외하고는 모두 가려야 한다"라고 말했습니다.

　가발이 머리와 다른 부분을 가린다고 볼 수는 없습니다. 오히려 알라께서 감추라고 명하신 치장에 해당합니다. 알라께서 "치장한 것을 드러내지 말라"고 말씀하셨습니다. 가발은 시선을 끌고 진짜 머리카락처럼 보이기 때문입니다.

* 출처: http://www.awqaf.gov.ae/Fatwa.aspx?SectionID=9&RefID=18857(아랍에미리트, 2013.2.11)

◈ 여성이 장신구로 치장하는 것은 뽐내거나 잘난 체하려는 것이 아니면 허락된다.

◈ 여성이 뽐내거나 잘난 척하기 위해 착용하지 않는다면 장식을 착용하는 것은 괜찮다.

> **질문** 여성이 발에 쿨칼(발찌)을 착용하는 것은 금지됩니까? 그렇다면 이것이 시선을 끌기 때문인가요 아니면, 금으로 된 것이기 때문인가요? 쿨칼을 집에서 착용해도 된다면, 소리가 나서는 안 되나요? 아니면 금이 아닌 다른 물질로 만들어진 것이어야 하나요?

> **파트와** 여성이 금과 은 상관없이 평범하게 만들어졌다면 쿨칼을 착용해도 됩니다. 그러나 뽐내거나 잘난 체하려고 착용해서는 안 됩니다. 소리가 나는 쿨칼은 집 안에서 착용하거나, 여성들 앞이나 마흐람 앞에서 착용하는 것은 괜찮습니다만, 길에서나 외간 남성들 앞에서 착용하는 것은 금지됩니다.

* 출처: http://cms.islam.gov.kw/Pages/ar/FatwaItem.aspx?itemId=3177(아랍에미리트, 2013.8.22)

◈ 귀에 구멍을 하나 뚫는 것은 허용되나 그 이상은 허용되지 않는다.

> **질문** 한쪽 귀에 하나 이상 귀를 뚫는 것에 대한 판단은 무엇입니까?

> **파트와** 필요 시 여성은 각각의 귀에 귀걸이를 하기 위한 구멍을 한 개 뚫는 것은 가능합니다. 그러나 불필요하게 둘 이상 뚫는 것은 가능하지 않습니다. 이는 여성에게 해롭기 때문입니다.

* 출처: http://cms.islam.gov.kw/Pages/ar/FatwaItem.aspx?itemId=2156(아랍에미리트, 2013.8.22)

◈ 남성에게 팔찌나 목걸이 착용은 허락되지 않는다. 이는 여성들이 치장하는 장식이기 때문이다.

> **질문** 남성의 목걸이와 팔찌 착용이 금지되는 것을 보여 주는 근거(코란, 하디스, 학자들의 의견)를 알고 싶습니다.

> **파트와** 남성이 팔찌나 목걸이를 착용하는 것은 허락되지 않습니다. 팔찌

와 목걸이는 여성이 하는 치장이기 때문입니다. 남성과 여성의 특성이 비슷해지는 것은 샤리아에 금지되어 있습니다. 부카리가 이븐 압바스의 전언을 기록한 하디스에서 사도께서 "여성과 비슷한 남성, 남성과 비슷한 여성을 저주하셨다"라고 말씀하셨습니다.

학자 이븐 바딸은 부카리의 올바른 하디스에 대한 해설서에서 "알따바리가 말했다: 관련 피끄흐가 있다. 남성이 여성들이 하는 치장과 복장을 하여 여성과 비슷해지면 안 된다. 따라서 남성이 이러한 것을 착용하는 것은 금지된다. 여성은 부르카, 목걸이, 팔찌, 발찌를 착용한다"라고 말했습니다.

알고 계시는 바와 같이 사도께 복종하는 것은 알라께 복종하는 것입니다. 알라께서 "사도께서 너희에게 준 것은 수락하되 그분께서 금지하신 것은 삼가고 알라를 두려워하라. 실로 알라는 엄한 응벌을 내리시니라." 〈코란 하쉬르(59)장 7절〉라고 말씀하셨습니다.

이에 따라 여성과 남성은 각각의 특성에 맞게 치장하고 만족해야 합니다. 이는 알라와 사도께 복종하는 것이며 알라께서 내려 주신 본연의 남성성을 유지하는 것입니다. 또한 제대로 된 본성을 존중하는 것입니다.

* 출처: http://www.awqaf.gov.ae/Fatwa.aspx?SectionID=9&RefID=16625(아랍에미리트, 2013.2.11)

◈ **여성이 두 귀가 보이게 비자용 사진을 찍는 것은 샤리아에서 허락되지 않는다. 그러나 비무슬림 국가 방문용 여권이나 비자 발급을 위한 것으로 합당한 사유가 인정되는 경우에 허락된다.**

질문 비무슬림 국가를 방문하려고 비자 발급용 사진을 찍을 때, 여성이 두 귀를 드러내어도 됩니까?

파트와 학자들은 여성의 치부가 얼굴과 양 손바닥을 제외한 모든 부분이라는 것에 동의합니다. 이 외의 다른 부분을 드러내는 것은 허용되지 않습니다. 이맘 알싸위는 저서 『알샤르흐 알가이르al-Sharḥ al-Ghair』에서 "얼굴과 양 손바닥을 제외한 다른 부분은 금지된다. 이는 치부이기 때문이다"라고 말했습니다.

이맘 알나프라위는 저서 『알파와키흐 알다와니』에서 "얼굴과 양 손바닥 외에 다른 부분은 치부이므로 타인이 보아서는 안 된다. 만지는 것도 안 된다"고 말했습니다.

알고 계시겠지만, 두 귀는 얼굴에 포함되지 않아 우두를 할 때, 씻지 않아도 됩니다. 이마, 눈, 볼, 입술, 광대뼈만으로 충분히 타인과 구분할 수 있습니다.

그러나 비무슬림 국가를 방문해야 하고 규정상 비자에 두 귀가 보이는 사진을 부착해야 한다면, 금지된 부위를 드러낼 수밖에 없는 합당한 사유가 있으므로 허용됩니다.

* 출처: http://www.awqaf.gov.ae/Fatwa.aspx?SectionID=9&RefID=6213(아랍에미리트, 2013.1.29)

◈ 욕정 없이 히잡을 쓰지 않은 어린 여자 아이를 바라보는 것은 허용되나, 욕정을 품고 있으면 금지된다.

질문　저는 19세입니다. 제가 12세가 되기 전 이종사촌 여동생들과 함께 사진을 찍었습니다. 그 당시 여동생들은 제가 있어도 히잡을 쓰지 않았습니다. 예전에 여동생들과 찍은 사진을 봐도 됩니까? 현재 여동생들은 히잡을 쓰고 다닙니다.

파트와　욕정을 품지 않고 어린 여자아이를 보는 것은 허용됩니다. 여자아이의 사진을 보는 것 역시 가능합니다. 말씀하신 것처럼 여동생들이 어렸을 때 찍은 사진이라면, 남성들이 여동생들에게 욕정을 품지 않았을 것이고, 당시 여동생들도 성욕을 느끼지 않았을 것입니다. 그러나 외간 남자인 경우, 욕정을 품지 않는다는 전제 하에만 여자 아이들을 볼 수 있습니다.

샤피이 학자 이븐 하자르 알하이타미는 저서 『투흐파트 알쿠흐타즈 Tḥfat al-Muḥtāj』에서 "아으싸르와 암싸르에서 그랬던 것처럼 어린 여자아이를 욕정 없이 봐야 한다"고 말했습니다.

샤피이 학자인 알카띱 알시르비니가 저서 『무그니 알무흐타즈』에서 이븐 알쌀라흐의 전언을 인용하여 "욕정을 불러일으키지 않는 여자아이들도 바라보는 것이 허용되지 않는다는 것에 견해 차이가 있다"고 말했습니다.

한발리 학자 이븐 꾸다마는 저서 『알무그니』에서 "너무 어려 아직 결혼

할 수 없는 여아는 바라보아도 괜찮다"고 말했습니다. 아흐마드가 저서 『리와야 알아쓰람』에서 "한 남자가 소녀를 데려다 품 안에 앉히고 뽀뽀를 했다. 만약 그가 욕정을 느꼈다면 허용되지 않는 일이나, 욕정을 느끼지 않았다면 괜찮다"라고 말했습니다.

* 출처: http://www.awqaf.gov.ae/Fatwa.aspx?SectionID=9&RefID=12808(아랍에미리트, 2013.1.29)

◈ 샤리아에 따르면 남성은 배꼽부터 무릎까지가 치부이므로 가리는 것이 의무이다. 남성이 머리를 가리는 것은 예를 갖추기 위한 것이다.

질 문   머리를 가리는 것이 의무입니까, 순나입니까? 마흐람 앞에서 머리 가리개를 벗어도 됩니까?

파트와   질문 의도가 남성이 머리를 가리는 것에 대한 판단입니까? 특정 사회에서 머리를 가리는 것이 위엄을 나타내고 머리를 가려야 비로소 완전히 치장을 마무리하게 되는 것입니다. 남자가 머리를 가리는 것은 존중을 의미하며, 특히 예배할 때에는 예를 갖추는 것입니다. 머리를 가리는 것은 예배를 하는 동안에 무슬림들의 예의입니다.

  그러나 이것은 샤리아에 있는 의무가 아닙니다. 남성의 의무는 배꼽에서 무릎까지 가리는 것입니다. 학자 알나프라위가 저서 『알파와키흐 알다와니』에서 "남성이 부인 외에 다른 사람들 앞에서 꼭 가려야 하는 치부는 무릎에서 배꼽 사이라는 것을 알아라"라고 말했습니다.

* 출처: http://www.awqaf.gov.ae/Fatwa.aspx?SectionID=9&RefID=20631(아랍에미리트, 2013.2.11)

5) 남녀 구별
가. 여성의 운전

◈ 여성이 운전하는 것에 대한 판단

질 문   여성이 운전하는 것에 대한 판단은 무엇입니까?

파트와   여성이 운전에 필요한 기술을 갖췄고 관련 기관에서 여성에게 면

허증을 주었다면, 여성이 운전하는 것은 법적으로 금지되지 않습니다.

모든 규정에서 보듯이 여성은 남성의 동반자입니다. 별도의 규정이 없는 한 원칙은 남녀가 같습니다.

여성에게 운전하는 것을 금지한다면 여선생님, 여성 엔지니어, 여의사들 등 사회에서 활동하고 있는 많은 여성 근로자들을 어려운 상황에 처하게 할 것입니다. 그래서 알라께서 이러한 어려운 상황을 없애 주시며 "알라께서 너희가 종교생활하는 데에 어떤 어려운 상황에 놓지 않으셨느니라"〈코란 핫즈(22)장 78절〉라고 말씀하셨습니다.

이븐 카시르는 그의 코란 해설서에서 "알라께서 너희가 그분에게 복종하는 데 어려움이 없게 하셨다"라고 말한 바 있습니다.

이슬람 공동체 역사에서도 알다시피 어느 누구도 과거의 운송수단이었던 낙타나 말을 혼자 타고 다닐 수 있는 여성에게 그것들을 타지 못하도록 금지하지 않았습니다.

* 출처: http://www.awqaf.gov.ae/Fatwa.aspx?SectionID=9&RefID=18031(아랍에미리트, 2013.3.21)

나. 여성 전용 업소

◈ 여성 전용 카페 개설에 대한 판단

질문 리야드 시에 여성을 위한 카페를 열 수 있을까요? 이 카페는 남성 출입 금지이며, 종업원도 모두 여성이고, 카페 내에서는 금연이고 순한 맛의 달콤한 담배나 물담배도 피울 수 없습니다. 단지 청량음료나 차, 커피, 그리고 간단한 식사 정도만 섭취할 수 있습니다. 우리 관습과 전통에 부합하는 순수한 즐거움과 기분 전환을 목적으로 하는데 이 카페를 개업해도 되겠습니까? 파트와를 내려 주시기 바랍니다.

파트와 여성 전용 카페나 식당을 열 수 없습니다. 그로 인해 불미스러운 일이나 부도덕한 일이 발생할 수 있기 때문입니다. 코란과 순나의 법률적인 근거들이 그러한 일을 발생시키는 원인을 금하고 있습니다.

* 출처: http://www.alifta.com/Fatawa/FatawaChapters.aspx?View=Page&BookID=3&PageID=6376&back=true(사우디아라비아, 2012.12.16)

다. 이성 교제

◈ **이성 간의 악수가 가능한가에 관한 판단**

질 문 남남인 여성과 단둘이 있고 여성과 악수하는 것에 대한 판단은 무엇입니까?

파트와 사도께서는 다음과 같이 말씀하셨기 때문에 남남인 여성과 단둘이 있으면 안 됩니다. "남성이 여성과 단둘이 있게 두지 마시오. 그렇게 되면 사탄이 바로 그 둘 사이에서 함께하기 때문입니다"라고 오마르 븐 알캇탑이 전한 하디스를 이맘 아흐마드가 인용한 것과 "사도께서 여성의 손을 단 한 번도 잡지 않으셨습니다"라고 아이샤가 전한 하디스에 따르면 여성과 악수하는 것도 안 됩니다. 아이샤가 전한 하디스를 전한 무슬림에 따르면, 사도께서 "나는 여성과 악수하지 않습니다"라고 말씀하셨습니다.

* 출처: http://www.alifta.com/Fatawa/FatawaChapters.aspx?languagename=ar&View=Page&PageID=6357&PageNo=1&BookID=3(사우디아라비아, 2013.7.21)

◈ **인터넷을 통한 이성 간의 대화에 대한 판단**

질 문 인터넷상에서 남녀가 대화하는 것에 대한 판단은 무엇입니까?

파트와 꼭 필요한 경우를 제외하고는 남남인 남녀가 전자기기를 이용하여 통화하는 것이 허용되지 않습니다. 왜냐하면 그렇게 함으로써 악행과 어리석은 짓을 저지르게 되며 악마가 거동하게 되고 혼란과 타락으로 가는 수단이 생기기 때문입니다. 알라께서 "헛된 것[말과 행동]을 하지 않는 자들인"〈코란 무으민(23)장 3절〉 믿는 자들이 이러한 것을 회피하는 것을 높이 평가하시고 계십니다. 또한 여성은 자신을 보호하기 위해서 모르는 이에게 자기 사진을 보내서도 안 됩니다. 인터넷상에서 남녀가 대화를 나누는 것에 대한 판단을 더 상세히 설명하겠습니다.

　알라께서 악과 협력하는 것을 금지하시며 "정의로운 것과 경건한 것에는 협력하고 죄를 짓는 것과 적대 행위에는 협력하지 말라. 알라를 경외하라. 실로 알라는 (그분의 말씀에 복종하지 않는 자를) 엄격하게 처벌하시는 분이시니라"〈코란 마이다(5)장 2절〉라고 말씀하였습니다. 또한 알라께서 혼돈을 야기하는 원인을 차단하라고 명하시며 "그리고 알라 이외의 다른 것에게 기원하는 자들이 (알라의 숭고하심을) 알지 못하고 적의를 품으며 알라를 모욕하지 않도록 그들에게 창피를 주지 말아라. 그와 같이 우리는 각 공동체에게 그들의 행위를 만족스러운 것으로 만들어 주었느니라. 그리고 나서 그들은 그들의 주님에게로 돌아갈 것이며, 그분이 그들에게 그들이 해 온 것들을 알려 주실 것이니라"〈코란 안암(6)장 108절〉라고 말씀하셨습니다.

또한 여성은 자기 자신을 보호하고 자신의 존엄성을 보존하고 특히 자신의 특성을 보존하기 위해 자신의 사진을 모르는 사람에게 보내서는 안 됩니다.

타락하고 음탕한 자들에 의해 그 사진들이 잘못 사용되는 경우가 많았습니다. 이런 것은 이슬람이 명한 것과는 다른 문화로 간주됩니다.

* 출처: http://www.dar-alifta.org/ViewFatwa.aspx?ID=3692&LangID=1&MuftiType=(이집트, 2013.6.20)

◆ 전화 등을 통한 남녀의 애정에 관한 판단

질문 기혼 남성이 인터넷이나 전화상으로 여성과 애정관계를 갖는 것에 대한 판단은 무엇입니까?

파트와 결혼생활 밖에서 애정관계를 맺는 것은 악행을 저지르는 수단이기 때문에 법적으로 금지되어 있습니다. 알라께서 "믿는 사람들이여! 사탄의 뒤를 따르지 말라. 사탄의 뒤를 따르는 자에게 사탄은 그로 하여금 음란한 짓과 악행을 저지르도록 명하니라. 너희를 위한 알라의 은총과 자비가 아니었다면 너희 가운데 어느 누구도 (죄를 짓지 않고) 순결할 수 없었느니라. 그러나 알라께서 원하시는 자의 죄를 씻어 맑게 하시며, 알라께서 (너희의 말을) 모두 듣고 계시며 (너희의 의도와 마음을) 모두 알고 계시니라"〈코란 누르(24)장 21절〉라고 말씀하셨습니다. 또한 알라께서 "(무함마드야!) 믿는 남성들에게 '(외간 여성을 바라보지 않도록) 그들의 시선을 (조금) 낮추고 (간음하지 않도록) 그들의 치부를 잘 지켜라'라고 말하라. 그렇게 하는 것이 그들에게 더욱 순결한 것이니라. 실로 알라께서 그들이 행하는 모든 것을 알고 계시니라"〈코란 누르(24)장 30절〉와

"(무함마드야!) 믿는 여성들에게 '(보는 것이 허락되지 않은 것을 바라보지 않도록) 그녀들의 시선을 (조금) 낮추고, (간음으로부터) 그녀들의 정조[음부]를 지키고, (얼굴과 손처럼 부득이) 보이게 되는 것을 제외하고는 그녀들의 장식을 (외간 남자들에게) 보이지 말고, 그녀들의 키마르[머리와 얼굴을 가리는 천]로 가슴을 감싸고, 남편이나 (친정)아버지나 시아버지나 자신들의 자식이나 남편의 자식이나 남자형제나 남자형제의 자식이나 자매의 자식이나 그녀들과 같은 여성[무슬림 여성]이나 오른손이 소유한 것[예자 노예]이나 (육체적) 욕망이 없는 종자(從者)나 여성의 은밀한 부분을 알지 못하는 어린아이를 제외하고는 그녀들의 장식[아름다움]을 보이지 말라'고 말하라. 그녀들이 숨기고 있는 (발목) 장식이 알려지도록 발을 구르지 말라고 말하라. 오 믿는 사람들아! 너희가 번창할 수 있도록 모두가 알라께 회개하라"〈코란 누르(24)장 31절〉라고 말씀하셨습니다.

음란 사이트를 탐색하는 것은 금지된 일을 야기하는 가장 큰 죄악들 중의 하나라고 할 수 있으며 인터넷상에서 금지된 관계를 갖는 것도 마찬가지입니다.

알라께서 이 같은 행위를 간통으로 이어지는 길이라는 이유로 금하셨으며, 이러한 금지는 간통으로 이어지는 길이기 때문입니다. 가정과 결혼 생활의 안정이 뒤흔들릴 수 있고 또한 배우자 간의 신뢰가 사라지기 때문에 이러한 금지가 기혼자에게 더욱 강력하게 적용됩니다.

이와 같은 죄악에 빠진 자는 반드시 회개하고 용서를 구해야 하며 두 번 다시 이런 일을 저지르지 않겠다는 각오를 다져야만 합니다. 아내는 남편에게 지혜와 선의의 충고를 담아 조언을 해야만 할 것입니다. 또한 올바른 길로 남편을 인도해 주도록 기원하고 그가 금지된 일에 빠지지 않도록 노력해야만 합니다.

* 출처: http://aliftaa.jo/index.php/fatwa/show/id/1998(요르단, 2012.12.23)

◈ **메신저상에서 이성과 채팅하는 것에 대한 판단**

질문 젊은 여성이 젊은 남성과 종교적 주제에 대해 메신저상에서 대화를 나누는 것이 허용됩니까?

파트와 이른바 '채팅'을 통해 젊은 남녀가 사적인 대화를 나누는 것은 일반적이고 무방한 일에 관한 것일지라도 금지되어 있습니다. 그건 왜냐하면 이런 식의 통화로 인하여 대화를 상냥한 어투로 하고 말을 다정하게 하는 일이 생겨서 (이성에 대해) 호감을 갖게 하고 유혹하는 일이 발생하기 때문입니다. 알라께서는 "오 예언자의 아내들이여! 그대들은 어떤 여성과도 같지 않느니라. 그대들이 (알라를) 경외한다면 (그대들이 가장 높은 지위에 있느니라.) 그러니 마음에 병이 있는 자가 정욕을 갖지 않도록 (남성들에게) 말을 할 때 (너무) 사근사근하지 말고 적절한 말씨로 말을 하라"〈코란 아흐잡(33)장 32절〉라고 말씀하셨습니다.

말을 상냥하게 하는 것은 악마에게 죄악의 문을 열어 줍니다. 대화란 무난한 말로 시작하는데, 결국엔 애정과 애욕의 말로 변하며, 이후에는 서로 약속을 잡아 만나는 일이 생깁니다.

이런 종류의 대화들은 더러 그 대화를 하는 사람들에게 죄악과 시련을 가져왔으며 그들을 금지된 애욕에 빠트렸고 일부는 악행을 저지르게 했습니다. 알라께서는 "오 믿는 사람들이여! 사탄의 뒤를 따르지 말라. 사탄의 뒤를 따르는 자에게 사탄은 그로 하여금 음란한 짓과 악행을 저지르도록 명하니라. 만일 너희 위에 알라의 은총과 자비가 아니었다면 너희 가운데 어느 누구도 (죄로부터) 순결할 수 없었느니라. 그러나 알라께서 원하시는 자의 죄를 씻어 맑게 하시며, 알라께서 (너희의 말을) 모두 듣고 계시며 (너희의 의도와 마음을) 모두 알고 계시니라"〈코란 누르(24)장 21절〉라고 말씀하셨습니다. 사도께서 사촌인 알파들 븐 알압바스가 한 여성을 뚫어지게 바라보고 있는 것을 보았을 때 사도께서 알파들이 그 여성을 바라보지 않도록 그의 목을 돌리시며 "내가 한 청년과 처녀를 보았는데 그 둘은 사탄으로부터 안전하지 않았다"라고 말씀하셨다고 알티르미디가 전승하였습니다.

샤리아는 유혹으로 이끄는 길을 봉쇄하고 있습니다. 그리하여 샤리아는 여성이 남성과 사근사근하게 대화하는 것을 금지했습니다. 또한 외간 남녀가 한 장소에서 단둘이서 있게 되는 것도 금지했습니다. 법학자들은 유혹에 빠지는 것을 우려하여 젊은 남성이 길에서 젊은 여성에게 인사하는 것도 안 된다고 합니다.

이 모든 것이 이런 종류의 사적 대화와 이에 참여하는 일을 금지하는 근거입니다. 그러니 여성의 대화는 여성들과만 이루어져야 하며, 남성의 대화는 남성들과만 이루어져야만 합니다.

* 출처: http://aliftaa.jo/index.php/fatwa/show/id/310(요르단, 2013.3.23)

◈ **인터넷상에서 금지된 관계를 맺는 것에 관한 판단**

질 문 아내가 인터넷을 통해 젊은 남자들과 연애하고 있는 것을 발견했습니다. 아내는 배신자가 되는 건가요? 만약 제가 이혼하기로 결정한다면 저는 아내를 억압하게 되는 겁니까? 후불 마흐르와 부부로서의 권리와 관련하여 법적 판단이 어떻게 내려지는지요?

파트와 의심할 바 없이 인터넷을 통한 남녀 간 금지된 관계는 심각한 죄악입니다. 이는 가정이 혼란에 빠지고 붕괴되도록 하는 짓이며, 사회를 악의 구렁텅이에 떨어뜨리는 짓입니다.

알라께서 "오 믿는 사람들이여! 사탄의 뒤를 따르지 말라. 사탄의 뒤를 따르는 자에게 사탄은 그로 하여금 음란한 짓과 악행을 저지르도록 명하니라. 만일 너희 위에 알라의 은총과 자비가 아니었다면 너희 가운데 어느 누구도 (죄로부터) 순결할 수 없었느니라. 그러나 알라께서 원하시는 자의 죄를 씻어 맑게 하시며, 알라께서 (너희의 말을) 모두 듣고 계시며 (너희의 의도와 마음을) 모두 알고 계시니라"〈코란 누르(24)장 21절〉라고 말씀하시며 사탄을 조심하라고 경고하신 바 있습니다.

그럼에도 불구하고 아내든 아들이나 딸이든 자신의 가족에게서 이런 상황을 목격한 사람에게 우리는 우선 충고하고, 변화시키기 위해 가능한 모든 방법을 동원해 보고, 잘못을 교정하기 위해 마음속에 있는 분노의 고통을 인내로 극복하고, 위협과 물리적 방법을 사용할 수밖에 없을 때일지라도 손상시키지 않고 교정하는 정도의 방법으로 사용하라고 충고합니다.

그래도 안 된다면 이혼의 방식을 취하셔도 됩니다. 아내에게는 선불 마흐르와 후불 마흐르 중에서 남은 금액이 주어집니다. 이것이 아내를 억압하는 것은 아닙니다. 이혼은 합법적 사유가 있어야 성립됩니다. 법으로 용서받은 이는 죄가 없으며 무고한 사람입니다. 법학자들은 순결하지 않은 아내와 이혼하는 것은 권할 수 있는 것으로 판단합니다.

* 출처: http://aliftaa.jo/index.php/fatwa/show/id/864(요르단, 2013.4.19)

◆ 인터넷 채팅을 통한 연애에 대한 판단

`질 문` 저는 40대의 남성으로, 이전에는 결혼도 했었고 안정적으로 살았습니다. 저는 척추에 부상을 입었고, 이로 인해 반신불수가 되어 거동을 할 수도 없고 감각도 잃게 되었습니다. 아울러 저는 이 부상으로 인해 성불구입니다. 그리하여 아내와 이혼했습니다. 저는 제 운명을 받아들였고, 알라의 은혜로 코란을 외우기로 하였습니다. 그러나 삶의 유혹과 마음과 정신의 요구사항들, 그리고 악마의 속삭임이 저를 웹상의 젊은 여성들에게로 유혹했습니다. 저는 많은 여성들과 인터넷상으로 친분을 맺었습니다. 유감스럽게도 그녀들 중에는 유혹하는 여성들도 있었습니다. 저는 그녀들과 대화 및 웹캠을 통한 화상채팅으로 연애를 했습니다. 거의 다 벗은 상태인 그녀들의 몸을 보았습니다. 이것이야말로 저의 신앙과 도덕에 있어 유일한 불행입니다. 그 불행의 이유는 홀로 지내고 여성을 그리워하는 것입니다. 참고로 저는 위 부상과 성기능 불능으로 결혼을 할 수 없는 상황입니다. 저를 간통자로 판단하시나요? 주님께서 저에게 간음자의 벌을 내리실까요?

`파트와` 알라께서 질문자에게 부여하신 것을 악마가 질투한 것이라고 저희는 생각합니다. 질문자께서는 고난을 견디고 인내하셨습니다. 또한 이 고난을 알라의 선물로 바꾸려고 노력하셨습니다. 왜냐하면 질문자께서는 코란을 암기하기 위해 만사를 제쳐두셨기 때문이며, 선행에 힘쓰셨기 때문입니다. 그 이후로 사탄이 질문자를 꾀어 인터넷의 위험한 방황으로 이끈 것입니다.

질문자께서는 본인이 알라의 판결을 받는 사람이라는 것을 명심하십시오. 또한 보이는 것들로부터는 현세와 내세의 슬픔과 고통 외엔 얻을 수 있는 것이 없다는 것을 기억하십시오. 속죄와 회개로 실수가 줄어듭니다. 악행을 회개하십시오. 이성을 되찾으십시오. 알라께 복종하며 행복한 삶을 살기 위해서는 악마의 간계를 좌절시키십시오.

* 출처: http://aliftaa.jo/index.php/fatwa/show/id/298(요르단, 2013.2.13)

라. 남녀 합석

◆ 남녀 10세가 되면 따로 잠을 자야 한다고 하디스에 나와 있으며, 어린아이에게 치부가 있다고 인정되는 나이는 이슬람 법학파마다 견해가 조금씩 다르다.

질 문　제게는 5살 된 딸과 3살 된 아들이 있습니다. 언제부터 딸과 아들을 따로 목욕시켜야 합니까?

파트와　순결과 청결을 지향하고 이를 우리 자손들에게 심어 주는 것은 이슬람의 덕목 중 하나입니다. 이를 위해서는 아이들의 잠자리를 남녀 따로 분리해야 합니다.

아부 다우드가 저서 『알수난』에서 아므르 븐 슈와입의 할아버지에서 아버지로, 아버지에서 아므르 븐 슈와입으로 전승된 하디스를 기록한 바에 따르면, 사도께서 "아이들이 7세가 되면 예배를 드리게 하라. 10살이 되어도 예배를 드리지 않을 때는 때려라. 그리고 아이들간에도 남녀 침실을 분리해라"라고 말씀하셨습니다.

이 하디스에 따르면 10세 되면 남녀를 분리해야 합니다. 알마나위가 저서 『파이드 알까디르』에서 "너희 아이들이 10세가 되었다면 잠자리를 분리하고, 형제자매일지라도 욕구를 일으키지 않게 주의해라"라고 말했습니다.

이렇게 아들과 딸이 서로의 치부를 알지 못하게 하기 위해서, 또는 현혹될 부위를 알지 못하도록 아들과 딸들을 분리하여 목욕시켜야 합니다. 이것이 예의와 교육의 시작입니다.

대부분의 학자들은 3세 이상의 아이들이 서로의 치부를 보거나 만지는 것을 금지합니다. 3세나 4세의 아이들을 함께 목욕시키면, 아이들이 서로 치부를 만지거나 보지 못하도록, 아이들의 앞과 뒤의 치부를 두껍게 가려야 합니다.

아이들의 치부가 어디라고 정하는 것은 학자들마다 의견이 다르지만 "쿠웨이트 피끄흐 백과사전"에 따르면 학자들의 학파에 따라 다르며 다음과 같습니다.

첫째, 말리키 학파

말리키 학파는 남녀를 다음과 같이 구분하고 있습니다.

가. 예배할 때

예배할 때 지켜야 하는 남자아이가 지켜야 되는 치부는 만 7세가 된 이후에 해당된다. 이는 두 생식기와 엉덩이, 그리고 음부와 허벅지로, 성인에게 요구되는 것처럼 가릴 것이 요구된다. 예배할 때 지켜야 하는 여자아이의 치부는 배꼽부터 무릎까지이다. 이는 성인 여성에게 가릴 것이 요구되는 부위와 같은 부위이다.

나. 예배를 하지 않을 때

8세 미만의 남아에게는 치부가 없다. 따라서 여성은 남자아이의 전신을 보거나 시신을 씻길 수 있다. 9~12세의 남자아이들은 여성이 몸을 볼 수는 있으나 씻기는 것은 안 된다. 13세 이상의 남자아이들은 일반 성인 남성의 치부와 같다.

2년 8개월 된 여자아이에게는 치부가 없다. 3~4세의 여자아이를 보는 것에는 치부가 없어 아이의 몸을 볼 수는 있으나 만지는 데는 치부가 있다. 남성은 여아를 씻길 수 없으며, 7세의 여아는 욕정의 대상이 되므로 남성은 여아의 치부를 볼 수도, 씻길 수도 없다.

둘째, 하나피 학파

4세 미만의 남아는 치부가 없어 여성이 보거나 만지는 것이 가능하다. 4세 이상 남아의 경우, 성욕을 느끼지는 않지만 앞과 뒤를 치부로 본다. 그래서 10세까지 그의 치부를 두껍게 가린다. 이때 치부로 간주되는 곳은 엉덩이와 엉덩이 주변, 그리고 성기와 그 주변이다. 10세 이후에는 배꼽부터 무릎까지 성인과 동일하게 치부로 간주된다. 남성은 예배할 때나 예배하지 않을 때도 이곳이 치부로 간주된다.

셋째, 샤피이 학파

남아의 치부는 2차 성징이 발현되지 않았더라도 배꼽부터 무릎까지이다. 여아의 치부는 예배할 때나, 예배하지 않을 때나 성인 여성의 치부와 같다.

넷째, 한발리 학파

7세 미만 남아에게는 치부가 없다. 그래서 여성이 몸을 보거나, 만질 수 있다. 7세부터 10세까지의 남아는 예배할 때나 예배하지 않을 때에도 두 개의 생식기만이 치부이다. 7세부터 10세까지의 여아는 배꼽부터 무릎까지를 예배할 때 치부로 본다.

* 출처: http://www.awqaf.gov.ae/Fatwa.aspx?SectionID=9&RefID=1234(아랍에미리트, 2013.1.29)

마. 여성의 할례

(가) 할례의 정의: 남성 음경의 포피와 여성의 음핵을 잘라 내는 것이다.[20]

(나) 할례에 대한 판단: 남성에게 할례는 종교적 규범이다. 음경의 포피가 청결상 세정을 해야 하는 부위의 일부분을 덮고 있으며, 할례를 통해서 이를 제거하기 때문이다. 예언자가 무슬림이 된 남성에게 말했다. "알라를 믿지 않던 시기에 길렀던 털을 잘라 내고 할례를 하라."(아부 다우드 전승)

또한 할례는 음핵 포피 즉 소음순이 커진 여성들에게 권장된다. 이 경우 소음순이 바지 등에 마찰되면서 여성이 성욕이 더 많이 생기기 때문이다. 이와 더불어 소음순이 커진 여성이 할례를 하지 않으면 성관계 시 남성의 성욕을 반감시키게 된다.

(다) 할례를 하는 시기: 힘이 세지는 소년기부터 성년이 될 때까지. 이 시기에는 청결과 예배에 대한 의무를 지게 된다.

(라) 할례 방법: 남성의 할례는 음경(귀두)을 덮고 있는 끝부분의 포피를 잘라 내어 아무것도 덮지 않도록 밖으로 드러나게 하는 것이다. 여성의 할례는 여성 생식기 양 끝에서 길게 튀어나온 음핵 포피(소음순)를 잘라 낸다. 무함마드가 메니다에서 여성들의 할례를 시술하던 여성에게 말했다. "너무 무기력하게 하지 말라(다 잘라내지 말라), 할례는 여성에게 좋고 남편에게는 더 좋은 것이다."(아부 다우드 전승)

20_ Muḥammad Rawwās Qalʔahjī, 2000, p.797.

㈎ 성인이 되어서도 할례를 하지 않은 사람은 알라가 부과한 의무를 저버렸기 때문에 방탕한 자로 여겨지고, 할례를 한 사람은 음경 포피 아래 부분을 청결히 할 의무가 있다.

◈ 할례는 순나이다. 그러나 할례 의무에 대해서는 학파마다 견해가 다르다.

질 문 할례 금지에 대한 판단은 무엇입니까?

파트와 할례를 금지하거나, 할례를 시술한 의사에게 면허정지, 벌금, 구속 등으로 처벌하는 것은 금지됩니다. 할례는 모든 이슬람 법학자들이 순나라고 보기 때문입니다. 그러나 할례를 의무로 규정하는지의 여부는 학파마다 다릅니다. 샤피이 학파 학자들은 할례가 남성, 여성 모두에게 의무라고 보고 있지만 한발리 학파는 할례가 남성에게만 의무이고, 여성에게는 하면 존중 받는 일로 보고 있습니다. 반면 하나피 학파와 말리키 학파는 남녀 모두에게 권장해야 할 일로 보고 있습니다.

* 출처: Muṣṭafā Murād, p.297.

◈ 남녀 할례는 순나이며, 여성에게 할례를 행하는 방법에는 법학파마다 다양한 견해가 있다.

질 문 오늘날 일부 학자들이 할례를 금지해야 한다고 주장하고 이러한 주장이 점차 확산되고 있습니다. 무엇이 옳은 것인가요?

파트와 남성의 할례는 음경을 덮고 있는 피부를 잘라 내는 것이고, 여성의 할례는 음부 윗부분의 소음순을 잘라 내는 것인데 소음순은 수탉의 벼슬과 유사하게 생겼습니다. 하지만 소음순의 일부분을 절단하되 전체를 잘라 내서는 안 됩니다. 할례는 피뜨라Fiṭrah[21] 순나입니다. 사도께서 "다섯 가지 피뜨라가 있다. 그것은 바로 "할례, 음모 제모, 겨드랑이 털 제모, 손톱 깎기, 콧수염 면도이다"라고 말씀하셨습니다. 여성에게 이것이 합리적임을 명시하는 하디스의 내용은 "남녀 모두 할례를 했다면 성관계를 할 때 할례를 한 부분을 청결히 씻어야 한다"입니다. 또 "이브라힘은 80세가

21_ 원초, 원초의 규범.

넘어서 본인의 의지로 할례했다"라는 내용의 하디스 역시 할례의 합리성을 보여 주고 있습니다. 할례에 대한 이슬람 법학자들의 의견은 다양합니다. 하나피 학파와 말리키 학파는 할례가 남성과 여성 모두에게 순나라고 보았고, 샤피이 학파는 할례가 남녀 양성 모두에게 의무라고 언급했습니다. 한발리 학파는 할례가 남성에게만 의무이고 여성에게는 권장되는 것이라고 명시했습니다. 또 현재 많은 이슬람 법학자들이 한발리 학파의 의견을 근간으로 삼고 있습니다. 그리고 여기서 꼭 말씀드릴 사항이 있습니다. 현재 많은 지역에서 할례가 행해지고 있는데 그 방법이 올바른 방법이 아닙니다. 음부 윗부분의 피부를 잘라 낼 때 전체가 아닌 일부분만을 잘라 내어, 여성의 성욕을 유지시키고 성관계를 맺을 수 있도록 해야 합니다. 할례 때문에 이슬람 법학자들과 의사들 간에 분쟁이 발생하였습니다. 의사들은 기존의 방법대로 할례하면 문제가 생기기 때문에 위에서 말씀드린 것처럼 할례를 금지해야 한다고 말합니다. 할례를 하면 여성의 성욕이 감퇴하기 때문입니다. 사도께서는 남성과 여성에게 할례를 행할 때 가장 이상적인 방법을 알고 계셨습니다. 사도께서 "음부 전부가 아닌 일부분만을 잘라 내라, 일부분만 잘라도 남편과 가족을 만족시킬 수 있다"라고 말씀하셨는데 말씀에 사용하신 표현 "lā tanhakī(음부를 잘라내지 마라)"는 지나치게 잘라 내지 말라의 의미입니다. 어휘 나흐크Nahk는 '지나치게 때리다', '잘라 내다', '모독하다' 등의 의미가 있습니다. 그러므로 일부 사람들이 음부 전체를 잘라 내는 할례 방법은 하람, 즉 금지된 행위입니다. 이에 대한 근거로 두 개의 하디스가 있습니다. "과하게 잘라 내지 말아라"라는 사도의 말씀과 '해를 입지도 말고 해를 입히지도 말라"라는 사도의 말씀입니다. 해를 입거나 해를 입히는 것은 하람입니다. 이를 근거로 해서 "위에 말씀드린 방법으로 여성 할례를 실행하는 것은 여성에게 해를 입히는 것이다"라는 의사의 주장이 설득력을 얻게 되었습니다. 여성의 음부를 과도하게 자르는 것을 금지하는 측에서는 '이것으로도 남편과 가족을 만족시킬 수 있다'는 하디스에 주장의 근거를 둡니다. 여성의 음부는 의사들이 주장하는 바와 같이 여성의 성욕을 관장하는 데 있어 큰 역할을 하기 때문입니다.

* 출처: Muṣṭafā Murād, pp.297-298.

◈ 아동 할례는 무슬림들의 순나이다.

질문   아동 할례는 종교적 의무입니까 아니면 순나입니까?

파트와   할례는 의무이면서 동시에 이슬람의 종교의식입니다. 그러나 샤리아의 의무사항들은 미성년자에게는 적용되지 않습니다. 아동 할례를 하는 것은 무슬림들의 관습으로 지켜 오고 있습니다. 따라서 어렸을 때 할례를 받지 않은 무슬림은 성인이 되어 할례를 받을 수 있도록 노력해야 합니다.

* 출처: http://aliftaa.jo/index.php/ar/fatwa/show/id/2578/search/%D8%AE%D8%AA%D8%A7%D9%86(요르단, 2013.1.5)

◈ 이슬람에서 제3의 성을 바라보는 시각

질문   이슬람에서 천성이라 할 수 있는 "제3의 성"을 어떻게 바라봅니까? 이런 (제3의)성이 사도 무함마드나 교우들의 시대에도 있었습니까?

파트와   이슬람 샤리아는 소위 "제3의 성(선천성 질환으로 인해 남성이 여성을, 여성이 남성을 닮아 가는 경우)"을 정명(定命)에 대한 믿음과 일관된 관점에서 바라봅니다. 알라의 피조물은 모두 지고하신 그분의 의지와 지혜의 산물입니다. 그러므로 누구도 알라께서 창조하시고 선택하신 형상을 경시해서는 안 되며, 성별과 피부색, 인종, 혈통을 빌미로 사람을 차별해서는 안 됩니다. 인간이란 알라의 손 안에 있습니다. 지고지순하신 알라께서 "인간이여, 알라가 너희를 창조하사 남성과 여성을 두고 종족과 부족을 두었으되 서로가 서로를 알도록 하였노라 알라의 앞에서 가장 크게 영광을 받을 자는 가장 의로운 자로, 알라는 모든 것을 아시며 감찰하시는 분이시라"〈코란 후즈라트(49)장 13절〉라고 말씀하셨습니다.

이처럼 샤리아는 인간으로서 타고나는 선천적으로 부족하거나 균형 결함이 있는 모든 이들에게 전인류에게 부여된 것과 같은 권리를 주었습니다. 그리고 개인의 신앙, 국가에 대한 충성도, 알라를 향한 마음이 큰 정도에 따라 인간의 위치를 격상시켰습니다. 사도 무함마드께서 "무슬림들의 피는 동등하다. 그들 중 가장 낮은 곳에 있는 자를 위해 안식이 주어지며, 가장 먼 곳에 있는 자는 귀환이 주어지노라"라고 말씀하셨고, 아부 다우드가 이를 전승했습니다.

사도 무함마드 시대에도 제3의 성을 지닌 자들이 일부 있었다고 확인되었습니다. 예를 들면 안지샤와 와히트가 있습니다. 알하피즈 이븐 하자르는 저서인 『알이사바 피 타므이즈 알사하바』에서 제3의 성을 지닌 자들에 대해 기록하였고, 이들이 위대한 교우들과 함께 존엄한 삶을 향유하며 의무를 다하고 권리를 누렸음을 증명했습니다. 이들이 천대받고 억압받았다는 기록은 없었습니다. 오히려 제3의 성을 지닌 사람들을 고려하여 내린 특별한 법학자들의 판단이 있습니다. 그리하여 남성은 제3의 성을 지닌 자를 여성으로 대했고, 여성은 그를 남성으로 대했습니다. 법학자들이 제3의 성에 대해 상세하고도 많은 판단이 있습니다. 본 파트와에서 이에 대해 언급하지 않겠습니다. 상세하게 기록된 서적의 내용을 참조해서 보실 수 있습니다.

여기서 중요한 조언은 바로 알라를 경외하는 마음으로 사람들이 성 소수자들을 대해야 한다는 것입니다. 이 사람들의 치료에 도움을 주고, 고난을 이겨 낼 수 있도록 돕는 것이 중요하며, 모든 권리를 누리고 온전히 존엄한 삶을 살 수 있도록 도와주는 시설을 마련하는 것도 하나의 방법입니다.

그러나 수술로 타고난 성을 바꾸거나, 외양을 가장하여 남성이 여성을, 여성이 남성을 흉내 내는 것을 두고 제3의 성이라고 한다면, 이 맥락에서 제3의 성이 금지된다는 데에 학자들 간에 이견이 없습니다. 이는 알라의 피조물을 바꾸는 일이기 때문입니다. 알라께서 "그들은 알라가 아닌 우상을 불러들이니 사탄을 숭배하고 있노라. 알라께서 그를 저주하자 그가 말하기를 내가 당신의 종복 중에서 일부를 데려가리라. 또 내가 그들을 방황케하고 위선적 희망을 조성할 것이며 그들에게 명령하여 가축의 귀를 자르게 하고 또 명하여 알라의 피조물을 바꾸도록 하리라 하더라 그러나 알라가 아니라 사탄을 택하는 자는 필연 손해를 볼 것이라. 사탄이 약속하며 허위적 희망을 조성하나 그것은 위선에 불과하도다. 이들의 주거지는 지옥이며 그곳에서 **빠**져나갈 돌출구를 찾지 못하리라"〈코란 니싸아(4)장 117-121절〉라고 말씀하셨습니다. 이븐 압바스가 "사도 무함마드께서 여자 흉내를 내는 남자, 남자 흉내를 내는 여자를 저주하셨다"라고 전언하였고 부카리가 기록했습니다.

* 출처: http://aliftaa.jo/index.php/fatwa/show/id/2745(요르단, 2013.4.19)

(3) 인터넷 및 SNS 활동
1) 인터넷 범죄

◆ **무단 복제에 관한 파트와**

　질 문　　많은 이슬람 사이트에 다양한 학습자료들이 탑재되어 있습니다. 이 사이트들은 사람들로 하여금 무료로 다운로드 받을 수 있게 사이트 내에 학습 자료들을 올려놓았는데 이런 일들이 허용되는 것인가요? 이 자료들은 시장에서 판매되고 있는 것들이고, 어쩌면 이 자료들은 저작권이 보호되고 있는 것일 수도 있습니다. 제가 판단하기로는 이 사이트들은 자신들이 올린 모든 자료에 대해 인터넷 사이트에 무료로 올려도 된다는 허락을 자료 주인으로부터 받지 않았을 겁니다. 이런 행동들이 허용되는 것인가요? 그렇다면 제가 이 자료들을 저작권이 보호되고 있다 하더라도 시장에서 구매하여 컴퓨터에 저장한 후 CD로 복사하여 이 자료를 제공한 사람의 허락 없이 무료로 형제들에게 나누어 주어도 괜찮습니까?

　파트와　　현대의 법학자들은 저작과 배포 권리에 대한 금전적 측면에서 의견이 갈려 있습니다. 대부분의 학자들은 이 금전적인 것은 침해해서는 안 되는 재산이라고 합니다. 그러나 일부는 허락받을 필요가 없는 허락된 것이라고 생각합니다. 관계 당국이 배포하는 것을 금지하지 않았다면, 저는 후자의 의견이 더 타당한 것으로 봅니다. 그러나 당국이 배포를 금지했다면 금지 사항을 지켜야 합니다.

* 출처: http://cms.islam.gov.kw/Pages/ar/FatwaItem.aspx?itemId=2020(쿠웨이트, 2013. 8.29)

◆ **인터넷에서 다운로드 받는 것에 대한 판단**

　질 문　　게임이나 프로그램을 인터넷에서 다운로드 받는 것에 대한 판단은 무엇입니까? 만약 제가 정품을 구입한다면 가격이 아주 부담됩니다.

지적재산권보호법은 말뿐이지 하나도 적용되고 있지 않습니다.

파트와 국법에서 이를 막지 않는다면 괜찮습니다. 그러나 이를 금지했다면 통치자의 금지 명령에 따라야 합니다.

* 출처: http://cms.islam.gov.kw/Pages/ar/FatwaItem.aspx?itemId=4528(쿠웨이트, 2013. 8.28)

◈ **불법 소프트웨어를 사용하는 것에 대한 판단**

질문 전 세계 컴퓨터 사용자 중 85%가 불법 프로그램을 사용합니다. 이것에 대한 판단은 무엇인가요? 제가 이런 프로그램 몇 가지를 갖고 약간의 수익이 생기는 인터넷 사이트를 개설하는 것에 대한 판단은 무엇인가요? 요르단과 그 외 다른 국가의 컴퓨터에 불법 프로그램이 많이 사용되고 있다는 것은 잘 알려진 사실입니다. 저는 제 사이트를 개설해서 저에게 있는 소프트웨어를 찾는 사람에게 서비스 면에서 제일 좋은 사이트로 만들고 싶습니다. 그리고 인터넷에 있는 전자책에는 지적재산권과 물권이 없습니까? 전 세계 사람들은 누구나 인터넷을 통해 전자책을 구매하지 않고 교환합니다. 그러나 지적재산권을 보호하면서 제 사이트에 전자책을 게재하여 저에게 금전적 이익이 발생하지만, 그 이익을 프로그램과 전자책의 판매를 통해서 취하는 것이 아니라 광고를 통해 이익을 얻는 것이라 하더라도 저에게 죄가 있습니까?

파트와 프로그램과 전자책에 대한 저작권과 특허권은 그것을 만든 사람의 지적 권리입니다. 그러므로 소유주의 허락 없이 마음대로 처분할 수 없습니다. 요즘에는 지적 권리는 금전적 가치가 있어서 이 권리를 통해 사람들은 돈을 벌 수 있습니다. 이 권리는 합법적인 것으로서 침해할 수 없습니다. 이와 관련된 판단은 이슬람 피크흐 위원회 결의안 43호에 잘 나타나 있습니다.

이 권리를 침해하는 사람이 많다고 해서 침해하는 행동이 정당화될 수는 없습니다. 침해하는 사람은 자신이 타인의 권리를 침해함으로써 준수하고 보호해야 하는 권리를 침해하고 있음을 잘 알고 있습니다. 프로그램을 발명하거나 책을 저술할 수 있음에도 불구하고 이전의 것에 대한 특허권을 보호하지 않고 각 사이트에서 유포한다면 사도께서 "너희 중 어느 누구도 자기 자신을 바라는 것을 자기 형제를 위해 바랄 때까지는 믿지 않을 것이다"라고 말씀하셨을 것입니다.

* 출처: http://www.aliftaa.jo/index.php/fatwa/show/id/846(요르단, 2013.12.24)

2) 음란 사이트 검색

◈ 음란 사이트 검색에 대한 판단

질문 음란 사이트를 탐색하는 것에 대한 판결은 무엇입니까? 또한 음란 사이트가 인터넷 서비스를 제공하는 것에 대한 판결은 무엇입니까?

파트와 알라께서 믿는 자들에게 눈길을 거둘 것을 명하셨습니다. 또한 알라께서 "(무함마드야!) '믿는 남성들에게 그들의 시선을 (조금) 낮추고, (간음으로부터) 그들의 정조를 지켜라'라고 말하라. 그렇게 하는 것이 그들에게 죄짓지 않는 것이니라. 실로 알라께서는 그들이 행하고 있는 것을 모두 다 아시니라"〈코란 누르(24)장 30절〉와 "(무함마드야!) 믿는 여성들에게 '(보는 것이 허락되지 않은 것을 바라보지 않도록) 그녀들의 시선을 (조금) 낮추고, (간음으로부터) 그녀들의 정조[음부]를 지키고, (얼굴과 손처럼 부득이) 보이게 되는 것을 제외하고는 그녀들의 장식을 (외간 남자들에게) 보이지 말고, 그녀들의 키마르[머리와 얼굴을 가리는 천]로 가슴을 감싸고, 남편이나 (친정)아버지나 시아버지나 자신들의 자식이나 남편의 자식이나 남자형제나 남자형제의 자식이나 자매의 자식이나 그녀들과 같은 여성[무슬림 여성]이나 오른손이 소유한 것[예자 노예]이나 (육체적) 욕망이 없는 종자(從者)나 여성의 은밀한 부분을 알지 못하는 어린 아이를 제외하고는 그녀들의 장식[아름다움]을 보이지 말라'고 말하라. 그녀들이 숨기고 있는 (발목) 장식이 알려지도록 발을 구르지 말라고 말하라. 오 믿는 자들아! 너희가 번창할 수 있도록 모두가 알라께 회개하라"〈코란 누르(24)장 31절〉라고 말씀하셨습니다.

알라께서는 방탕함과 방탕함의 요인들을 금하셨습니다. 또한 이슬람은 유혹의 문을 막았으며, 유혹으로 이끄는 모든 것을 금했습니다.

음란 사이트는 금지된 것으로 이끄는 가장 큰 죄악에 속한다고 알려져 있습니다. 그러므로 이를 금하는 것은 명백한 명령입니다. 성인 사이트에 접속한 사람들에게 이런 사이트를 소개하고 제공하는 사람들에 관해서는 금지가 더욱 확고해집니다. 위와 같은 일을 하는 사람은 자신이 한 일의 죄를 받으며, 이러한 사이트에 접속한 이는 죄를 받습니다. 알라께서는 "그들로 하여금 심판의 날 그들의 죄악과 그들이 무지하여 방황케 한 죄악을 짊어지도록 하리니 그들이 짊어질 그것에 저주가 있으리라"〈코란 안나흘(16)장 25절〉라고 말씀하셨습니다. 또한 사도 무함마드께서는 "올바른 길로 인도하는 사람에게는 그를 추종하는 사람과 같은 보상이 따를 것이다. 이러한 일로 그들의 보상이 줄지 않는다. 틀린 길로 인도하는 사람은 그를 따르는 사람의 죄와 같은 죄를 받게 된다. 이러한 일로 그들의 죄가 줄지 않는다"라고 말씀하셨다고 무슬림이 전승했습니다.

* 출처: http://aliftaa.jo/index.php/fatwa/show/id/1937(요르단, 2013.2.13)

◈ 금지된 사진 전송에 관한 판단

질문　저에게는 나체인 여성들의 모습과 그와 유사한 모습을 담은 사진 또는 비디오 클립이 첨부된 이메일이 오는 경우가 많습니다. 이러한 이메일이 많이 오가는 것으로 보입니다. 이런 것을 전송하는 사람에 대한 판단이 무엇인지 밝혀 주시길 바랍니다. 참고로 저는 이러한 이메일을 퍼트리는 근원이 되지 않기 위해 이런 이메일들을 삭제합니다.

파트와　금지된 영상이 첨부된 메일을 전송하는 것은 금지된 일로, 지상에 해악을 끼치는 일이라고 할 수 있습니다. 알라께서 "알라께서 지구를 잘 정돈하신 후에는 지상에서 해악을 저지르지 말고, (그분의 처벌을) 두려워하며 (그분의 자비를) 열망하면서 그분에게 간구하라. 실로 알라의 자비는 (그분의 명령에 복종하며) 선을 행하는 이들로부터 (늘) 가까이 있느니라"〈코란 아으라프(7)장 56절〉라고 말씀하셨습니다. 또한 이러한 일은 죄악과 악행을 퍼트리는 것입니다. 또한 알라께서 "믿는 자들 가운데에 악행[성범죄]이 전파되는 것을 좋아하는 자들에게는 현세와 내세에서 고통스러운 징벌이 있을 것이니라. 실로 알라께서 (너희의 속마음과 의도를) 아시고 계시지만 너희는 (그것을) 알지 못하니라"〈코란 누르(24)장

19절)라고 말씀하셨습니다. 그러므로 무슬림은 이러한 죄에 연루되어서는 안 됩니다. 오히려 무슬림은 효과적인 훈계로써 이러한 일에 빠진 사람들에게 충고해야 하고, 그와 같은 악과 죄로부터 이슬람 공동체를 지키고 수호하는 데 기여해야 합니다.

* 출처: http://aliftaa.jo/index.php/fatwa/show/id/541(요르단, 2013.2.13)

(4) 음주와 흡연 그리고 범죄

◈ **주류를 취급하는 음식점에서 식사하는 것에 대한 판단**

질문 주류가 제공되는 식당에서 식사를 해도 되나요?

파트와 다른 곳에서 식사가 가능하다면 이 식당에서 식사하는 것은 안 됩니다. 왜냐하면 이러한 행동으로 그들(술을 먹거나 파는 자들)과 함께 죄악과 반목에 협조하는 것이기 때문입니다. 알라께서 그것을 금지하셨습니다. 다른 곳에서 식사를 할 수 없는 불가피한 경우에는 이 식당에서 식사할 수 있습니다. 알라께서 이렇게 말씀하셨습니다. "알라를 위해[알라의 말씀을 앙양하기 위해] 있는 힘을 다해 분투 노력하라. (그분의 말씀을 인류에게 전하기 위해 민족들 중에서) 너희를 그분께서 택하셨으며 너희 조상 이브라힘의 종교(처럼) 너희의 신앙생활에 어떤 어려움도 부과하시지 않았느니라. 사도가 (계시를 너희에게 전달하여) 너희에 대한 증언자가 되고 너희는 (너희 사도들이 너희에게 전해 주었음을 피조물에게 알려줌으로써) 사람들에 대한 증언자들이 되도록 그분은 이전[앞서 있었던 성서들]과 여기[이 코란]에서 너희를 무슬림이라고 명명하셨느니라. 그러므로 예배를 근행하고 자카트를 내고 (모든 문제에서) 알라께 매달려라. 그분이 너희를 보호해 주시는 분이시니라. 참으로 훌륭하신 보호자이시며 조력자이시도다"〈코란 핫즈(22)장 78절〉, "알라께서는 인간에게 지탱할 수 없는 그 이상의 짐을 주지 않으셨느니라. 그가 (선행으로) 지은 것에 대한 보상을 받을 것이며, 그가 (악행으로) 저지른 것에 대한 처벌을 받을 것이니라. 저희의 주님이시여! 저희가 잊거나 실수하더라도 저희에게 벌을 주지 마시옵소서. 저희의 주님이시여! 저희 이전의 사람들에 짐

을 지우셨던 것처럼 저희에게 짐을 지우시지 마시옵소서. 저희 주님이시
여! 저희가 감당할 수 없는 것을 저희에게 부담시키지 마시옵소서. 그리
고 저희를 용서해 주시고 죄를 사하여 주시고 저희에게 자비를 베풀어 주
시옵소서. 당신께서 저희의 보호자이시오니 불신하는 백성들에 대하여
저희가 승리하게 하여 주시옵소서."〈코란 바까라(2)장 286절〉 그러니 알
라께서 허락하신 것만 먹고 마셔야 합니다.

* 출처: http://www.alifta.com/Fatawa/FatawaChapters.aspx?languagename=ar&View=
Page&PageID=8568&PageNo=1&BookID=3(사우디아라비아, 2013.7.9)

◈ 다량으로 섭취하거나 복용하여도 취하지 않을 정도의 극소량 알코올이
함유된 식품을 먹거나 약품을 복용하는 것은 허용된다.

[질문] 시장에서 파는 약품과 과자 중에 알코올(주정, 酒精)이 소량 첨가
된 것이 있습니다. 이것을 먹어도 됩니까? 이 과자를 배불리 먹는다고 해
서 취하는 것은 아닙니다.

[파트와] 약품이나 과자에 첨가된 알코올이 극소량이고, 다량 복용하거나
섭취해도 취하지 않는다면 이러한 약품이나 과자를 먹거나 판매해도 됩
니다. 이 경우 알코올은 약품이나 과자의 풍미, 색감 또는 향에 영향을 주
지 않으며, 정화되고 허용된 상태로 변화되었기 때문입니다. 그러나 무슬
림이라면 무슬림을 위한 음식에 알코올을 첨가해서는 안 되며, 알코올이
들어간 음식을 조리하는 과정에 도와서도 안 됩니다.

* 출처: http://www.alifta.com/Fatawa/FatawaChapters.aspx?languagename=ar&View=
Page&PageID=8569&PageNo=1&BookID=3(사우디아라비아, 2013.7.9)

◈ 술이 포함된 식품을 검사하는 회사에서 근무하는 것에 대한 판단

[질문] 저는 여러 업무에 종사하고 있는 식품공학자입니다. 그 중 한 회
사와 일을 하기 위해 다시 만나게 되었습니다. 이 회사는 해외로부터 시
방서에 부합하는 식품 중 승인된 것들을 수입하는 곳입니다. 이러한 직책
에서 저는 업무의 일환으로 이따금 술을 검사하고, 술이 시방서에 부합되
는 것인지 아닌지 보고서를 작성하게 될 것입니다. 이러한 것을 반입하는
일이 허용되는지요? 항상 반복되는 일은 아니며 주문에 달린 일입니다.

이 회사에서 제가 근무하고 소득을 얻는 일은 금지된 것입니까?

파트와　허용된 식품 분야에 종사하는 것은 허락된 일로 문제되지 않습니다. 그러나 술의 경우는 허용되지 않습니다. 왜냐하면 술은 악행의 근원이기 때문입니다. 알라께서는 코란에서 "믿는 사람들이여! 실로 술과 도박과 우상과 점술에 사용되는 화살은 사탄의 소행으로 인한 더러운 행위이니 너희가 번창할 수 있도록 그것을 피하라. 단지 사탄은 술과 도박으로 너희 사이에 적의와 증오를 일으키려 하고, 너희가 알라를 기억하고 예배하는 것을 방해하려 하느니라. 그러니 너희는 (그 두 가지를) 끊고 있느냐?(그래도 (그 두 가지를) 끊지 않겠느냐?)"〈코란 마이다(5)장 90절, 91절〉라고 말씀하셨습니다. 사도께서 술과 관련하여 다음과 같이 비난하셨습니다. "사도께서 술과 관련된 열 사람을 비난하셨다. 그들은 주조하는 자, 주조하게 만드는 자, 술을 마시는 자, 술을 운반하는 자, 술을 전달받은 자, 술을 따라 주는 자, 술을 파는 자, 술값을 받아 소비하는 자, 술을 구매하는 자, 구매된 술을 받는 자이다"라고 아나스 븐 말리크의 말을 인용하여 알티르마디가 전승하였습니다.

　알라께서는 우리에게 신실함과 경건함에 협력할 것이며, 죄악과 불복종에 협력하지 말라고 명하셨습니다.

　"오 믿는 사람들이여! 알라의 의식들[알라 상징물들의 신성함]을 더럽히지[메카 순례의 봉헌 상태에서 금지된 것들을 해도 되는 것으로 생각하지] 말고, (신성한 달에 싸움함으로써) 신성한 달도 더럽히지 말고, (카바 신전에) 제물로 바쳐진 동물들(에 표시하는 것)도 소홀히 하지 말고, (장식된) 목걸이들(의 신성)도 더럽히지 말고, 그들의 주님으로부터 은총과 수락을 받으려고 애쓰며 (순례하려고) 카바 신전으로 가는 사람들(의 안전)을 방해하지 말라. 그러나 너희가 순례의 봉헌[이흐람] 상태에서 해방되었을 때는 사냥을 해도 좋으니라. 그리고 너희가 (메카의) 대사원에 오는 것을 방해했다는 이유로 사람들을 증오하는 것이 너희로 하여금 한계를 넘어서는 죄를 저지르지 않게 하라. 정의로운 것과 경건한 것에는 협력하고 죄를 짓는 것과 (이유 없이) 싸움을 거는 것에는 협력하지 말라. 그리고 알라를 경외하라. 실로 알라는 (그분의 말씀에 복종하지 않는 자를) 엄격하게 처벌하시는 분이시니라."〈코란 마이다(5)장 2절〉 무슬림은 가능한 모든 힘을 다하여 알라를 경외해야 합니다.

* 출처: http://aliftaa.jo/index.php/fatwa/show/id/1959(요르단, 2013.2.7)

◈ 금연 맹세를 하고 지키지 못한 것에 대한 판단

질문　저는 코란을 걸고 흡연하지 않겠다고 맹세했으나, 금연할 수 없었습니다. 저는 속죄해야 합니까?

파트와　흡연하지 않겠다는 맹세를 하고 흡연하여 맹세를 어긴 사람은 10명의 불쌍한 사람들에게 음식을 제공하거나 옷을 제공하여 속죄해야 합니다. 이런 속죄 방법을 택할 수 없는 사람은 3일간 금식해야 합니다.

"너희가 무심코 맹세한 것을 알라께서 벌하시지 않으시지만 너희가 의도적으로 했던 맹세(를 어긴 것)에 대해서는 벌하실 것이니라. 그러니 그것에 대한 속죄는 너희가 너희 식구들에게 주는 양의 평균으로 열 명의 불쌍한 자에게 음식을 주거나 그들에게 옷을 주거나 한 명의 노예를 해방하는 것이니라. 그러나 (그런 해결책을) 찾지 못한[그럴 여유가 없는] 사람에게는 사흘 동안의 금식이 (요구된)다. 이것이 너희가 맹세를 하였을 때 그 서언(을 저버린 것)에 대한 속죄이니라. 그러나 맹세를 (꼭 필요한 때 외에는 하지 말고 분별없이 하지 않음으로써 격이 떨어지지 않도록) 잘 지켜라. 너희가 알라께 (인도해 주시고 번창하게 만들어 주신 것에 대해) 감사하도록 이와 같이 알라께서 너희에게 그분의 증표를 분명하게 만드시니라"〈코란 마이다(5)장 89절〉라고 알라께서 말씀하셨습니다.

귀하가 흡연하지 않는다면 그것이 가장 좋은 것이고 속죄하지 않아도 되는 것입니다.

* 출처: http://www.awqaf.gov.ae/Fatwa.aspx?SectionID=9&RefID=13975(아랍에미리트, 2013.4.25)

◈ 흡연 금지에 관한 법적 근거를 요구하는 파트와

질문　저는 흡연금지와 관련된 법적인 파트와를 알고 싶습니다. 아시다시피 흡연은 금지된 것입니다. 그러나 일부 사람들이 이에 대해 학자들 간의 합의가 되지 않았다고 말하고 있습니다. 저는 명확한 파트와와 확실한 법적 증거들을 알고 싶습니다.

파트와   흡연이 나쁜 영향을 끼친다는 것은 잘 알려져 있습니다. 흡연은 흡연자의 건강과 재산, 그리고 자식들, 주변인들에게 해를 끼칩니다. 많은 학자들은 흡연을 금지하는 것에 대해 밝힌 바 있습니다. 이는 낭비와 타인에게 해를 입히는 것을 금지하는 코란과 순나에서 상세한 법적 증거들을 근거로 한 연구 모음집으로 발간되었습니다. 그중에는 알라께서 "알라를 위해서 소비하고 너희 손으로[너희 재물을 알라를 위해 소비하지 않음으로써] (자신을) 파멸로 던지지 말라. 그리고 선행을 하라. 실로 알라께서 선행하는 사람들을 사랑하시니라"〈코란 바까라(2)장 195절〉와 "믿는 사람들이여! 너희 간의 너희 재산을 상호 동의에 의한 (합법적인) 사업인 것을 제외하고 부당하게 다 먹어치우지 말라. 그리고 너희 자신이나 다른 사람을 살해하지 말라. 참으로 알라는 언제나 너희에게 자비로우셨느니라"〈코란 니싸아(4)장 29절〉, "아담의 자손들이여! 너희가 예배할 때와 예배하는 장소에서는 의복으로 단장하되 사치하지 말고 과식하지 말며 과음하지 말라. 실로 알라께서는 낭비하는 이들을 사랑하지 아니하시니라"〈코란 아으라프(7)장 31절〉, "친척과 불쌍한 사람과 여행객에게 그의 권리를 주고 헛되이 낭비하지 말라"〈코란 이스라(17)장 26절〉, "실로 낭비하는 자들은 사탄의 형제들이며, 항상 사탄은 그의 주님(의 은총)에 감사할 줄 몰랐느니라."〈코란 이스라(17)장 27절〉 또한 예언자께서 "해를 입지도 입히지도 말라"고 하셨습니다. 말리키 학파는 이를 따릅니다.

흡연은 신체에 명백한 해를 끼치며 의사들 역시 이에 대해 의혹을 갖지 않습니다. 흡연은 폐암과 심장병, 그 외의 다른 심각한 질병이나 폐병의 가장 큰 원인입니다. 또한 재산의 손실과 종교적으로나 세속적인 이득 없이 소비하는 것이며, 타인에게 해를 입히는 것입니다.

일부 학자들은 흡연을 금지된 것이라는 판단에서 '혐오스러운 것'으로 판단을 낮추었습니다.

* 출처: http://www.awqaf.gov.ae/Fatwa.aspx?SectionID=9&RefID=15836(아랍에미리트, 2013.4.25)

◇ **금연의 맹세를 어기고 흡연한 것에 대한 판단**

질문   저는 장기간 금연했습니다. 그런데 사탄이 제가 다시 흡연하도록 이끌었습니다. 그래서 저는 금연하겠다고 맹세를 했습니다만 이후에도 사탄의 유혹이 계속되었고, 또 흡연하게 되었습니다. 이제 저는 제가 무엇을 해야 하는지 모르겠습니다. 제가 무엇을 해야 하는지 알려 주시기 바랍니다.

파트와 우선 알라께 당신이 그분에게 복종하게 하고, 죄를 저지르지 않도록 당신을 도와주시기를 우리는 간청합니다. 또한 저주받은 사탄으로부터 우리와 당신을 보호해 주시길 간청합니다. 질문하신 우리의 형제께서는 잘못을 후회하고 잘못된 행위를 인정하는 것이 미덕이라는 것을 인식하십시오. 알라께서는 그분의 종이 그분를 경외하고 그의 위엄을 두려워하는 것을 보시길 좋아하십니다. 알라께서 회개하고 참회하는 자들을 좋아하십니다.

아부 후라이라가 전한 하디스에 따르면, "어떤 종이 죄를 저지르고 다음과 같이 말했다. '주인님이시여! 제가 죄를 저질렀는데 저를 용서해 주시옵소서'. 그러자 그의 주인이 '나의 종은 자신에게 죄를 용서해 주시고, 벌을 내리시는 주인이 계시다는 것을 알고 있었느니라. 그러므로 나는 나의 종을 용서했느니라'라고 말했다. 그리고 죄를 저지르지 않은 상태로 남았다가 죄를 저지르게 되었다. 그래서 그는 '주인님이시여! 제가 죄를 저질렀습니다. 저의 죄를 용서해 주십시오'라고 말했다. 그러자 주인은 '나의 종은 그에게 죄를 용서해 주시고, 벌을 내리시는 주님이 계시다는 것을 알고 있었다. 그래서 내가 그를 용서하노라'라고 말했다. 그리고 나서 종은 죄를 짓지 않았다가 다시 죄를 짓게 되었다. 그리고 '주인님 제가 또 다른 죄를 저질렀습니다. 저를 용서해 주십시오'라고 말했다. 그러자 주인은 "나의 종은 그에게 죄를 용서해 주시고, 벌을 내리시는 주인이 있다는 것을 알고 있었느니라. 그래서 그가 원하는 것을 할 수 있도록 그를 세 번씩이나 용서해 주었느니라'라고 말했다"라고 부카리가 전승했습니다.

그러므로 우리는 당신이 다시는 흡연하지 않기로 결심하고 이를 위해 모든 수단을 동원하길 권합니다. 당신이 다시 흡연하게 될 때는 알라께 용서를 구하고, 회개하십시오. 당신은 관용과 자비로 충만하신 그분을 만나게 될 것입니다.

당신의 맹세의 경우, 당신은 이에 대한 속죄를 치러야 합니다. 불쌍한 사람 10명에게 각각 약 60끼르시의 가치로 평가되는 음식(즉, 사람이 먹을 수 있는 600그램의 음식)을 제공하십시오.

* 출처: http://aliftaa.jo/index.php/ar/fatwa/show/id/6(요르단, 2013.7.30)

◈ 아들이 친척집에서 금을 훔친 것에 대한 판단

질 문 식구들과 함께 사는 집에 있는 금고에서 아들이 금팔찌를 훔쳐다가 팔았습니다. 그리고 이것을 시인했는데 이것에 대한 판단은 무엇입니까?

파트와 도둑질은 대죄 중 하나입니다. 알라께서 도둑질한 자를 현세에서는 벌을, 내세에서는 고통을 줄 것이라고 경고하셨습니다. "믿는 사람들이여! 너희 간의 너희 재산을 상호 동의에 의한 (합법적인) 사업인 것을 제외하고 부당하게 착복하지 말라. 그리고 너희 자신이나 다른 사람을 살해하지 말라. 참으로 알라는 언제나 너희에게 자비로우셨느니라"〈코란 니싸아(4)장 29절〉, 그것(알라께서 금지하신 것)을 공격과 불의로 저지르는 자가 있다면 우리는 그를 (지옥의) 불에 타게 만들 것이니라. 그리고 그것은 알라에게 아주 쉬운 것이었느니라."〈코란 니싸아(4)장 30절〉

만약 도둑질뿐만 아니라 배신, 치부를 알리는 것, 믿는 자들을 두렵게 하고, 부모님과 친척들에게 불충한 것, 그 밖의 불복종 행위를 했다면 죄는 더 커집니다.

그러므로 도둑질한 아들이 진심으로 회개하고, 금팔찌를 소유자에게 돌려주어야 합니다. 금팔찌이기 때문에 도난당한 사람은 아들의 여자형제나 어머니일 것입니다. 소유자가 관용을 보여 물건을 포기하지 않는다면 팔찌를 돌려주어야 하고, 그래야만 회개가 됩니다.

* 출처: http://aliftaa.jo/index.php/fatwa/show/id/ 요르단(2013.9.11)

◈ 기부한 금액 이상을 기부했다고 증명하는 허위 영수증 발급을 요구하는 것에 대한 판단

질 문 한 무슬림 기부자가 1만 캐나다 달러의 금전적 기부를 제공하고자 합니다. 그 조건은 자신이 1만 5천 달러를 기부했다고 적힌 영수증을 달라는 것입니다. 이는 기부자가 캐나다 당국에 차후 제출하기 위한 것입니다. 그러면 캐나다 당국이 그에게 그가 제출한 영수증 금액만큼 세금을 감면해 주기 때문입니다. 이러한 영수증을 기부자에게 주어도 되나요?

파트와 알라께서 "믿는 사람들이여! 알라를 경외하고 (의도와 말, 행동 등에서) 진실한 사람들과 함께 하라"〈코란 알타우바(9)장 119절〉라고 말씀하셨습니다. 여기에는 모든 사람과 모든 언사와 행동이 포함됩니다. 그러므로 기부자에게 실제 금액 이상으로 기부했다고 증명하는 영수증을 주어서는 안 됩니다.

이슬람 국가가 아닌 곳에서의 이런 행동은 이슬람의 명성을 더럽히는 일입니다. 사람들이 이슬람을 따르는 것을 막는 일입니다. 그러니 진리의 길에서 벗어나는 일을 용인하지 마십시오. 알라께서 여러분을 지켜 주시고 성공으로 이끄십니다.

* 출처: http://aliftaa.jo/index.php/fatwa/show/id/392(요르단, 2013.6.25)

◈ 쓰레기를 차창 밖으로 버리는 것에 대한 판단

질 문 차에서 쓰레기를 버리는 것은 죄입니까?

파트와 무슬림들은 차 안에서든 다른 곳에서든 길에다 쓰레기를 버려서는 안 됩니다. 쓰레기 투척은 해가 되는 것으로 판단됩니다. 해가 되는 것은 죄이며 예언자께서 해가 되는 것을 금지하셨습니다.

이븐 마자흐가 이바다 븐 알사미트의 전언을 기록한 것에 따르면 예언자께서 "해를 입히지도 말고 해를 되갚지도 않아야 한다"고 하셨습니다. 누군가가 쓰레기를 던지면 해가 되고, 청소부들을 귀찮게 만듭니다. 그러므로 이는 죄가 됩니다. 예언자께서 사람들이 길을 오염시키는 것에 대한 경고를 하시고, 이에 대한 예시를 언급하셨습니다.

이맘 아흐마드가 예언자의 언행록을 작성한 바에 따르면 예언자께서 "3가지 저주받을 행동에 대하여 조심하라"라고 하셨으며, 누군가 질문하길 "예언자님, 저주받을 행동이 무엇입니까?"라고 하자 예언자께서 "너희들 중 누군가가 그늘이나, 길, 물가에 앉아 있는 것이다."[22]

22_ 이는 물가에 앉아 용변 보는 행위를 의미하는 것.

예언자께서 '믿음'을 통하여 피해 입는 것을 피하라 하셨습니다. 예언자께서 "신앙에는 70여 가지가 있다. 그중 제일 좋은 것은 '알라 외에는 신이 없다'라고 증언하는 것이고, 가장 낮은 것은 (무슬림의) 길에 해가 되는 것을 치우는 것이다'라고 말씀하셨습니다"라고 무슬림이 기록하였습니다.

아부 바르자가 "예언자님! 천국으로 가게 하는 행동을 알려 주세요"라고 말하니 "무슬림의 길에서 해가 되는 일을 제거하는 것이다"라고 예언자가 말씀하셨다고 무슬림이 전하고 있습니다.

여러 개의 언행록이 해를 제거하는 방법을 알려 주고 있습니다. 무슬림의 하디스 선집에는 "(무슬림의) 길에서 해를 끼치는 것을 제거하는 것이 자선이다"라고 적혀 있습니다.

각각의 도시에서 길을 청결하게 하는 것은 문명화를 나타내는 것입니다. 그래서 모든 마을의 주민들은 길을 깨끗하고 아름답게 유지하는 것입니다. 이는 주민들이 이룬 문명화와 발전의 정도를 나타내는 것입니다.

* 출처: http://www.awqaf.gov.ae/Fatwa.aspx?SectionID=9&RefID=15543(아랍에미리트, 2013.3.21)

◆ **뇌물수수에 대한 판단**

질문 이웃 국가에서 국내로 연료를 밀반입하고 있습니다. 생활은 어렵고 국내 석유가격이 전혀 떨어질 기미가 없는데, 이렇게 밀수를 해도 됩니까? 밀수꾼 중 한 명이라도 세관원에게 적발되면 큰 벌금을 내야 하는데, 이때 이 문제를 해결해 줄 수 있는 사람에게 금전적 대가를 지불하는 것이 허용됩니까?

파트와 책임자가 금지한 것과 공동체에 이득이 되도록 금지한 것은 반드시 지켜야 합니다. 책임자는 공동체의 이익을 위해 공정하게 규칙을 적용할 수 있습니다. 학자 알마르기나니가 저서 『알하다야al-Hadāyah』(4권 93쪽)에서 상인의 말을 인용해 "이맘은 공공에게 해가 되지 않는 한 자신의 일을 해야한다"고 말했습니다.

이맘 아흐마드와 이븐 마자흐가 이븐 압바스의 전언을 기록한 하디스에서 사도께서 "해를 주지도 받지도 말라"고 말했습니다.

잘못된 것을 옳다고 우기거나 옳지 않은 일을 무마하기 위해 금전을 지불하는 것은 금지됩니다. 이는 모두가 알다시피 금지된 뇌물입니다. 이에 대해 아부 후라이라가 사도의 말씀을 전하였습니다. "사도께서 뇌물을 주는 자와 받는 자를 저주하신다" 알티르미디가 올바른 하디스로 기록하였습니다.

* 출처: http://www.awqaf.gov.ae/Fatwa.aspx?SectionID=9&RefID=3330(아랍에미리트, 2013.1.29)

(5) 폭력 행위

이슬람은 평화의 원칙을 찬양하고 성별과 인종, 종교, 언어, 국적, 민족, 사회적 지위에 상관없이 모든 인간을 존중한다. 알라께서 "우리는 아담의 자손들에게 영예를 부여하고 육지와 바다에서 (동물들의 등과 배에 태워) 그들을 운반해 주고 그들에게 좋은 양식을 제공하였으며 우리가 창조한 어떤 것보다 그들을 더 좋아했느니라"〈코란 이스라(17)장 70절〉라고 말씀하셨다. 무슬림 사회는 인간의 모든 권리를 보장하고 보호한다. 권리의 종류는 다음과 같다.[23]

(1) 삶을 영위할 권리: 모든 사람에게 자신의 생명을 보호할 권리가 있다. 그러므로 살인하거나 사형을 받아 마땅한 죄악을 저지르는 경우를 제외하고, 사람이 살 권리를 침해하는 것은 허용되지 않는다.

(2) 재산을 보호할 권리: 생명이 보호되어야 하는 것처럼 재산 역시 보호되어야 한다. 그러므로 합법적이지 않은 그 어떠한 수단으로 재산을 취하는 것은 금지된다. 알라께서 "믿는 사람들이여! 너희 간의 너희 재산을 상호 동의에 의한 (합법적인) 사업인 것을 제외하고 부당하게 착복하지 말라. 그리고 너희 자신이나 다른 사람을 살해하지 말라. 참으로 알라는 언제나 너희에게 자비로우셨느니라"〈코란 니싸아(4)장 29절〉라고 말씀

23_ Muḥammad Rawās Qal'ah Jī, p.314.

하셨다.

(3) 명예를 지킬 권리: 점잖고 상스럽지 않은 말로 타인의 명예를 훼손해서는 안 된다. 알라께서 "(뒤에서) 중상과 비방하는 자마다 화가[심한 고통과 천벌, 파멸이] 있느니라"〈코란 후마자(104)장 1절〉라고 말씀하셨다.

(4) 자유를 누릴 권리: 이슬람은 생명과 명예, 재산을 보호할 권리뿐만 아니라 숭배, 사상에 대한 자유, 인간이 삶을 영위하기 위해 일해야 하는 직업을 선택할 자유, 모든 국가 기관으로부터 혜택을 받을 자유를 인정했다. 또한 이슬람은 국가로 하여금 이 모든 권리를 보장할 것을 의무화했다. 하지만 인간의 권리는 이 정도에서 끝나지 않는다. 다른 권리들은 다음과 같다.

가. 이주와 거주할 권리: 인간은 제한 없이, 방해받지 않고 어느 곳에나 갈 수 있고 살 수 있으며 이동할 수 있다. 또한 한 개인이 다른 사람의 권리를 침해하는 경우를 제외하고는 그 개인을 축출하거나 감금하는 것은 허용되지 않는다. 법에 의거하여 한 사람을 추방하거나 투옥함으로써 처벌하는 것은 그가 타인의 권리를 침해했거나, 사회 안전을 문란하게 했거나 아무 잘못도 없는 이들을 위협하고 테러를 가할 때에 한한다.

나. 교육의 권리와 의사 표명의 권리: 인간의 권리 중에는 교육을 받을 권리가 있다. 그러므로 모든 개인은 자신을 계몽시키고 자신의 존재와 수준을 높여 줄 교육을 받을 권리를 갖는다. 또한 인간은 자신의 의견과 그것의 근거 및 진실을 표명할 권리를 갖는다. 이슬람은 개인의 의견과 사상이 사회를 저해하는 경우를 제외하고는 자유로운 의견과 사상을 막는 행위를 금지하고 있다.

　인간에게 주어진 권리를 어느 하나라도 침해한다면 그것은 범죄로 여겨진다. 이 자체가 이슬람이 그 종류에 관계 없이 모든 전쟁을 금지하는 실질적인 이유가 된다. 왜냐하면 전쟁은 신성한 권리인 생명을 앗아 가는 행위이자 인간의 삶이 영위할 수 있는 기반을 파괴하기 때문이다. 또 이슬람은 확장과 영향력 및 권력을 증대시키기 위한 전쟁을 금지했다. 왜냐하면 알라께서 "그 내세의 집[영원한 거처] 그것을 우리는 땅[현세]에서 우쭐대려고 하지 않고 해악을 끼치려고[억압과 적대 행위를 하려고] 하지 않는 사람들에게 줄 것이니라. 가장 좋은 결말은 알라를 경외하는 경건한 사람들을 위한 것이니라"〈코란 끼싸스(28)장 83절〉라고 말씀하셨기 때문이다. 복수와 적개심으로 인한 전쟁 역시 금지된다. 이것은 "오 믿는 사람들이여! 알라의 의식들[알라 상징물들의 신성함]을 더럽히지[메카 순례의 봉헌 상태에서 금지된 것들을 해도 되는 것으로 생각하지] 말고, (신성한 달에 싸움함으로써) 신성한 달도 더럽히지 말고, (카바 신전에) 제물로 바쳐진 동물들(에 표시하는 것)도 소홀히 하지 말고, (장식된) 목걸이들(의 신성)도 더럽히지 말고, 그들의 주님으로부터 은총과 수락을 받으려고 애쓰며 (순례하려고) 카바 신전으로 가는 사람들(의 안전)을 방해하지 말라. 그러나 너희가 순례의 봉헌[이흐람] 상태에서 해방되었을 때는 사냥을 해도 좋으니라. 그리고 너희가 (메카의) 대사원에 오는 것을 방해했다는 이유로 사람들을 증오하는 것이 너희로 하여금 한계를 넘어서는 죄를 저지르지 않게 하라. 정의로운 것과 경건한 것에는 협력하고 죄를 짓는 것과 (이유 없이) 싸움을 거는 것에는 협력하지 말라. 그리고 알라를 경외하라. 실로 알라는 (그분의 말씀에 복종하지 않는 자를) 엄격하게 처벌하시는 분이시니라"〈코란 마이다(5)장 2절〉라고 코란에 명시되어 있기 때문이다. 그리고 이슬람은 파괴를 위한 전쟁을 금지했는데, 코란에 "그리고 (너희 주님께서) 땅을 개혁하신 후에는 땅에서 해악질을 하지 말고, (그분의 처벌을) 두려워하며 그리고 (그분의 자비를) 열망하며 그분께 기원하라. 실로 알라의 자비는 선을 행하는 자에게 가까이 있느니라"〈코란 아으라프(7)장 56절〉라고 나와 있다.

◈ 폭력 사용에 관한 판단

질 문 최근 폭력 현상이 늘어났습니다. 이것에 대한 샤리아상의 판단은 무엇입니까? 그리고 폭력 현상에 대한 개인적, 사회적 차원의 의무는 무엇인가요?

파트와 '폭력배 짓'이라는 단어의 의미는 폭력과 힘을 이용해서 사람들을 겁먹게 하고 그들의 물건을 탈취하는 것입니다. 이 행위는 대죄 중의 하나입니다. 이런 현상이 늘어난다는 것은 곧 이슬람 샤리아가 이 땅에 정착시키고자 하는 안전과 안정을 훼손하는 것입니다. 샤리아는 목숨과 명예, 재산을 보호하는 것과 같은 여러 목적들을 추구하고, 세상의 안전과 안정을 지키는 것이 꼭 필요한 것이라고 명시했습니다.

그래서 샤리아는 비록 농담이나 가벼운 언행을 하거나 별것 아닌 도구, 혹은 위험성이 크지 않은 수단을 이용하더라도, 믿는 자들을 겁주는 행위를 하는 것을 금지했습니다. 부카리와 무슬림은 두 하디스에서 아부 후라이라를 통해 예언자의 말씀을 전했습니다. 예언자께서 "너희들 중 누구라도 무기로 너희 형제를 가리키지 말아라. 그는 모르겠지만 사탄이 그를 현혹하여 결국 지옥의 불구덩이로 빠지리라"라고 말씀하셨습니다.

만약 힘을 사용하거나 유사한 느낌을 주면서 납치, 생명 및 명예를 위협하는 등 겁박으로 남의 물건을 빼앗는다면, 이것은 큰 죄목 중 하나입니다. 코란은 대죄의 경계를 분명히 할 것을 강조했고 대죄에 대해 가장 강한 처벌을 내릴 것을 역설했습니다. 그리고 대죄를 저지른 이들을 알라와 그의 사도에 대항하여 싸우는 자들이고, 이 땅에 악을 퍼뜨리는 이들이라고 적시했습니다. 알라께서 "실로 알라와 예언자에 대항하여 전쟁하고 지상에서 악을 퍼뜨리려고 하는 자들에 대한 처벌은 죽임을 당하거나 십자가에 못 박히거나 그들의 손발이 서로 반대로 잘리거나 땅에서 추방을 당하는 것이니라. 그것은 그들에게 현세에서의 치욕이며, 내세에서는 큰 고통이 있을 것이라"〈코란 마이다(5) 장 33절〉이라고 말씀하셨으며, 예언자는 "우리에 대항하여 무기를 든 자들은 우리 무슬림들 중에는 없다"라고 말씀하셨습니다.

이 죄가 중죄에 해당하여 이슬람 법학자들이 합의에 의한 (소송의) 기각이나 용서라도 이 죄의 법정형량의 한도에 의해 수용되지 않습니다. 왜냐하면 이 죄는 사회 전체의 권리를 침해하고 이 범죄의 피해자도 신이 정해 놓은 형량 때문에 이 죄를 용서할 권리가 없기 때문입니다. 이슬람 법은 다른 방법이 없다면 죽임으로라도 공격을 당한 사람이 공격한 사람에게 반격할 권리를 만들어 주었습니다. 이 경우에도 피해자에게 보복에 의한 살인에 책임도 없고, 신체적 상해에 대한 배상 책임도 없고, 속죄를 하지 않아도 됩니다.

그리고 이슬람은 인간이 그의 형제, 즉 타인을 돕고 그를 피습으로부터 구하는 것을 의무화하고 있습니다. 이 과정에서 사망하는 이는 순교자입니다. 이슬람 법은 도움이나 구조를 할 수 있음에도 불구하고 ―악행을 저지르는 폭력배 짓을 고발할 수 있음에도 불구하고― 이것을 회피하고 뒷걸음치는 것을 책임과 부담을 동료에게 전가하는 등한시나 무관심 아니 불의를 돕는 것이라고 여겼습니다. 또한 이슬람 법은 이것이 공공연한 처벌이 요구되는 현상으로까지 발전하지 않도록 개인과 사회가 이렇게 부당한 행위에 단호하게 맞서고, 있는 힘을 다하여 대적하는 것을 의무화하였습니다.

예언자께서 "사람들이 악행자를 볼 때 그들이 그를 손으로 잡지 않으면 [그의 악행을 제지하지 않으면], 알라께서 그분의 처벌로 그들을 곧 에워싸실 것이니라"라고 말씀하셨다고 아부 바크르 알사디끄가 전하는 것을 아부 다우드와 알티르미디, 이븐 마자흐, 그리고 알나사이가 올바른 하디스라고 인정하였습니다.

또한 법에서 범죄로 규정한 깡패 짓에 여러 가지 종류가 있습니다. 힘을 과시하는 것, 피해자에게 물질적으로든 정신적으로든 폭력을 휘두르는 것, 폭력을 사용하여 개인의 신성한 생명을 위협하는 것, 타인의 재물에

해를 가하는 것, 피해자 개인의 이익에 피해를 주는 것, 피해자를 위험에
처하게 하는 것, 명예와 존엄성을 침해하는 것, 건전한 의지를 침해하는
것, 그리고 무기나 전기 기기 또는 해로운 물품을 가지고 다니는 것, 공포
를 자아내고 당황하게 하는 동물을 동반하는 것이 바로 그 예입니다.

　최근 발생하고 있는 많은 부정적 현상들이 깡패짓의 일종이라는 것을
잘 알아야 합니다. 그것은 바로 공공시설에 대한 공격이나 그 시설을 고
장 나게 하는 것, 대중교통이 다니는 길에서의 강도행위, 일상생활의 동
맥으로 그리고 사람들이 지속적인 삶을 영속해 나가는 데 있어 바퀴처럼
중요한 것으로 여겨지며 사람들이 일상생활하는 데에 꼭 필요한 시설들
의 작동을 어떤 구실로든 마비시키는 것입니다.

* 출처: http://www.dar-alifta.org/ViewFatwa.aspx?ID=4527&LangID=1&MuftiType=0(이
집트, 2012.1.29)

Fatwã

▌제 2 장 ▐

종교 생활
관련 파트와

무슬림들의 일상생활을 눈여겨보면 그들의 믿음이나 종교적 의무와 무관한 것이 거의 없으며, 또한 무슬림들만큼 자신의 믿음과 종교적 의무를 실천에 옮기는 사람도 많지 않다. 그들의 믿음은 알라[유일신], 천사, 경전, 예언자, 최후 심판, 그리고 정명을 가리키는 여섯 가지 믿음을 말하는 것이고, 종교적 의무는 신앙고백, 예배, 금식, 구빈세 납부, 성지 순례를 가리키는 5행을 바탕으로 하고 있다. 말로써가 아니라 이 다섯 가지 행동으로 이슬람을 떠받치는 기둥 역할을 한다고 하여 5행을 '다섯 기둥'이라는 의미로 '5주'라고도 한다.

　　5행은 종교적 의무의 실천이기 때문에 무슬림들의 일상생활에서 일어나는 모든 일이 이 5행의 구체적 모습이고, 이것들의 실천 여부에 따라 신앙심이 평가된다고 해도 과언이 아니며, 최후 심판을 받아 갈 곳이 천국일지 지옥일지 결정된다고 한다.

　　5행의 첫째는 신앙고백이다. 신앙고백의 내용은 "알라 외에 신이 없고, 무함마드가 알라의 사도이다"라고 소리 내어 말하는 것이다. 이 신앙고백 내용은 5행 중에서도 가장 핵심적인 것이며 실질적으로는 이슬람의 근본적인 교리를 함축한 말이다. 5행 중 다른 사항은 예외적인 경우가 있기도 하지만 이 신앙고백만은 예외적으로 미루거나 어길 수 없는 절대적인 것으로 간주된다.

　　둘째는 예배이다. 예배는 방법은 달라도 거의 모든 종교에서 중요시하는 종교적 행사이다. 이슬람의 예배에는 예배의 구체적 방법이나 절차 등에서 몇 가지 특징이 있다.

　　이슬람의 예배에는 시각이 정해져 있는 하루 다섯 차례의 의무적인 예배 외에도 계기마다 자유롭게 하는 예배도 있다. 이런 예배를 하는 데에는 선결 조건이 있다. 예배 전에 몸의 정결을 위한 세정 의식을 하고 예배 때마다 그 정결상태를 유지해야 한다.

　　예배는 메카의 카바를 향해서 하며, 그 방향이 불확실할 때는 하지 않는다. 이는 알라가 아닌 다른 것에 예배하는 상황이 될 수 있기 때문이다.

일상적인 의무예배의 시각을 포함한 명칭은 다음과 같다. 새벽예배, 정오예배, 늦은 오후 예배, 일몰 예배, 저녁예배가 그것이다. 예배 전에 사원의 첨탑에서 울려 퍼지는 '예배 시각 알림"이라는 의미의 '아단' 소리를 들을 수 있다.

셋째는 금식이다. 다른 종교에서도 단식이나 금식을 하는 경우가 있지만 타 종교의 단식과 달리 이슬람의 금식은 시기와 방법 등이 율법으로 정해져 있다. 이 금식은 일출부터 일몰까지 기호품을 포함하여 아무런 식음료를 섭취하지 않으며 금욕하는 것을 포함하고 있다. 일몰 후에는 푸짐하게 차려 놓고 낮에 먹지 못한 음식물 대신 포만감을 느낄 정도로 많이 먹으니 그게 무슨 금식이냐며 이슬람 세계 밖에서는 무슬림의 금식을 폄하하기도 한다.

이슬람의 금식은 개인적으로는 알라에 대한 순종과 그분의 은총에 대한 감사를 표시하는 행위이며, 사회적으로는 가난한 사람과 약한 사람에 대한 동정과 자비심을 갖게 하는 행위이며, 무슬림 간의 동등의식을 갖게 하는 집단 행위이다. 이것 때문에 이슬람에서는 금식을 중요시하고 있다.

넷째는 '구빈세' 성격의 자카트 납부이다. 자카트는 축어적으로는 '마음의 정화'를 뜻하며, 자카트 납부를 통해 알라를 숭배함으로써 마음이 청결해짐을 얻는다는 데서 비롯된 말이다. 이슬람에서 모든 부의 최종 소유주는 알라이며, 개인은 알라로부터 잠정적인 사용권만을 부여 받은 것으로 여기고 있다. 일반적으로 무슬림은 자신의 연간 수익의 2.5%에 해당하는 재물을 자카트로 납부해야 한다. 의무적인 자카트의 수납은 보통 사원이나 정부 내의 종교기금을 관리하는 부서에서 이루어진다.

다섯째는 순례이다. 이슬람의 순례란 무슬림이 매년 정해진 시기에 메카를 순례하는 것을 말하며, 경제적으로나 육체적으로나 여행할 수 있는 성인 무슬림이 평생에 한 번 반드시 실천해야 하는 것으로, 코란을 통해 부여된 종교적 의무이다.

"그 안에는 (다른 사원들보다 고귀하고 우선이라는) 명백한 징표들이 있으며 (그 징표들에는) 아브라함이 서있던 곳이 있고, 그곳에 들어가는 사람은 누구나 안도감을 얻을 것이니라. 그 집[카바]으로 순례하는 것은 알라에 의해 (여행비용 등을 감당)할 수 있는 사람들에게 부여된 의무이니라. 그러나 불신하는 자가[메카로의 순례가 근거 없는 것이라고 부정하는 자가] (있다면, 그는 알라를 불신하는 자이니라.) 실로 알라께서는 어떤 피조물(과 피조물의 숭배)도 필요로 하지 않으시니라."〈코란 이므란(3)장 97절〉

메카 순례는 이슬람력으로 매년 12번째 달인 8일에 시작하며, 3일째 되는 날인 10일은 아브라함이 믿음에 대한 시험을 받아 자신의 아들을 제물로 바친 순간 알라에 의해 그의 아들 대신 양으로 바뀌어 희생되었다는 전승을 기념하는 희생절이 시작되는 날이다.

사우디아라비아에 위치한 메카의 카바는 전 세계에 있는 무슬림들이 예배시 향하는 방향이며, 메카와 메디나는 이슬람의 2대 성지로서 이교도들에게는 출입이 금지된 도시이다. 그리하여 흔히 접하곤 하는 'OO산업의 메카는 △△이다'라는 표현에서 메카는 무슬림들의 예배방향에서 유래된 것이며 '중심지'나 '발상지'라는 의미로 쓰인다.

(1) 코란과 하디스의 관리

◈ 코란 낭송 소리를 휴대전화 벨 소리로 설정하는 것에 대한 판단

질 문 코란을 전화 벨 소리로 설정하는 것에 대한 판단은 무엇입니까?

파트와 무슬림은 코란 낭송을 전화 벨 소리로 설정할 수 없습니다. 이는 코란을 부적합한 상황에 두는 것이기 때문입니다. 예를 들어 낭송이 중단 되는 일, 그 의미에 주의를 기울이지 못하는 일, 명상, 사색, 노동으로부터 야기되는 일이 아닌 것에 이를 사용하게 되는 경우가 있습니다.

세계무슬림연맹MWL, Muslim World League 산하 이슬람 법원의 107 (1/19)호 결의가 다음과 같이 내려진 바가 있습니다. "성스러운 코란 구절 을 알람이나 휴대전화 통화연결음 등 휴대폰에 사용하는 것은 허용되지 않는다. 이렇게 사용할 시에는 낭송이 중단되고 이를 하찮게 여기게 되어 코란을 모독하고 경시하게 될 수 있으며 코란구절이 부적합한 곳에서 낭 송될 수도 있기 때문이다."

* 출처: http://aliftaa.jo/index.php/fatwa/show/id/758(요르단, 2013.2.7)

◈ 휴대전화 속에 저장된 코란을 다루는 법에 관한 판단

질 문 우리가 코란을 보는 것처럼 핸드폰 기기 속에 눈에 보이도록 코 란의 절을 저장시켜 놓는 것에 판단은 무엇입니까? 이것을 취급하고, 화 장실에 갖고 들어가는 것과 같은 일에 있어서 코란을 직접 다루는 것과 같은 판단을 가져야 합니까?

파트와 휴대전화에 코란 구절이 보인다면, 이는 코란을 직접 다루는 것과 동일하게 판단해야 합니다. 그러나 휴대전화가 꺼져 있어서 코란의 글자들이 보이지 않는다면 이는 코란을 대하는 것과 같지 않습니다.

* 출처: http://cms.islam.gov.kw/Pages/ar/FatwaItem.aspx?itemId=4734(쿠웨이트, 2013. 8.28)

◈ 알라에 대한 언급이 포함된 종이를 소홀히 대하는 것은 금지됨

질 문 신문을 자동차 유리를 닦는 데 쓰거나 바닥에 던지거나 그 외 신문에 적힌 아랍어의 위상과 부합하지 않는 기타 용도에 이를 사용하는 것에 대한 판단은 무엇입니까?

파트와 신문에는 알라의 이름이 언급되어 있습니다. 또한 다수의 코란 구절과 하디스를 포함하고 있습니다. 아울러 신문은 아랍어로 적힌 것인데 아랍어는 코란의 언어입니다. 이와 같이 언급된 것들은 반드시 찬미되고 존경받아야 하며, 이러한 내용이 포함된 종이를 훼손하거나 더럽히거나 쓰레기와 함께 버리는 일로 알라의 이름이 경시되고 소홀히 취급되어서는 안 됩니다. 알라께서 "그것은 (알라께서 너희에게 분명하게 밝히신 규칙이니라.) 그리고 알라의 상징[의식]들을 존중하는 사람은 누구나, 실로 그것은[그 상징들(을 존중하는 것)은] 마음이 경건한 데에서 오는 것이니라"〈코란 핫즈(22)장 32절〉라고 말씀하셨습니다.

* 출처: http://aliftaa.jo/index.php/fatwa/show/id/773(요르단, 2013.2.7)

◈ 코란이나 알라의 이름이 적힌 종이를 휴지통에 버리는 것에 대한 판단

질 문 모든 정부 기관 및 다른 곳에서도 알라의 이름을 언급하고 일부 코란 구절을 인용하며, 알라의 이름과 호칭이 신청서에 적히고, 신청서 및 문서들이 휴지통에 버려지는 것이 공공연해졌습니다. 또 이 문서들이 길가에 버려져서 사람들이 발로 밟는 경우도 생기는데, 이 때문에 코란의 절과 알라의 이름이 가지고 있는 신성함이 반감되고 있습니다. 이 문제에 대한 판단은 어떠한지요?

파트와 이슬람에서는 알라의 이름이나 글로 작성된 알라의 말씀을 모욕하는 것이 당연히 금지되며 예언자와 그의 가문 이름을 모욕하는 것 역시 금지된 것입니다. 모욕과 모독을 목적으로 의도적으로 이러한 행위를 하

는 자는 종교(이슬람)에서 벗어난 배교자입니다. 또 이것을 의도하지 않았지만 태만하고 나태하게 행동함으로써 이승과 저승에 영향을 준 자는 대죄를 저지른 자입니다.

이미 알라의 이름이나 코란 구절이 적힌 종이, 포장지, 봉투, 표지, 신청서 등이 생겨남으로써 불행이 널리 퍼지게 되었습니다. 사람들은 그들의 능력선에서 이러한 행위들을 그만두어야 합니다. 물론 시간의 부족 및 능력의 부족(개인사정 등) 때문에 이 행위를 중단하는 것이 어려울 수도 있습니다. 그래서 그들이 선택한 대안은 찬양 받는 것(알라의 이름이나 코란 구절)을 모욕하고 그것의 신성함을 침해하는 것처럼 씁쓸하지만 할 수밖에 없는 대체 방안입니다. 이 행위는 불행이 널리 퍼져 나가는 악순환과 참을 수 없는 시름을 남기게 되었습니다.

그러므로 이 일을 해결하기 위해서는 모두가 죄로부터 벗어날 수 있도록 개인이 아닌 전체의 노력이 필요합니다. 존경받는 알라의 이름과 신성한 코란 구절이 적힌 종이, 표지, 포장지 사용을 피할 수 있다면 이것은 의무화되고 이것과 반대되는 것은 금지됩니다.

이러한 요청은 알라의 이름을 적는 자들이나 알라의 이름이 적힌 물건을 판매하는 이들에게 우선적으로 요구되는 것입니다. 그 다음 필요한 것은 당국이 알라의 이름이 적힌 종이를 수거하는 시스템을 마련하고, 그 종이들을 태우거나 재활용으로써 잘 처리하는 것입니다. 다음으로 여기에 참여해야 하는 이들은 바로 역량 있는 국민들입니다. 능력을 갖춘 국민들이 플라스틱, 종이 또는 그 외의 것을 재활용하는 사업을 함으로써 알라의 이름이나 코란의 구절을 담은 것들을 잘 처리하는 것이 우리가 바라는 것입니다. 마지막 요청은 모든 국민들에게 하고자 합니다. 알라의 이름이나 신성하고 존경 받는 코란의 구절이 적혀 있는 종이나 제품을 다루는 데 있어 최대한 부주의하지 않고 신중하기를 바랍니다. 이것들을 잘 찢거나 태워야 한다는 것을 잊지 마십시오.

알라께서 "(순례에서 해야 할 것들을 명한) 그것은 (인간이 알라께 갚아야 할 의미이니라.) 그리고 알라의 신성한 의식들을 존중하는 자, 그에게는 그것이 알라께서 보시기에 가장 좋은 것이니라. 너희에게 읊어지는 것을 제외하고 풀을 먹는 가축들이 너희에게 허용되어 있느니라. 그러니 우

상들의 사물 행위를 피하고 거짓 증언을 피하라"〈코란 핫즈(22)장 30절〉
와 "그것은 (알라께서 너희에게 분명하게 밝히신 규칙이니라.) 그리고 알
라의 상징[의식]들을 존중하는 사람은 누구나, 실로 그것은[그 상징들(을
존중하는 것)은] 마음이 경건한 데에서 오는 것이니라"〈코란 핫즈(22)장
32절〉라고 말씀하셨습니다.

* 출처: http://www.dar-alifta.org/ViewFatwa.aspx?ID=137&LangID=1&MuftiType=0(이집
트, 2012.1.29)

◈ 생리 중일 때 코란을 낭송하는 것에 대한 판단

질문 생리중인 여성이 코란을 읽거나, 암기 목적으로 듣는 것은 가능
한가요? (코란을 읽는다는 의미는 코란 경전이 아니라 해설서를 의미합니
다.)

파트와 생리 중인 여성이 코란을 듣는 것은 괜찮습니다만 읽는 것은 가
능하지 않다는 것이 대부분의 법학자 의견입니다. 또한 생리가 끝나고 깨
끗이 씻어서 청결해질 때까지 코란을 만지는 것도 가능하지 않습니다. 그
러나 몇몇 법학자들은 생리 중인 여성이 코란을 직접적으로 만지지 않고
깨끗한 수건으로 코란을 다루는 것은 가능하다는 입장을 취하고 있습니
다.

* 출처: http://cms.islam.gov.kw/Pages/ar/FatwaItem.aspx?itemId=1755(쿠웨이트, 2013.
8.28)

◈ 히잡 착용이 코란 낭송을 위한 조건인지에 대한 판단

질문 여성이 코란을 읽는 것이 허용됩니까? 이 여성은 세정을 했지만
히잡은 착용하지 않았습니다.

파트와 네 허용됩니다. 왜냐하면 코란을 낭송하는 조건 중에 여성이 히잡
을 착용해야 한다는 것은 없습니다. 그러나 코란 구절을 낭송하면서 부복하
려고 히잡을 착용하는 것은 바람직한 일입니다. 치부를 가리는 것이 올바른
예배를 위한 조건의 하나이듯 올바른 부복이 되기 위해서는 치부를 가려야
합니다. 중요한 것은 코란을 읽는 것을 포기하지 않는 것입니다.

* 출처: http://www.aliftaa.jo/index.php/ar/fatwa/show/id/348/요르단(2013.9.11)

◈ 코란 시디나 테이프를 복사하는 것에 관한 판단

질문 코란 시디나 테이프 등, 읽거나 듣는 자료들을 복제하는 것에 대한 판단은 무엇입니까? 이는 모두에게 확산된 일입니다. 감사합니다.

파트와 일부 법학자들은 소유권자의 동의 없이 테이프나 그와 유사한 것의 복제를 금지하고 있습니다. 그러나 몇몇은 무슬림 당국이 이를 금지하지 않았고, 이 자료들이 유익한 것이라면 다른 사람의 동의가 없어도 가능하다는 입장입니다. 그러나 유익하지 않다면 허용되지 않습니다.

* 출처: http://cms.islam.gov.kw/Pages/ar/FatwaItem.aspx?itemId=1410(쿠웨이트, 2013. 8.28)

◈ 홍보 목적으로 이슬람적인 문구를 사용하는 것은 허용되지 않음

질문 한 기업이 유약을 바른 타일로 이슬람 사원이나 건물 옆면을 "무함마드는 알라의 진실하고 믿을 수 있는 사도이다"라는 문구와 "알리는 알라의 명령을 위임받은 자이다"라는 문구를 게시했습니다. 법적인 측면에서 이 게시물에 대한 판단은 무엇입니까?

파트와 의심할 바 없이 사도 무함마드는 알라의 약속을 잘 지키며 믿을 수 있는 사도이십니다. 이 문구는 메디나의 예언자 모스크를 둘러싸고 있는 창문에 적혀 있습니다. 이것은 모든 무슬림들 간에 합의된 것입니다. 한편 "알리는 알라의 명령을 위임받은 자이다"라는 표현에 대해 말씀드리자면 이 말이 사실이라는 것에도 의심할 바 없습니다. 알라께서 "물어볼 것도 없이 실로 알라의 편인[알라를 믿고 경외하며 좋아하는] 사람들, 그들에 관하여 [내세에서 알라의 처벌이 있으리라는] 걱정도 없으며, 그들은 [현세에서 지나간 것에 대해] 슬퍼하지도 않을 것이니라. (그들은 알라가 유일하심을) 믿으며 (악행과 죄를 저지르지 않고 올바른 행동들을 하면서 알라를) 두려워하는 사람들이니라〈코란 유누스(10)장 62, 63절〉라고 말씀하셨습니다.

실로 이맘 알리가 신실하고 경건한 자였다는 것은 학파의 차이를 막론하고 모든 무슬림들이 합의한 것입니다. 그러므로 이 문구에는 문제가 없습니다. 그러나 이러한 문구들을 경제적인 목적에서 홍보하는 데 사용하는 것은 부적절한 일입니다. 알라의 이름, 예언자들과 성자들 및 의인들의 이름은 하찮게 여겨지는 일로부터 보호되어야 하기 때문입니다. 유감스럽게도 우리는 존귀한 이름이 적힌 신문들이 쓰레기와 함께 버려진다는 것을 알고 있습니다.

그러므로, 사업주는 이러한 광고를 중단해야 합니다. 알라를 경외하고 알라께 마음을 바치면 진실한 경배자들에게 사랑을 받게 될 것입니다. 신실한 숭배자들이 그가 사랑 받도록 할 것입니다.

* 출처: http://aliftaa.jo/index.php/fatwa/show/id/498(요르단, 2013.3.4)

(2) 코란을 가르친 보수

◈ 코란을 가르쳐 주고 받는 보수에 관한 판단

질문 이슬람협회가 요르단의 람사 시(市)에 코란암송센터를 개설하고, 제가 코란을 암송한다는 것을 알고 센터에서 교습을 부탁해 왔습니다. 그리고 저에게 코란센터에서 교습을 하는 대가로 급여를 제안했습니다. 그러나 저는 급여를 받으면 안 된다는 하디스를 외우고 있기 때문에 급여를 거절했습니다. 하디스에 이를 금지하는 내용이 있기 때문입니다. 여러분의 의견은 무엇입니까?

파트와 코란을 가르치는 대가로 급여를 받아도 됩니다. 사도 무함마드께서는 한 쌍의 남녀를 결혼시켰습니다. 신랑이 코란의 일부를 신부에게 가르쳐 주도록 하여 결혼을 시켰습니다. 그것이 바로 신붓값이었습니다. 그리고 교우가 코란 파티하(1)장을 주문으로 이교도 환자를 치료해 주는 대가로 비용을 받았습니다. 부카리와 무슬림이 전승한 바에 따르면 예언자께서 다음과 같이 말씀하셨습니다. 알라의 코란은 "여러분이 보상으로 받는 것 중에서 가장 가치가 있는 것이 코란이다." 그러나 코란을 낭송하거나 또는 사람들에게 코란을 읽으라고 시키는 것 등만으로 급여를 받아서는 안 됩니다.

* 출처: http://www.alifta.com/Fatawa/FatawaChapters.aspx?languagename=ar&View= Page&PageID=5528&PageNo=1&BookID=3(사우디아라비아, 2013.7.10)

(1) 예배 예절

◆ 여성이 발을 노출하는 것에 대한 판단

질문 여성이 예배 시 발을 드러내 놓아도 되는지요?

파트와 여성은 예배 시 발을 가려야 합니다. 왜냐하면 발은 예배 시 가려 야만 하는 치부이기 때문입니다. 그러나 발이 드러났다 하더라도 예배가 무효가 되는 것은 아닙니다. 발이 예배를 무효로 하는 치부는 아니기 때 문입니다. 말리키 학파인 이븐 아부 자이드 알카이라와니가 그의 저서에 서 말하길 "여성이 예배 시 입어야 하는 옷의 최소한은 여성의 두 발이 드 러나는 것을 가리는 두껍고 헐거운 것과 얼굴을 가리는 키마르이다"고 했 습니다. 이에 대한 증거가 말리크의 저서 『알무왓따al-Muwaṭṭaʾ』에 기록 되어 있는데 이는 움무 살마의 말을 아부 다우드가 전언한 것입니다. 움 무 살마가 예언자에게 묻기를 "여성이 덮개 없이 갑옷과 키마르를 착용하 고 예배해도 되나요?"라고 하자 예언자께서 "만약 갑옷이 두 발이 드러나 지 않도록 넉넉하였다면 예배 시 발이 드러났다고 해서 반드시 예배를 다 시 해야 하는 것은 아니다. 그러나 아직 예배 시간이라면 예배를 다시 하 는 것이 그녀에게 좋다"라고 하셨습니다.

양 발바닥은 치부이나, 이것이 드러났다고 예배를 다시 드리는 것이 바람 직한 것으로 간주되지는 않습니다. 알두수키가 말하길 "양 발바닥은 치부일 지라도 드러났다고 예배를 다시 드려야 하는 것은 아니다"라 했습니다.

* 출처: http://www.awqaf.gov.ae/Fatwa.aspx?SectionID=9&RefID=14808(아랍에미리트, 2013.1.8)

◈ 예배를 하지 못한 채 예배시간이 지나간 경우에 대한 판단

질문 저는 알라께 복종하는 청년입니다. 잠을 이기지 못하여 이따금 새벽 예배 시각을 지나치는 것을 제외하고 5번의 예배를 꼭 지켜서 합니다. 저는 동이 튼 후 일어납니다. 제가 그 시각에 예배할 수 있나요? 예를 들어 오후 예배(3시~5시)시각을 지나쳤을 때 어떻게 되나요? 그 시각을 지나쳤을 경우 다음날 예배하나요 아니면 해가 진 후 예배하나요?

파트와 예배시간보다 늦게 기상하거나 예배시각을 잊었다면 기상했을 때 또는 기억났을 때 하십시오. 해가 뜨거나 질 때 일어나고 기억났다고 하더라도 예배하십시오. 예언자께서 다음과 같이 말씀하셨습니다. "예배 시간보다 늦게 기상하거나 예배하는 것을 잊은 사람은 기억났을 때 그 예배를 해야 하며 그것 외에 더 속죄할 것이 없다."

그러나 예배시각을 지나쳤을지라도 예배하는 것이 의무임을 알면서 고의로 5번의 예배를 하지 않았을 경우를 가리켜 학자들은 다음과 같이 말합니다. "그것은 용서받을 수 없는(사라지지 않는) 가장 큰 죄악이다. 따라서 당신은 참회하고 용서를 빌어야 하고 지나간 일에 대해 뉘우쳐야 한다. 또한 5번의 예배를 제때에 기억해야 한다." 무함마드께서 이렇게 말씀하셨습니다. "우리와 그들 사이에 있는 약속이 바로 예배이니라. 이를 태만히 하는 자는 (알라를) 믿지 않는 자이다."

* 출처: http://www.alifta.com/Fatawa/FatawaChapters.aspx?View=Page&BookID=3&PageID=1799&bacp69k=true(사우디아라비아, 2012.12.19)

◈ 비무슬림이 무슬림과 예배를 하는 것에 대한 판단

질문 저희가 어떤 곳에서 명절 예배를 드렸는데 이 예배에 무슬림이 아닌 사람들이 참석했습니다. 비무슬림들과 함께 예배를 해도 됩니까?

파트와 비무슬림들이 귀하와 함께 예배를 하는 것은 문제가 되지 않습니다. 여러분은 그들을 거부하실 수 없습니다. 오히려 그들을 이슬람과 무슬림들을 가까이하도록 장려해야 합니다. 아마도 그것이 여러분을 옳은 길로 인도하는 원인이 될 것입니다.

그럼에도 불구하고 무슬림이 아닌 사람의 예배는 유효하지 않습니다. 왜냐하면 예배가 유효하려면 예배하는 사람이 무슬림이어야 하기 때문입니다. 그러므로 무슬림이 아닌 사람의 예배는 받아들여지지 않습니다.

그렇다고 해서 비무슬림들이 여러분과 함께 예배하는 것을 못하게 하라는 뜻이 아닙니다. 특히, 이들 중 일부는 알라께 귀의하였음을 공개하지 않은 무슬림일 수도 있습니다. 그들이 그러하다면 그들의 예배는 유효하며 알라의 허락으로 그들은 예배에 대한 보상을 받을 것입니다.

* 출처: http://aliftaa.jo/index.php/fatwa/show/id/2712(요르단, 2013.2.13)

◈ 예배를 하지 않는 것에 대한 판단

질문 부모님께 효도하는 사람이 하나 있습니다. 그는 자선을 베풀고 라마단 금식을 하는 사람입니다. 또한 그는 많은 선행을 했습니다. 그러나 그는 예배를 하지 않습니다. 심판의 날 알라께서 그에게 책임을 지우시고 그에게 불로 고통을 주실까요? 아니면 이러한 일들(선행)이 심판의 날 그를 구원할 수도 있습니까?

파트와 예배를 빠뜨리는 사람은 중죄를 저지른 자입니다. 대죄를 저지른 것이지요. 이런 경우 이슬람의 기본과 핵심이 상실된 것입니다. 이에 대해 예언자께서 "우리와 그들 사이에 있는 약속이 바로 예배이니라. 이를 태만히 하는 자는 (알라를) 믿지 않는 자이다"라고 말씀하셨다고 알티르미디가 전승했습니다.

질문자가 의무인 예배를 고의적으로 소홀히 하는 사람이라면 엄한 벌을 받을 것입니다. 예배하지 않는 자에 관하여 예언자께서 꿈에서 본 모습을 "머리가 돌로 으깨진 자는 코란을 배웠으나 그에 따라 행동하지 않고, 의무적인 예배를 무시하며 잠을 잔 자였느니라"라고 묘사했다고 부카리가 전승했습니다.

완전히 예배를 태만히 한 자의 경우 의심할 여지없이 그는 심판의 날에 큰 위험에 처하게 됩니다. 또한 그의 선행들이 ―아무리 많았을지라도― 예배를 태만히 함으로써 발생하는 크나큰 악행에 의해 가려질 것으로 우려되는 바입니다.

그럼에도 불구하고 알라께서 선행을 한 이를 위한 보상을 소홀히 하지 않으십니다. 또한 악행으로 선행을 무효로 만들지 아니하십니다. 오히려 알라의 말의 저울로 종들에게 보상을 내리십니다. "그래서 티끌만큼의 선

이라도 행한 자는 그에 대한 보상을 받게 될 것이며 / 티끌만큼의 악이라
도 저지른 자는 그에 대한 벌을 받게 될 것이니라"〈코란 질잘(99)장 7절,
8절〉라고 알라께서 말씀하셨습니다.

* 출처: http://aliftaa.jo/index.php/fatwa/show/id/807(요르단, 2013.2.13)

(2) 모스크 예절

◈ 생리 중인 여성의 모스크 출입에 관한 판단

질 문　 생리 중인 여성이 강의를 듣거나 코란을 외우거나 들려주기 위
해, 또는 코란의 구절을 암송하기 위해 여러 사원에 있는 여성 예배소에
들어가는 것에 대한 판단을 알고 싶습니다. 또 이 기간 중 코란을 만지는
것에 대한 판단도 듣고 싶습니다.

파트와　 생리를 하는 여성은 그 목적이 학문에 관한 강의를 듣거나 코란
을 암송하는 것일지라도, 걸어 다니는 목적을 제외하고는 모스크에 있는
여성 예배소에 출입하는 것이 허용되지 않습니다. 왜냐하면 알라께서 "오
믿는 사람들이여! 너희가 취해 있을 때는 너희가 말하고 있는 것(의 의미)
을 너희가 알 때까지 예배하지 말라. 또한 (성교나 사정으로 인해 전신 목
욕을 해야 하는) 길[예배하는 곳]을 통과하는 자들을 제외하고 불결한 상
태로는 전신 목욕을 할 때까지 예배하지 말라. 그리고 너희가 병에 걸렸
거나 여행 중이거나 너희 중의 한 사람이 용변을 보는 곳에서 왔거나 너
희가 여성들과 (성적) 접촉을 하였으나 물을 발견하지 못했다면, 청결한
흙으로 구하여 너희 얼굴과 손에 문질러라. 실로 알라께서 용서하여 주시
는 분이시며 관대하시니라"〈코란 니싸아(4)장 43절〉라고 말씀하셨기 때
문입니다.

　성관계에서 생리는 가장 불결한 상태 중 하나입니다. 왜냐하면 이 불결
한 상태는 씻는 것을 통해 없어질 수 없기 때문입니다. 또한 생리 중인 여
성은 월경이 중단될 때까지 불결한 상태에 있게 됩니다. 하디스에 "생리
중인 여성과, 의식상 불결한 상태에 있는 여성은 사원에 머무는 것이 허
용되지 않는다"라고 명시되어 있고, 이것을 아부 다우드가 전승했습니다.

그리고 4대 법학파는 월경기간 중인 여성이 코란을 만지는 것을 허용해서는 안 되고, 코란을 읽어서도 안 된다는 것에 견해를 같이하고 있습니다. 그러나 말리키 학파는 월경 중에 코란을 만지지 않고 적게라도 코란을 읽는 것이 유용하다는 판결을 내렸는데, 이것이 용인되는 이유는 생리기간이 길어져서 코란을 멀리하게 되면 여성들이 코란을 잊을 수 있기 때문입니다.

앞서 언급된 것에서 질문에 대한 대답을 찾을 수 있을 겁니다.

* 출처: http://www.dar-alifta.org/ViewFatwa.aspx?ID=566&LangID=1&MuftiType=0(이집트, 2013.7.10)

◈ **모스크에서 잃어버린 아이를 부르는 것에 대한 판단**

질 문 아이를 잃어버려 가슴을 부여잡고 우는 한 어머니의 요청으로 저희 지역의 큰 사원에서 확성기를 가지고 잃어버린 아이를 부르는 일이 생겼고 이 때문에 큰 논쟁이 발생하였습니다. 사람들은 이 일에 대해 찬반으로 입장이 갈렸고 이 논쟁은 종교와 믿음에 대한 의심을 불러일으키는 정도에 이르렀습니다. 이렇게 모스크에서 미아를 찾기 위해 확성기를 이용하는 것이 허용됩니까?

파트와 모스크에서 확성기를 사용하여 부모로부터 떨어져 길을 헤매는 아이들을 찾거나 그들에게 안내를 하고 미아를 부르는 것은 샤리아에서 허용되는 일이고, 오히려 좋다고 여겨지는 일이기도 합니다. 왜냐하면 이것은 효와 경외를 위해 협력하는 일이고 슬픔에 빠져 있는 이들을 돕는 것이기 때문입니다. 이것은 미아를 방지하고 아이에게 해를 끼치는 것을 막기 위한 방법이기 때문에 이슬람 법상의 의무가 됩니다. 즉 모스크에서 그 거리에 상관없이 미아를 부르며 찾는 것은 금지된 일이 아니라고 볼 수 있습니다.

* 출처: http://www.dar-alifta.org/ViewFatwa.aspx?ID=3047&LangID=1&MuftiType=0(이집트, 2013.7.10)

◈ 관광객의 모스크 출입에 대한 판단

질 문 관광객이 모스크에 출입하는 것에 관한 판단은 무엇입니까?

파트와 무슬림이 아닌 사람이 필요에 의해서나 이슬람으로 입교하기 위한 이유에서라면 모스크 출입이 허용됩니다. 사도 무함마드께서 알샤리프 사원에 그런 이들을 들어오게 하신 바 있습니다. 이슬람 법학자들은 "만약 무슬림이 아닌 사람이 무슬림의 허락을 받고 사원을 출입했다면 문제가 되지 않는다. 왜냐하면 사도 무함마드께 학식을 지닌 한 사절단이 왔었고 그러자 사도께서는 그들이 이슬람으로 입교하기 전 그들을 사원으로 들이셨다"라고 "아스나 알마탈립"(1/185)에 기록되어 있습니다. 그러나 무슬림이 아닌 사람이 모스크에 들어가는 것은 제한되는 일로 중요한 조건들이 있습니다.

첫째, 방문 목적이 모스크를 찬미하는 것이며 무슬림이 아닌 사람들이 학문과 신앙심과 경건함의 등대로서 모스크가 있었던 이슬람 문명의 위대함을 알아보고자 하는 것일 때입니다. 알라께서 "하나님을 찬양하도록 하나님이 허락한 집들 안에서 빛이 빛나니 이는 그분의 이름이 그들 안에서 염원되고 그 안에서 아침과 저녁으로 그분께 영광을 드리도록 함이라"〈코란 누르(24)장 36절〉라고 말씀하셨습니다.

둘째, 무슬림이 아닌 여성이 알라의 모스크에 출입하고 알라의 상징을 명예롭게 하기에 적합한 것으로 몸을 가려야 합니다. 모스크는 알라의 이름을 염송하고 예배하며 학문을 닦는 장소입니다. 따라서 치장한 여성이 이러한 상징들을 경시해서는 안 되는 것이며, 부적절한 상태로 모스크에 출입하게 되기 때문입니다.

셋째, 이러한 (비무슬림) 방문객들을 이슬람으로 초대하고자 하는 열망이 있어야 합니다. 모스크 출입은 무슬림이 아닌 사람이 이슬람에 입교하게 되는 가장 큰 이유 중 하나였습니다. 그들이 모스크에서 사람들의 마음을 사로잡고 알라가 사랑하시는 종교에 대해 궁금해지도록 만드는 광명과 찬란함, 거룩함을 보기 때문입니다. 이슬람 법학자들은 "이슬람을 원해서 코란이나 그 밖의 법학, 하디스 등을 듣기 위해 사원에 출입하는 것을 허락하는 것은 좋은 것으로 여겨집니다. 그러나 이슬람을 경시하고 반대하며 이슬람에 귀의하고자 하지 않을 경우에는 모스크 출입이 허락되지 않았습니다"라고 『투흐파트 알무흐타즈』(9/299)에서 말했습니다.

넷째, 관광객들의 모스크 출입이 무슬림들의 예배나, 코란 낭송에 영향을 주어서는 안 됩니다. 예언자께서 사원에서 경배하는 사람들에게 피해를 입히고 그들에게 폐를 끼치는 일을 금하셨습니다. 무슬림이 아닌 사람이 무슬림들의 마음이나 주의를 경배와 선행으로부터 벗어나게 하는 것은 용납될 수 없습니다.

* 출처: http://aliftaa.jo/index.php/fatwa/show/id/2146(요르단, 2013.2.7)

(3) 세정 예절

◈ **낙타고기를 먹은 후 예배에서 세정의식이 필수적인가에 대한 판단**

질문　도살된 낙타 고기를 먹은 사람은 우두(세정)를 해야 하나요? 그 이유는 무엇입니까?

파트와　도살된 낙타 고기를 먹은 사람은 예배할 때 의무적이든 추가적이든 우두를 해야 합니다. 무함마드께서 낙타 고기에 대한 우두에 대해 질문 받았을 때 "그래야 한다"고 말씀하셨습니다. 양고기의 우두에 대한 질문에 대해선 "너희가 원한다면"(무슬림 전언)이라고 말씀하셨습니다.

대학자 이븐 알카이얌은 "낙타는 원한과 증오의 동물로 알려져 있으며 자신에게 해를 끼치는 자에게 앙심을 품는다. 그리고 오랜 시간이 지났을지라도 그에게 복수하려 한다"고 말했습니다. 또한 "인간은 자신이 먹는 것의 성질을 갖게 된다"라고 언급했습니다. 따라서 낙타 고기를 먹는 사람은 우두를 해서 원한이나 앙심을 없애야 하고 모든 이슬람 판결은 알라께 달려 있습니다. 당신이 현명한 판단을 하지 못한다 할지라도 알라께서는 모든 것을 아십니다.

* 출처: http://www.alifta.com/Fatawa/FatawaChapters.aspx?View=Page&BookID=3&PageID=1615&back=true(사우디아라비아, 2013.1.26)

◈ 헨나 등 화장한 상태에서의 예배시 세정의식이 필요한가에 대한 판단

질 문 사도 무함마드께서 말씀하셨습니다. "손가락에 반죽이나 진흙이 묻어 있다면 올바른 우두가 될 수 없다." 그런데 저는 몇몇 여성들이 손과 다리에 반죽 같은 헨나를 하고 예배하는 것을 보았습니다. 이것이 가능합니까? 이것은 여성들에게 금지되어 있습니다. 또한 이것이 깨끗이 정화된 상태라고 할 수 있습니까?

파트와 이러한 말은 언급되어 있지 않습니다. 손과 다리에 아직 헨나 색깔이 남아 있어도 영향을 끼치지 않습니다. 왜냐하면 색깔은 반죽, 매니큐어, 진흙과는 달리 두께가 없기 때문입니다. 만일 두께가 있다면 피부에 물이 닿지 못하게 합니다. 그래서 몸에 그러한 것이 남아 있다면 올바른 우두가 될 수 없습니다. 만일 헨나(반죽)가 손이나 발에 남아 있다면 피부에 물이 닿지 못할 것이므로 반죽이나 매니큐어처럼 반드시 지워야 합니다.

* 출처: http://www.alifta.com/Fatawa/FatawaChapters.aspx?View=Page&BookID=3&PageID=1551&back=true(사우디아라비아, 2013.1.30)

◈ 세정의식에서 알라의 이름을 언급하지 않은 것에 대한 판단

질 문 우두(세정의식)하는 사람이 알라의 이름을 언급하지 않는다면 어떻게 되나요?

파트와 우두할 때에 반드시 알라의 이름을 언급해야 합니다. 샤리아에 따르면 잊어버리거나 모르고 언급하지 않은 사람의 우두는 올바른 것입니다. 그러나 고의로 하지 않은 사람의 우두는 학자들에 따르면 무효입니다. 무함마드께서 "알라의 이름을 언급하지 않은 자의 우두는 있을 수 없다"고 말씀하셨습니다. 이에 대해 아흐마드, 아부 다우드, 이븐 마자흐도 다양한 경로를 통해 위와 같이 언급하였습니다.

* 출처: http://www.alifta.com/Fatawa/FatawaChapters.aspx?View=Page&BookID=3&Page ID=1534&back=true(사우디아라비아, 2013.2.7)

◈ 화장한 상태에서의 세정의식에 관한 판단

질 문 만약 새벽 예배를 위해 우두(세정)를 하고 그 이후에 화장을 한 상태에서 다음 예배를 위해 다시 우두를 하기를 원한다면, 제가 화장을 한 상태에서 우두를 하는 것이 허용됩니까? 아니면 화장을 완전히 지우고 우두를 해야 합니까? 매니큐어에 대해서도 같은 질문을 하고 싶습니다.

파트와 만약 화장용 파우더가 물이 몸의 털 혹은 피부에 닿는 것을 막는다면, 물을 투과시키기 위해 우두를 하기 전에 화장을 지워야 합니다. 하지만 이 파우더로 인해 물이 몸에 닿는 것이 문제가 되지 않는다면 우두 전 화장을 지우지 않아도 됩니다. 이러한 원리는 매니큐어에도 적용됩니다. 위에 언급된 사항에서 답을 찾으실 수 있을 겁니다.

* 출처: http://www.dar-alifta.org/ViewFatwa.aspx?ID=2300&LangID=1&MuftiType=(이집트, 2013.7.10)

(1) 라마단

◆ 비행 중 이프타르 시각에 대한 판단

질문 금식하는 사람이 비행 중이었고 시계나 휴대전화를 통해서 가까운 국가의 이프타르에 대해 알았습니다. 그는 이프타르를 할 수 있나요? 비행기에서는 고도가 높기 때문에 아직 해가 떠 있는 게 보입니다. 또 이프타르를 하고 있는 그 국가에서 이프타르를 하고 비행기가 이륙했는데 아직 해가 떠 있는 것을 보았다면 어떻게 되나요?

파트와 금식하고 있는 사람이 비행 중에 통과하고 있는 국가의 이프타르를 시계나 휴대전화를 통해 알았는데 비행 고도 때문에 아직 해가 보인다면 이프타르를 하지 않습니다. 알라께서 "그런 다음 밤이 올 때까지 금식을 지키고"라고 말씀하셨습니다. 그렇기 때문에 해가 떠 있는 한 목적이 달성된 것이 아닙니다. 한편 낮이 지나고 이프타르 했다면 비행기가 이륙해서 해가 떠 있다 할지라도 이프타르를 한 상태가 지속됩니다. 왜냐하면 이륙한(출발한) 국가가 그렇게 판결했으며 낮이 지났을 때 그가 그 나라에 있었기 때문입니다.

* 출처: http://www.alifta.com/Fatawa/FatawaChapters.aspx?View=Page&BookID=3&PageID=3529&back=true(사우디아라비아, 2013.1.26)

◆ 시험 등의 이유로 이프타르를 당겨서 하는 것에 대한 판단

질문 라마단 기간 동안의 시험이 금식을 깨는 것을 허용하는 구실이 될 수 있을까요? 왜냐하면 우리가 알고 있기로 몇몇 파트와에서는 정신이

산만해지고 집중할 수 없을 것으로 우려하는 사람들에게는 금식을 깨는 것이 허락된다고 합니다. 부모님께서 금식을 깨뜨려도 된다는 이러한 파트와를 들으시고 저에게 아침을 먹도록 하셨는데 이를 따라도 됩니까?

파트와 학교 시험 등은 라마단 달의 낮 시간에 금식을 중단하거나 깰 수 있는 구실로 간주되지 않습니다. 그리고 시험 때문에 금식을 깨라는 부모님의 말씀에 따를 수 없습니다. 왜냐하면 창조주께 불복종하면서 피조물에게 복종할 수는 없기 때문입니다.

* 출처: http://www.alifta.com/Fatawa/FatawaChapters.aspx?View=Page&BookID=3&Page ID=3621&back=true(사우디아라비아, 2013.1.26)

◆ 라마단 기간 동안에 취미 활동의 일환으로 사냥한 것에 대한 판단

질 문 제가 라마단 달 어느 날 아침에 산에 가서 몇몇 사냥감을 발견하였고 총으로 잡았습니다. 그리고 이프타르 후 먹기 위해 사냥감을 잡았습니다. 제가 죄를 지은 건가요, 아니면 제가 한 행동에 대해 속죄해야 하나요? 라마단 달에는 사냥이 금지되어 있나요?

파트와 금식하고 있는 사람이 사냥했다 할지라도 사냥했다는 것만으로는 금식을 깨뜨렸다고 판단할 수 없습니다. 당신의 금식은 올바른 것이고 죄가 아닙니다. 라마단 달에 사냥이 금지된 것은 아닙니다.

* 출처: http://www.alifta.com/Fatawa/FatawaChapters.aspx?View=Page&BookID=3&PageID=3668&back=true(사우디아라비아, 2013.1.26)

◆ 라마단 기간 중의 금식일수에 관한 판단

질 문 토요일, 수단에서 금식을 한 후 일요일 인근 국가에 도착했습니다. 수단에서는 이프타르를 했지만 이 나라에서는 금식이 진행되고 있었습니다. 수단에서 29일간 금식을 한 후 이프타르를 했습니다. 제가 간 나라에서는 금식 29일째의 이프타르를 하지 않았습니다. 이에 대한 판단은 무엇입니까? 참고로 라마단 기간은 29일입니다. 그러나 저는 29일간 금식을 하고 도착한 국가에서 30일째 금식을 했습니다.

파트와 귀하를 위한 라마단 종료시점에 대한 판단은 도착한 국가의 판단에 따릅니다. 그래서 금식을 깨뜨려서는 안 되고 도착한 국가의 국민들과 함께 금식을 완수해야 합니다. 왜냐하면 그 국가의 무리 가운데 있게 됐기 때문입니다. 만약 도착한 나라의 라마단 기간이 종료되었고 귀하는 28일만 금식을 했다면 금식종료절이 지나서 29일째 금식을 완수하기 위해 하루 더 금식을 해야 합니다. 왜냐하면 라마단 달의 금식일은 29일이 안 되거나 30일을 넘어서는 안 되기 때문입니다.

* 출처: http://www.alifta.com/Fatawa/FatawaChapters.aspx?languagename=ar&View=Page&PageID=3522&PageNo=1&BookID=3(사우디아라비아, 2013.7.9)

◈ 출산한 여성의 라마단 금식에 관한 판단

질문 여성이 라마단이 시작되기 직전 혹은 라마단 시작과 더불어 아이를 낳았다면 이 여성이 해야 하는 청결과 금식, 예배 등은 어떻게 해야 하는지 설명해 주시기 바랍니다.

파트와 여성이 아이를 낳고 나면 산욕기에 들어갑니다. 산욕기는 짧게는 아주 잠깐, 최대 40일에 달한다고 말하는 일부 법학자들도 있고, 60일이라고 말하는 법학자들도 있습니다. 출산 후 다음 생리가 끝나기 전에 오로가 멈췄다면 산욕기가 끝난 것입니다.

　여성이 산욕기 중에 있으면 라마단 동안 금식하지 않아도 됩니다. 만약 피가 멈추었거나 다음 생리기간이 끝났다면 금식하셔야 합니다. 그 후 라마단이 지나고 산욕기가 끝난 후에 금식하지 못한 것을 이행하십시오.

* 출처: http://cms.islam.gov.kw/Pages/ar/FatwaItem.aspx?itemId=679(쿠웨이트, 2013.8.28)

◈ 라마단 금식 기간 동안의 약물치료에 관한 판단

질문 저는 코에 심한 알레르기가 있는 남성입니다. 알레르기 증상을 줄이기 위해 저는 6년 전부터 (콧속에 투여하는) 물약을 사용해 왔습니다. 문제는 라마단 기간입니다. 저는 이 약을 투여하는 것이 금식을 깨는 것 중 하나라는 것을 알고 있습니다. 그러나 문제는 이 약을 투여하지 않는다면 저는 심한 감기나 두통을 앓게 될 것이라는 점입니다. 또 작년에 저는 사립대학에서 공부했었고 그 당시 약을 투여할 수밖에 없었습니다. 그때 물약이 목구멍으로 넘어가지 않도록 노력했으나 저는 그 약의 맛을 목구멍에서 느낄 수 있었습니다. 저는 제가 한 행동과 저의 금식 상태에 대한 판단을 알고 싶습니다.

파트와 언급하신 물약이 목구멍으로 넘어갔다면 그날 질문자가 했던 금식은 무효가 됩니다. 그러므로 질문하신 분은 이날 대신 다른 하룻동안 금식해야 합니다. 지금 언급한 것 중에 질문하신 것에 대한 답을 찾을 수 있습니다.

* 출처: http://www.dar-alifta.org/ViewFatwa.aspx?ID=2744&LangID=1&MuftiType=(이집트, 2012.12.25)

◈ 금식하는 중에 치약을 사용하는 것에 대한 판단

질 문 금식을 하는 사람이 금식하는 동안 물이나 치약으로 이를 닦는 것이 허용됩니까?

파트와 물과 치약이 몸속으로 들어가지 않는다는 전제 하에, 금식기간 중 낮에 이를 닦기 위하여 물과 치약을 사용하는 것이 허용됩니다. 금식을 무효화시키는 것은 무엇인가가 식도를 통해 몸속으로 들어가는 것입니다. 하지만 가장 좋은 방법은 질문하신 분이 악마의 속삭임과 위험을 멀리할 수 있도록 금식시간이 아닐 때 이를 닦는 것입니다.

* 출처: http://www.dar-alifta.org/ViewFatwa.aspx?ID=1199&LangID=1&MuftiType=0(이집트, 2012.12.25)

◈ 라마단 기간에 금식 중 수영하는 것에 관한 판단

질 문 금식을 하는 사람이 바다에서 해수욕을 하는 것이 허용됩니까? 일부 사람들이 말하듯이 해수욕을 하는 것은 금식을 깨는 행위가 아닌지요?

파트와 대답은 다음과 같습니다. 바다에서 수영하거나 몸을 식히기 위해 물로 씻는 것, 젖은 옷으로 감싸는 것은 몸속에서 물의 차가움을 느껴도 금식을 중단하는 것은 아닙니다. 이맘 아부 유수프는 이것이 혐오스러운 것이 아니라는 파트와를 내렸습니다. 왜냐하면 아부 다우드는 '물을 머리에 끼얹는 것은 목마름과 열로부터 금식을 하는 것과 같다'라고 언급했고 이븐 오마르는 옷을 적시고 그것을 자신의 몸에 둘렀지만 금식을 했다고 여겼는데, 왜냐하면 그 당시 그는 금식을 해야 했고 자연적으로 발생하는 분을 억제해야 했기 때문입니다. 또 땀구멍을 통해 물이 몸 안으로 들어가는 것은 영향을 주지 않는데, 그 이유는 식도를 통해 신체 안으로 물질이 흡수되는 것만이 금식을 중단하는 것으로 여겨지기 때문입니다. 또 이맘 아부 하니파는 그것을 혐오스러운 것으로 여겼습니다.

* 출처: http://www.dar-alifta.org/ViewFatwa.aspx?ID=3872&LangID=1(이집트, 2012.12. 25)

◈ 라마단 금식 기간 동안에 운동선수가 금식하는 것에 대한 판단

질문 저는 일부 선수들이 라마단 기간에 열리는 경기나 훈련에 참가해야 한다는 이유로 금식을 하지 않는다고 들었습니다. 왜냐하면 경기나 훈련을 하는 데 최선을 다하기 위해서 그들은 금식할 수 없기 때문입니다. 이 문제에 대한 샤리아의 판단은 무엇입니까?

파트와 고용계약으로 구단과 연계되어 있는 선수는 계약으로 인해 이 활동(본문에서는 축구)을 할 수밖에 없는 피고용자의 위치에 있게 됩니다. 만약 계약을 통해 선수가 이 활동에 연계되어 이것이 생계수단이 되고 또 라마단 기간에 경기 참여를 피할 수 없는 상황이라면, 그리고 금식이 선수활동에 영향을 미치게 된다고 짐작될 경우에, 선수는 금식을 하지 않을 수 있도록 허가를 받게 됩니다. 왜냐하면 학자들이 금식으로 인해 방해를 받거나 일의 능률이 떨어질 수 있는 고된 직업을 가진 이들이나 피고용자들에게 금식을 하지 않도록 허용했기 때문입니다. 또 하나피 학파는 이슬람 법에서 일정기간 동안 피고용자가 되는 이가 ―여기에서는 운동, 프로 선수― 라마단 기간이 되었을 때, 금식을 함으로써 활동에 지장을 받게 된다면 그 사람은 금식을 그만둘 수 있다고 명시되어 있습니다. 여기서 의미하는 경기란 선수가 불가피하게 참여해야 하는 것을 말합니다. 또 훈련의 경우 훈련을 하는 동안에 선수가 금식을 할 수 있는 능력을 저하시키지 않도록 훈련은 밤에 이루어져야 합니다. 만약 책임자들이 밤에 훈련을 시킬 수 있는 능력을 가졌음에도 불구하고 이것을 위배한다면 그들은 죄인입니다. 알라께서 "그분께서 너희에게 죽은 동물과 피, 돼지고기, 그리고 알라가 아닌 것에 받쳐진 것을 금하셨느니라. 그러나 (먹기를) 원하

지 않고 (지켜야 할 한계를) 넘지도 않으면서 어쩔 수 없이 먹도록 강요받은 자, 그에게는 죄가 없느니라. 실로 알라께서 (그를) 용서해 주시며 (그에게) 자비로우시니라"〈코란 바까라(2)장 173절〉라고 말씀하셨습니다.

* 출처: http://www.dar-alifta.org/ViewFatwa.aspx?ID=1202&LangID=1&MuftiType=0(이집트, 2012.12.25)

◈ 생리기간에 금식을 용이하게 하기 위해 생리억제 약을 복용하는 것에 대한 판단

질 문 여성이 라마단 기간에 금식을 원활하게 하기 위하여 월경을 막는 약을 먹는 것이 허용됩니까?

파트와 샤리아에 확실하게 내려진 판단 중에는 무슬림 여성이 라마단에 월경을 한다면 금식을 중단해야 한다는 것이 있습니다. 왜냐하면 월경시 동반하는 피로한 상태나 신체적인 불균형을 겪는 여성에게 금식을 그만두게 하는 것이 적절하기 때문입니다. 그러므로 월경을 하는 여성은 금식을 중단해야 합니다. 이것은 숭고하신 알라께서 고통을 경감해 주시는 것이자 알라의 자비라고 할 수 있습니다. 많은 여성들이 아주 적은 양을 먹거나 음료를 마시고 하루 중 남은 시간에 금식을 하는데 이것은 여성의 어려움을 경감시키고 여성의 신체적, 정신적 건강을 지키고자 하는 고귀한 샤리아의 뜻을 위배하는 것입니다. 그러므로 여성들은 월경기간 동안 당연히 금식을 멈추어야 합니다. 금식을 하지 않는다고 해서 그 여성이 해를 입는다거나 비난받지 않습니다. 왜냐하면 이 여성은 (월경시 하지 않았던 금식을) 다른 날에 할 것이기 때문입니다. 믿는 자들의 어머니인 아이샤의 하디스에 "사도 무함마드와 이 문제에 대해 고민했고 우리는 (중단된) 금식을 끝내라는 명을 받았지만 (중단된) 예배를 끝마치라는 명을 받지는 않았다"라고 명시되어 있습니다.

라마단 이후로 월경을 늦추는 약을 먹어서 한 달 동안 중단 없이 금식을 하는 것은 샤리아에서 금지된 것이 아닙니다. 이러한 경우 여성은 금식을 하는 것이 옳고 여성이 월경을 늦추는 약을 복용하는 것은 허용됩니다. 단, 약으로 인해 이후 여성의 건강에 문제가 발생하지 않는다고 의사가 진단을 내려야 합니다. 만약 약을 복용하고 문제가 발생한다면 이것은 샤

리아에서 금지되어 있습니다. 왜냐하면 해를 입지 않고 해를 주지도 않는 것이 샤리아에서 옳은 것이기 때문이고 건강을 지키는 것이 이슬람의 샤리아가 추구하는 필수적인 목표이기 때문입니다. 월경을 늦추는 약을 사용하는 것이 샤리아에서는 허용되나, 무슬림 여성이 지고하신 알라의 의도에 따르고 알라께서 귀하게 여기시는 월경을 거스르지 않는 것, 월경기간 동안 금식을 의무적으로 하는 것이 여성에게 있어 가장 큰 보상입니다.

* 출처: http://www.dar-alifta.org/ViewFatwa.aspx?ID=1225&LangID=1&MuftiType=(이집트, 2012.12.25)

◈ 금식 기간 중의 인슐린 주사에 대한 판단

질문 금식기간 동안 인슐린 주사를 맞는 것에 대한 판결을 명확히 내려 주시길 바랍니다. 주치의에 따르면 음식을 섭취하기 30분 전에 인슐린을 투여해야 한다고 합니다. 금식이 끝나기 바로 30분 전에 인슐린 주사를 맞아도 되는지요?

파트와 금식을 하는 동안 피부 안으로 인슐린 주사를 맞는 것은 샤리아에서 금지된 것이 아니고 인슐린을 투여해도 금식이 제대로 이루어진다고 볼 수 있습니다. 왜냐하면 인슐린이 몸속으로 들어간다 하더라도 이것이 식도를 통해 들어가는 것이 아니기 때문입니다. 또한 인슐린을 투여해도 금식은 올바르게 이루어지는 것이라고 할 수 있습니다.

* 출처: http://www.dar-alifta.org/ViewFatwa.aspx?ID=2743&LangID=1&MuftiType=(이집트, 2012.12.25)

◈ 라마단 기간 동안에 환자도 금식해야 하는지에 관한 판단

질문 저는 79세입니다. 현재 심장질환이 있는 환자이고 5년 전부터 심장 치료를 받고 있습니다. 카이로에 있는 심장과 의사의 요청으로 심장 치료를 받으며 약을 먹고 있는데, 저는 매일 아침, 점심, 저녁으로 알약을 먹고 있습니다. 제가 금식을 해야 합니까? 아니면 금식을 중단해서 복된 라마단에 대가를 치를 수밖에 없게 되는 것입니까? 금식 대신 제가 얼마만큼의 대가를 치러야 하는지 명확히 알고 싶습니다. 왜냐하면 제가 금식을 할 수 없기 때문입니다.

파트와 금식은 이슬람의 종교적 의무 중 하나입니다. 알라께서 가능성이 있는 것에 의무를 부과하셨습니다. 그러나 무슬림이 금식할 수 없다면 그는 금식을 중단할 수 있도록 허락을 받게 됩니다. 만약 전문의의 견해에 따라 금식이 건강에 해를 끼친다는 것이 명확할 경우 그 무슬림은 건강을 지키기 위해 금식을 중단해야 합니다. 만약 질병이 단기적으로 발생했다면 환자는 건강을 회복한 후에 그가 중단했던 금식을 계속해야 합니다. 하지만 고령화와 그 이외의 현상과 관련한 질병과 같이 병세가 오래 지속되는 경우에는 금식을 이어 나갈 필요가 없습니다. 대신 그가 금식을 중단한 날만큼 가난한 이들에게 음식을 제공하는 것과 같은 보상으로 대가를 치러야 합니다. 이것은 금전적인 능력에 따라 이루어지는 것이므로 금품을 제공으로 대신할 수도 있습니다. 그러나 가난하거나 현재 소득으로 자기 자신과 부양가족을 위해 겨우 살 수 있는 이들의 경우에는 그 의무가 부과되지 않습니다.

* 출처: http://www.dar-alifta.org/ViewFatwa.aspx?ID=1199&LangID=1&MuftiType=0(이집트, 2012.12.25)

◆ **금식의 등급에 대한 판단**

질 문 금식도 여러 단계로 나뉘어집니까? 그렇다면 그 단계는 무엇인지요?

파트와 네, 금식에도 여러 단계가 있습니다. 음식이나 마실 것만을 중단하는 사람들이 있는데 이것은 금식에서 가장 낮은 단계입니다. 또 먹고 마시지 않고 나쁜 언행까지 삼가는 사람들이 있습니다. 이 경우는 전 단계보다 더 높은 금식의 단계입니다. 그리고 먹지도 마시지도 않고 나쁜 언행을 하지 않으며 사랑을 하지 않고(애정을 품지 않고) 오직 알라만을 생각하는 사람들이 있는데 그들이 행하는 것이야말로 금식의 가장 높은 단계라 할 수 있겠습니다. 이맘 가잘리는 금식을 세 단계로 나누었습니다.

일반적인 금식: 배와 생식기가 욕망을 억제하는 것(배고픔과 성욕을 멀리하는 것).

특별한 금식: 소리를 듣는 귀, 보는 눈, 혀, 손, 발, 다리 등 모든 신체기관이 죄를 저지르지 않는 것.

아주 특별한 금식: 정신적으로 속세의 근심과 걱정, 생각을 금하고 위대하신 알라만을 오로지 생각하고 마음에 두는 것.

* 출처: http://www.dar-alifta.org/ViewFatwa.aspx?ID=1204&LangID=1&MuftiType=(이집트, 2012.12.25)

◈ 라마단 기간 중 대포 소리를 들은 직후에 음식을 섭취하는 것에 대한 판단

질문 무슬림이 금식 시간을 알리는 포가 발사된 뒤에 먹고 마시는 것이 허용됩니까?

파트와 금식하고자 하는 사람은 해가 진 후부터 금식이 시작되는 시간인 동이 트기 전까지 먹고 마셔도 되고, 금식을 하지 않을 때 할 수 있는 모든 일을 해도 됩니다. 그러나 만약 동이 튼다면 먹고 마시는 것을 금해야 합니다. 만약 동이 틀 때 입속에 먹을 것이 있다면 그것을 뱉어야 합니다. 왜냐하면 동이 트면서 금식시간이 시작되기 때문입니다. 금식을 알리는 포와 같은 경우 금식이 시작되는 것을 알려 주는 역할을 합니다. 이맘 부카리는 자신의 하디스에서 예언자 무함마드께서 교우들에게 새벽 예배 전 이븐 움므 막툼이 예배 시각을 알리기 전까지는 먹고 마셔도 된다고 지도하셨습니다.

또 금식을 알리는 포는 보통 동이 트기 약 15분이나 20분 전에 준비를 위해 예비령으로 발사됩니다. 그러므로 사람이 꼭 먹거나 마셔야 한다면 동이 트기 전에 포가 발사된 후 약 몇 분간은 그것이 허용됩니다.

* 출처: http://www.dar-alifta.org/ViewFatwa.aspx?ID=1205&LangID=1&MuftiType(이집트, 2012.12.25)

◈ 임신 중인 여성이 금식해야 하는지에 관한 판단

질문 저는 임신한 지 두 달 된 임신부입니다. 제 주치의가 라마단 기간 동안 금식을 하지 말라고 권고했습니다. 저는 이것이 제게 허용되는 것으로 알고 있습니다. 그래서 지고하신 알라께서 제가 30일에 대한 대가를 치르는 것을 결정하셨고 저는 30명의 불쌍한 이들에게 먹을 것을 제공했습니다. 제 질문은 다음과 같습니다. 출산 뒤 30일 동안 금식을 해야 합니까? 저는 제가 모유수유를 하도록 알라께서 결정하셨다는 것을 알고 있는데 이 기간에 금식하는 것은 옳지 못한 것으로 알고 있습니다. 저는 알라의 뜻에 따라 오는 5월에 출산하고, 다음 라마단 기간에 이유기가 시작됩니다. 제가 어떻게 해야 할지 명확한 판단을 내려 주십시오. 30명의 불쌍한 이들에게 먹을 것을 제공하는 것으로 충분합니까? 아니면 제가 또 금식을 해야 합니까? 해야 한다면 어떻게, 언제 해야 합니까?

파트와 관련 의사가 임신 때문에 금식하지 말 것을 명했다면 질문자께서는 금식을 하지 않아도 됩니다. 대신 라마단 이후에 금식해야 합니다. 출산하고 난 뒤 금식을 할 수 있다면, 대가를 치르는 것으로 그 금식을 대체할 수 없습니다. 라마단 기간을 보내는 것(금식하는 것)은 당장 해야만 하는 것이 아닙니다. 언제라도 할 수 있는 의무입니다. 아이샤의 말에 따르면 그녀는 이슬람력 8월에 금식했습니다. 또 다른 라마단 기간이 찾아올 때까지 금식을 늦추게 되었기 때문입니다. 그녀는 개인 사정으로 인해 금식이 늦춰졌을 경우 대가를 치르지 않고 금식했습니다. 특별한 사정이 없음에도 불구하고 금식이 지체된 경우에는 금식하고 동시에 그에 대한 대가를 치러야 합니다. 이것을 근간으로 하여 의사가 금식 중단을 권고한 질문자께서는 날짜에 상관없이 금식할 수 있는 기간에 금식해야 합니다. 그 기간이 연속되느냐의 여부는 상관없습니다. 이미 이행하신 대가의 경우는 금식을 다시 하셔야 합니다. 알라께서 "얼마간의 정해진 날짜 동안 (금식하면서) 그러나 너희 중 병이 들었거나 여행 중인 사람에게는 다른 날들 중에서 같은 수의 날이 (준비되어 있느니라.) (간신히) 그것[금식]을 해낼 수 있는 사람이 (금식을 깬다면), 불쌍한 사람 한 명의 음식만큼(을 매일 내야 하는) 속금(贖金)이 있느니라. 그러나 자진하여 자선을 베푸는 [정해진 속금보다 더 많이 내는] 사람은 그것이 자신을 위해 더 좋은 것이니라. 너희가 (금식에 대한 보상과 이점을) 알기만 한다면, (금식을 깨고 속전금을 내는 것보다) 너희가 금식하는 것이 너희를 위해 더 좋은 것이니라"〈코란 바까라(2)장 184절〉라고 말씀하셨습니다. 그러므로 질문자께서는 다른 날에 금식할 수 있습니다. 금식은 알라께서 보호해 주신 데 대한 빚이기 때문에 당연히 이행해야 하는 것입니다.

* 출처: http://www.dar-alifta.org/ViewFatwa.aspx?ID=2723&LangID=1&MuftiType=(이집

트, 2012.12.25)

◈ 금식기간 동안의 신장 투석에 대한 판단

질문   일부 신장기능 이상(신부전증) 환자들은 투석을 해야 합니다. 피를 깨끗하게 해주고 노폐물을 제거하는 신장투석기가 있습니다. 이러한 신장 투석은 일주일에 두 번에서 세 번 이루어지며, 사람의 체내에 있는 모든 혈액이 별도의 관을 통해 빠져나갑니다. 깨끗하게 된 후[노폐물이 제거된 후] 신장투석기(인공신장) 내에 있는 혈액에 몇몇 소독된 물질이 더해집니다. 신장이 제 기능을 하지 못하므로 만일 투석을 하지 않는다면 목숨이 위험합니다. 따라서 반드시 필요한 일입니다.

금식하고 있는 사람이 투석한다면 금식에 영향을 주나요? 그 사람에게 투석은 반드시 필요한 것입니다. 그에게는 금식하는 것이 어렵습니다. 그리고 그에겐 혈액 내의 노폐물을 제거하는 것 외에는 달리 방도가 없습니다.

파트와   말리크 파이살 알타카수시 병원장에게 1406년 8월 14일(이슬람력)에 서한 1756/2를, 리야드 군병원장에게 1406년 8월 14일에 서한 1757/2를 보내 신장 투석의 특성과 이것이 화학물질과 혼합되어 있는지, 일종의 영양분이 포함되어 있는지를 질문하였습니다.

이와 관련된 답변이 1406년 8월 27일자 서한 5693호, 1406년 8월 19일자 서한 7807/16/10에 언급되어 있으며 그 내용은 다음과 같습니다. 신장 투석은 환자의 혈액을 인공신장기(신장투석기)로 뽑아내 노폐물을 제거한 후 다시 체내로 넣는 것입니다. 또한 화학물질과 당분 및 염분과 같은 영양분이 혈액으로 투입됩니다.

이프타 위원회에서 검토하고 전문가들을 통해 신장 투석에 대해 알게 된 결과, 본 위원회는 신장 투석이 금식을 깬다(무효화한다)는 판단을 내렸습니다.

* 출처: http://www.alifta.com/Fatawa/FatawaChapters.aspx?View=Page&BookID=3&PageID=3575&back=true(사우디아라비아, 2013.1.26)

◈ 라마단 기간에 시력검사를 위한 안약은 금식을 파기하지 않는다.

질문   저는 라마단에 시력검사 예약이 있습니다. 의사가 제 눈을 검사하기 위해 손으로 제 얼굴을 만질 텐데, 이는 허용되는 것입니까 아니면 허용되지 않는 것입니까? 저희는 금식 중입니다.

파트와 시력검사는 금식에 어떤 영향도 주지 않으며, 금식을 깨뜨리지도 않습니다. 그러나 의사가 눈에 안약을 넣어, 그 약맛이 인후까지 전달된다면, 이는 금식을 깨는 것이라는 것이 말리키 학파의 견해입니다. 그리고 하나피 학파 역시 이에 동의하였습니다. 샤피이 학파 대부분의 학자들은 안약이 금식을 깨지 않는다고 봅니다. 왜냐하면 안약이 금식에 어긋나지 않기 때문입니다. 만약 목에서 맛을 느꼈다 한들, 눈은 미각을 느끼는 곳이 아니기 때문입니다. 이에 대해서는 파트와 1717번에 명확히 나와 있습니다.

남자 의사가 눈을 만지는 것은 치료 목적인 경우 허용됩니다. 치료를 꼭 받아야 하는데, 여자 전문의가 없는 경우도 허용됩니다. 그러나 불가피하지 아니한 경우는 허용되지 않습니다.

본래 여성은 같은 여성에게 치료를 받아야 합니다. 만약 여의사를 찾지 못했거나, 요구되는 역량을 갖춘 여의사가 없는 경우, 관습법처럼 굳어진 샤리아상 관례를 고려하여 남자 의사에게 진료를 받는 것이 허용됩니다. 또 불가피한 경우를 제외하고는 남자 의사와 둘만 있어서도 안 되고, 노출이 있어서도 안 됩니다. 만약 무슬림 여의사가 있는데도 굳이 대신할 사람을 찾아 남자 의사에게 갈 필요가 없습니다.

더 자세한 사항을 알고 싶으시면 파트와 869번을 참조하세요.

* 출처: http://www.awqaf.gov.ae/Fatwa.aspx?SectionID=9&RefID=6967(아랍에미리트, 2013.1.29)

◈ **라마단 기간에 안약 사용에 대한 판단**

질문 안약에 대해 질문하고 싶습니다. 콘텍트 렌즈를 착용하고 안약을 넣으면 금식이 무효가 되나요?

파트와 안약이 목구멍에 닿았다 해도 단순히 안약을 투여했다는 사실만으로 금식이 무효가 되지는 않습니다. 알카라시 학자는 "식도에 도달하는 것, 그리고 입처럼 넓은 통로나, 코, 귀, 눈과 같은 넓지 않은 통로를 통해 도달하는 것 사이에는 차이가 없다"고 하였습니다. 이에 근거한다면 금식

중에 필요한 경우라 하더라도 안약을 투여하면 안 됩니다. 그러나 샤피이 학파 중에 안약은 소량이라 이것 때문에 금식이 무효가 되지는 않는다고 주장하는 학자들이 있습니다.

* 출처: http://www.awqaf.gov.ae/Fatwa.aspx?SectionID=9&RefID=1717(아랍에미리트, 2013.1.29)

◈ 라마단 기간 중 피임약 복용에 대한 판단

질 문　아내가 피임약을 복용하고 있는데, 매달 약을 21알 먹고, 복용을 중단하면 월경이 시작됩니다. 아내는 월경을 멈추게 해서 금식이 깨지지 않게 하려고 라마단 한 달 내내 약을 복용하고자 합니다. 약을 복용하는 동안 월경을 하지 않습니다. 이것이 샤리아에서 허용되는 것입니까? 근거를 제시해 주시기 바랍니다.

파트와　샤리아에 따르면 월경은 금식이나 예배를 깨는 요인이 됩니다. 그러므로 여성은 월경 중에 금식 또는 예배를 할 수 없습니다. 만약 자연적으로, 또는 약을 복용하여 월경이 중단된다면 금식 및 예배를 할 수 있습니다. '해를 입지 말고 해를 끼치지 말라'라는 이슬람 법학자들의 원칙에 의거하여, 아내가 약으로 인한 피해를 입지 않도록 의사의 지도에 따라 약을 복용해야 합니다.

* 출처 http://www.dar-alifta.org/ViewFatwa.aspx?ID=2552&LangID=1&MuftiType=(이집트, 2013.4.10)

(2) 순례 대행

◈ 이동이 불가한 환자를 대신하여 대순례하는 것에 대한 판단

질 문　저희 어머니께서는 여러 차례 순례를 가려고 노력하셨지만 운이 따르지 않았습니다. 저는 이미 저의 순례를 다녀왔고, 어머니가 살아 계시는 동안 어머니의 돈으로 그녀의 순례를 대행했습니다. 그 당시 어머니의 연세는 68세였고 소변을 제어하지 못하고 자동차를 타면 어지럼증이 있었습니다. 어머니의 순례를 대행하는 것이 올바른 것인지요?

파트와 카쓰암 부족의 한 여성이 예언자에게 판단을 요청했습니다. "예언자이시여, 제 아버지께서 알라에 대한 종교적 의무, 즉 알라에 대한 숭배를 위해 순례를 이행하셔야 하는데 나이가 많으신 노인이고 이동용 낙타에도 제대로 앉지 못하십니다. 제가 아버지를 대신해서 순례를 가는 것이 가능합니까?" 그러자 예언자께서 "그렇다, 네 아버지를 대신하여 순례하라"라고 말씀하셨습니다. 이 하디스는 부카리가 전승했습니다.

이렇게 이동 수단에 제대로 앉지 못하는 사람들은 이슬람 법에서 '마으둡al-Maʻḍūb'이라고 불립니다. 타인을 대신하여 이행하는 핫지(대순례), 그리고 이와 유사한 우므라(소순례)는 죽은 사람이나 '마으둡'을 그 대상으로 합니다. 만약 질문자께서 놓인 상황이 질문에 언급된 대로라면, 어머니를 대신해서 순례를 간 것은 옳은 것입니다.

* 출처: http://www.dar-alifta.org/ViewFatwa.aspx?ID=1371&LangID=1&MuftiType=0(이집트, 2013.7.10)

◈ **이동이 불가능한 환자를 대신한 순례에 대한 판단**

질문 제 아내가 척추에 극심한 통증이 있습니다. ─일부 척추들은 완전히 손상되고 다른 일부는 제자리에서 이탈하기도 했습니다.─ 그래서 아내가 움직일 수 없는 상태인데, 그녀의 소원은 종교적 의무인 순례를 이행하는 것입니다. 제가 아내를 대신해서 순례를 가는 것이 허용되는지요? 저는 이미 순례를 이행했습니다.

파트와 카쓰암 부족의 한 여성이 예언자에게 판단을 요청했습니다. "예언자이시여, 제 아버지께서 알라에 대한 종교적 의무 즉 알라에 대한 숭배를 위해 순례를 이행하셔야 하는데, 나이가 많으신 노인이고 이동용 낙타에도 제대로 앉지 못하십니다. 제가 아버지를 대신해서 순례를 가는 것이 가능합니까?" 그러자 예언자께서는 "그렇다. 네 아비를 대신하여 순례하라"라고 말씀하셨습니다. 이 하디스는 부카리가 전승했습니다.

이것은 이슬람 법에서 '마으둡'을 대신하는 순례라고 불립니다. 마으둡은 이동수단을 탑승할 수 없어서 순례의식을 행하는 장소에 가지 못하는 사람을 의미합니다. 모든 학자들은 만약 이러한 사람들이 순례를 대행해주는 이에게 순례기간 동안 돈을 줄 만큼 자산이 빚보다 많고 가족을 부양할 수 있다면, 순례를 대행시키는 것을 의무로 규정하고 있습니다. 또한 이들은 대가 없이 자발적으로 순례를 대행해 주는 사람을 통하여 순례를 수행할 수도 있습니다. 물론 이 경우에는 '마으둡'이 돈을 가지고 있지 않아도 됩니다. 또 순례 대행의 조건이 있는데, 그것은 바로 순례를 대행하는 사람이 먼저 자신을 위한 순례를 다녀와야 한다는 것입니다. 그러나 당사자가 타인의 도움을 받음으로써 순례장소로 이동하고 의식을 행할 수 있다면 본인이 직접 순례를 가야 그 의무가 충족됩니다.

앞서 말한 것에 근거하여 질문에 대한 답을 하자면 설명하신 것과 같이 만약 질문자의 부인께서 질병을 가지고 있음에도 불구하고 타인의 도움을 통해 순례 장소로 이동하고 의식을 수행할 수 있다면, 부인께서는 직접 순례를 가셔야 합니다. 그러나 부인이 '마으둡'이라는 판결을 받게 된다면, 그녀 이외의 다른 사람(남편 또는 타인)을 통해 위에 언급한 조건으로 순례를 대행해야 합니다.

* 출처: http://www.dar-alifta.org/ViewFatwa.aspx?ID=1335&LangID=1&MuftiType=(이집트, 2013.7.15)

(3) 자카트

◈ **외국인 근로자에게 사다카나 자카트 납부를 요구하는 것에 대한 판단**

질문 제가 겪고 있는 심각한 가난과 많은 빚, 특히 실업이 알라 외에는 모를 정도로 확산되어 있습니다. 제 질문은 다음과 같습니다. 이러한 상황에서 귀국(貴國)과 같이 먼 나라에 있는 사람들에게 사다카와 자카트를 내라고 요구할 수 있습니까?

파트와 위에서 언급된 상황이라면 사다카를 요구하는 것은 무방합니다. 다른 나라에서 구직을 하는 것은, 귀하가 간 국가가 이슬람 국가이고 구직이 생계를 위한 것이며 자신의 필요를 충족하고 주거지를 마련하고 율법에 따라 합법적으로 생계를 모색하고자 하기 위한 것이라면 무방합니다. 알라께서 가장 잘 아십니다.

* 출처: http://www.alifta.com/Fatawa/FatawaChapters.aspx?languagename=ar&View=Page&PageID=5512&PageNo=1&BookID=3(사우디아라비아, 2013.7.10)

◈ 팔레스타인 주민을 위해 자카트를 내는 것에 대한 판단

질 문   유대인들이 인간에게 막대한 피해를 주는 악행과 파괴행위를 저지르면서 사람들의 재산을 파괴하고, 불을 지르며, 심지어 돌과 나무를 뽑고, 베어 내며, 경작과 목축에 반대되는 것 등의 적대행위를 계속하고 있습니다. 우리는 팔레스타인 주민들에게 잘리고 불에 탄 나무에 대해 보상해 주고 싶습니다. 이를 위해 자카트를 내는 것에 대한 판단을 내려 주시기 바랍니다. 이것은 팔레스타인 사람들이 무화과와 올리브 경작 사업을 하는 것에 주민들이 지원해 주기 위한 것입니다. 즉, 무화과와 올리브 나무를 구매하거나 이에 대한 자금을 조달해 주는 사업에 자카트를 내는 것입니다.

파트와   팔레스타인 주민들 가운데 자카트가 필요한 사람들을 위해 자카트를 내는 것은 허용됩니다. 왜냐하면 우리와 그들이 샴 지역이라는 같은 지역에 살고 있기 때문입니다. 그러나 우리는 우리 주변에 있는 가난한 사람도 잊지 말아야 합니다. 1410/08/10(1990/03/07)에 나온 이프타 회의 결의안 내용은 다음과 같습니다.

"이프타 위원회는 팔레스타인 주민들의 인티파다를 지원하기 위해 자카트를 내는 것은 허용된다고 본다. 왜냐하면 그들이 축복받은 영토에서 사악한 자들의 점령에 맞서고 있기 때문이다." 그리고 그들은 성지와 재산을 수호하고 있기 때문이다. 팔레스타인 주민들은 코란 구절에 나온 것처럼 도움을 받을 수 있다. 알라께서 "자카트는 가난한 사람들과 불쌍한 사람들, 그것을 위해 종사하는 사람들, (이슬람에) 마음이 끌린 사람들, 노예들(해방), 빚이 있는 사람들, 알라를 위해서 (싸우는 사람들), (꼼짝 못하게 된) 여행자를 위해 알라께서 의무로 부과된 것이니라. 알라는 (종들의) 모든 것을 알고 계시며 지혜로우시니라"〈코란 타우바(9)장 60절〉라고 말씀하셨습니다.

* 출처: http://aliftaa.jo/index.php/ar/fatwa/show/id/648(요르단, 2013.9.12)

(4) 이슬람의 명절

◆ 생일을 축하하는 것에 대한 판단

질문 가장 많이 접하는 질문 중 하나는 '생일을 기념하는 것이 허용되는 것인가'라는 질문입니다.

파트와 이것은 인간을 창조하신 알라의 은혜를 기리는 것이기 때문에 이슬람 법에서 금지되지 않습니다. 그러나 이것이 허용되기 위해서는 생일이 이드(명절)로 여겨지거나 그렇게 불려서는 안 되고, 생일을 기념할 때는 허용되지 않는 남녀 간의 혼재나 치부를 보이는 등의 이슬람 법에서 금지된 행동을 해서는 안 됩니다. 알라의 말씀을 통해 예언자 이사의 이야기를 들을 수 있습니다. "제가 태어난 날과 제가 죽는 날과 제가 살아서 부활하는 날에 저에게 평화가 있을 것입니다."〈코란 마리아(19)장 33절〉또한 무슬림이 전승한 아부 카타다의 하디스에 따르면 알라의 사도가 월요일 금식에 대한 질문을 받자, 그는 "이날은 내가 태어난 날이고, 다시 태어난 즉 신의 계시를 받은 날이다"라고 말씀하셨습니다. 그러므로 이것이 의미하는 바는 인간이 태어난 날은 알라의 은혜에 감사를 드려야 하는 날로 판단해야 한다는 것입니다. 또 이 하디스는 은혜의 날 모두를 축하하고 기념하는 것을 허용한다고 암시하고 있습니다. 그러므로 태어난 날과 계시가 내려진 날은 감사를 드려야 하는 은혜로운 날이고, 알라에게 감사하는 방법으로써 모든 은혜에 대한 기쁨을 드러내야 합니다. 알라께서는 "(사람들에게) '알라의 은총[코란]과 그분의 자비[이슬람]를, 그들이 그것을 기뻐하게 하라'라고 말하라. 그것이 그들이 재물을 모으는 것보다 더 좋은 것이니라"〈코란 유누스(10)장 58절〉라고 말씀하셨습니다.

기념일을 맞은 당사자의 친척들과 친구들이 이 축하 파티에 참여하는 것은 허용됩니다. 왜냐하면 이것은 당사자의 마음에 기쁨을 가져다주는 것이고 이슬람 법에서도 좋은 것으로 여겨지는 일 중의 하나이기 때문입니다.

이 특별한 기념일들을 축하하는 것이 알라의 은혜에 감사드리고, 이 은혜에 대해 이야기하며, 알라의 날들을 상기하고 믿는 자에게 기쁨을 가져다주는 것처럼 이슬람 법의 원칙에 포함된다면, 이슬람 법의 판단 역시 이 일을 허용하는 바입니다. 그리고 이슬람 법학자들과 종교학자들의 결정에 따라 그리고 과거와 미래의 공동체의 일에 따르면 이것은 비난 받는 비드아(이슬람 순나가 아닌 관습)가 아닙니다.

* 출처: http://www.dar-alifta.org/ViewFatwa.aspx?ID=3619&LangID=1(이집트, 2013.8.13)

◈ 공중에 총을 쏘는 것에 대한 판단

질 문 결혼식이나 그 외 자리에서 허공에 총을 쏘는 것에 대한 판단은 어떻게 되는지요?

파트와 그런 행위는 다음과 같은 사유로 금지됩니다.

1. 무슬림들을 놀라게 하고 그들에게 피해를 입히는 일이 발생할 수 있습니다. 이렇게 사격을 하다가 몇몇 사람들은 오발탄을 맞는 일이 있었으며, 죽거나 부상을 입었습니다. 사도 무함마드께서는 "무슬림이 다른 무슬림을 두렵게 만드는 것은 허용되지 않는 일이다"라고 말씀하셨다고 아부 다우드가 전승했습니다.

   사도 무함마드께서 실수로 무슬림들에 해를 입히는 것을 우려하여 무기를 공개적으로 가지고 있는 일을 금지하셨다면, 저주받은 악마에게 홀려 그(사람)의 손이 실수하는 일을 우려하여 무슬림에게 총을 겨누는 일을 금지하셨다면, 어떻게 무기가 실제로 사용되고 무슬림들에게 해를 입히겠습니까? 사도 무함마드께서는 "너희들 중 하나가 우리의 사원이나 시장에 들르고, 그가 화살을 가지고 있는 상태라면 그가 화살촉을 잡도록 해라." 즉 "그는 자신의 손으로 무슬림을 해칠 수 있는 것을 쥐어야만 한다"라고 말씀하셨다고 모든 하디스가 전승하고 있습니다.

   아부 후라이라에 따르면, 예언자 무함마드께서 "자신의 형제에게 칼을 겨누는 사람은 그 일을 멈출 때까지 천사가 그를 저주하며, 그 형제가 자신의 아버지와 어머니의 자식이어도 그렇다"라고 말씀하셨다고 무슬림이 전승했습니다.

   또한 아부 후라이라에 따르면, 예언자 무함마드께서 "자신의 형제를 칼로 겨누지 말라. 그는 너희들 중 어느 누구도 자신의 손에 사탄이 깃들었는지 알지 못하고 불구덩이에 빠질 것이다"라고 말씀하셨다고 무슬림이 전승했습니다.

2. 이는 쓸데없이 돈을 낭비하는 일입니다. 이는 알라께서 다음과 같은 말로 금지하신 과소비와 낭비입니다. "실로 낭비하는 자는 사탄의 형제이며 사탄은 주님의 은혜에 감사할 줄 모르니라"〈코란 이스라(17)장 27절〉라고 알라께서 말씀하셨습니다.

3. 여기서 사용되는 장비(총)는 신앙과 국가, 국민을 수호하기 위해 만들어진 것입니다. 이 무기가 본디 만들어진 목적에서 동떨어져 쓸모 없는 방식으로 사용될 수 없다는 말이며, 이는 배은망덕한 일입니다.

4. 통치자가 결혼식 등의 자리에서 총을 쏘는 일을 금지했습니다. 허용되는 것이지만 통치자가 금지했다면, 이런 행위를 해서는 아니 됩니다. 위험하여 금지한 것인데 명령을 어기면 어떻게 되겠습니까?

　　그러므로 알라께서 허락하신 방법으로 기쁨을 표출하고, 알라를 향한 복종으로 부부의 삶을 시작하기 위해서 이슬람 법에 어긋나는 이러한 관습을 사람들이 따라서 하는 일을 지양해야 합니다. 여기에 알라의 축복이 있습니다.

* 출처: http://aliftaa.jo/index.php/fatwa/show/id/281(요르단, 2013.4.19)

◈ 무함마드의 탄신일을 경축하는 것에 대한 판단

질 문　예언자의 탄신일을 기념하는 것에 대한 판단은 무엇입니까?

파트와　예언자의 탄생을 축하하는 것은 알라의 사도에 대한 사랑과 지도력에 대한 자랑스러움, 이슬람 법을 준수하는 것을 보여 주는 현대적인 방식입니다. 이 방법은 샤리아상의 위반이 없어야 합니다. 사도의 전기와 품성에 대해 이야기하고, 이슬람교의 가르침에 따를 것을 촉구하는 것으로 충분합니다.

* 출처: http://www.aliftaa.jo/index.php/fatwa/show/id/791(요르단, 2013.10.24)

◈ 어린이에게 친지들이 용돈을 주는 것에 대한 판단

질 문　우리에게는 나이 어린 자녀들이 있습니다. 우리나라에서는 이들 피트르나 이들아드하와 같은 명절에 아이들을 더욱 기쁘게 하기 위해서 이디야(명절에 주는 용돈)라고 불리는 얼마 되지 않는 돈을 줍니다. 이디야는 이단적인 행위인가요, 아니면 문제없는 행위인가요? 파트와를 내려 주세요.

파트와 이디야를 주는 것은 무방합니다. 이디야는 미덕의 전통 중 하나 입니다. 그리고 나이를 막론하고 무슬림에게 더 많은 기쁨을 선사하는 것 입니다. 이는 허용된 일입니다.

_*출처: http://www.alifta.com/Fatawa/FatawaChapters.aspx?languagename=ar&View= Page&PageID=10407&PageNo=1&BookID=3(사우디아라비아, 2013.7.29)

4. 음력 사용 문화

◆ **무슬림이 이슬람력 대신 서기력을 사용하는 것에 대한 판단**

> **질문** 비아랍인 무슬림이나 비무슬림(이교도)인 직장 동료처럼 이슬람력을 모르는 사람들과 일을 할 때 서기력을 쓰는 것에 대한 판단은 무엇인가요?

> **파트와** 무슬림은 서기력을 사용해서는 안 됩니다. 왜냐하면 이는 기독교인처럼 되는 것이기 때문입니다. 그리고 이것은 기독교인의 종교 의식 중하나입니다. 무슬림들에게는 그들을 풍요롭게 하는 달력이 있습니다. 이는 무슬림들에게 크나큰 영광입니다. 필요에 따라서 이슬람력이나 서기력을 함께 사용해도 됩니다.

* 출처: http://www.alifta.com/Fatawa/FatawaChapters.aspx?languagename=ar&View=Page&PageID=10455&PageNo=1&BookID=3(사우디아라비아, 2013.8.11)

◆ **무슬림이 서기력에 따라 이교도의 명절 행사에 동조하는 것에 대한 판단**

> **질문** 리야드에 있는 한 기관 건물 전면에 대형 전자 패널이 있습니다. 이 패널은 붉은 색의 아라비아 숫자가 나오며 번쩍거립니다. 이 패널의 너비는 4미터이고, 높이는 2미터 정도 됩니다. 패널은 서기 2000년까지 남은 날짜를 카운트 다운하고 있습니다. 이뿐만 아니라 해당 연도의 마지막 날과 성탄절(새해)와 세 번째 밀레니엄을 축하하고 있습니다. 제 질문에 대해 귀하께 파트와를 요청하고 있는 오늘은 이슬람력 1420년 7월 2일로 카운트 다운은 81일에 이르렀습니다. 이 패널은 81일을 세고 이날들이 지난 후 4자리 수로 2000년이라는 숫자를 표시하기 위해 설치되었습니다. 이는 기독교인들의 상징과 그들의 달력을 선전하기 위한 것입니다. 또 그들과 함께 그들의 종교의식과 명절을 함께하는 것입니다. 이것에 함

께하는 것은 무슬림들의 달력을 포기하는 것이고 무슬림들의 감정을 상하게 하는 것이며, 학자들과 지식인들을 무시하는 행위이며, 위의 기독교 원칙을 전파하는 행위입니다. 우리는 귀하와 이 패널을 제거하게 할 사람들이 성공하기를 바랍니다. 이 패널을 제거하는 것은 무슬림들의 기쁨입니다. 이에 대한 귀하의 파트와를 요청합니다.

파트와 알라와 최후의 날을 믿는 무슬림은 위에서 언급된 서기력이나 기독교인이나 불신자들의 행사를 중시해서는 안 됩니다. 또 위에서 언급된 새천년으로 표시된 달력이나 이 달력으로 결혼계약서를 작성하거나 업무를 개시하거나 또는 이를 명절로 삼아서는 안 됩니다. 왜냐하면 이러한 행위는 그들(기독교인이나 불신자들)이 가진 것에 만족한다는 것과 그들에게 아첨한다는 것입니다. 또 그들의 명절을 축하하는 것을 도와주는 것이며 선전해 주는 것입니다. 그들은 자신들의 명절에 십자가를 내걸고, 그릇된 것을 찬양합니다. 그리고 그들의 명절에 알라와 그분의 사도께서 금지한 것을 위반합니다. "죄악과 파계에는 협력하지 말고 알라를 두려워하라. 실로 알라는 (위반하는 자를) 벌하시는 데 엄격하시니라"〈코란 마이다(5)장 2절〉라고 알라께서 말씀하셨습니다. 예언자께서 "한 사람이 어떤 무리와 닮았다면 그는 그 무리에 속한다"라고 말씀하셨습니다. 알라를 주님으로 받아들이고, 이슬람을 신앙으로 믿고, 무함마드를 예언자이자 사도로 받아들인 무슬림은 예언자와 그분의 교우들이 함께 갔던 알라의 올바른 길을 따라야 합니다. 올바른 길을 따라가려면 다음과 같이 해야 합니다. 무슬림은 노여움을 받은 자나 방황하는 자들의 길을 피해야 합니다. 이러한 사람 중에는 유대인들과 기독교인들 그리고 그 밖의 불신자들이 있습니다. 방황하는 그들을 따라서는 안 되고, 그들의 의상을 흉내내어도 안 되며, 그들과 명절을 함께하거나 그들의 교회나 사원에 함께 가서도 안 됩니다. 그리고 그들의 명절을 즐기고 그들의 명절을 축하해서도 안 됩니다. 무슬림은 이러한 모든 것을 거부해야 합니다.

* 출처: http://www.alifta.com/Fatawa/FatawaChapters.aspx?languagename=ar&View=Page&PageID=10456&PageNo=1&BookID=3(사우디아라비아, 2013.8.11)

Fatwā

제3장

의료 관련 파트와

　　질병을 예방하거나 낫게 하기 위한 치료는 의무이다. 무함마드가
"모든 질병에는 약이 있으며, 치료를 하고 알라가 허락하신다면 병이
낫는다"라고 말했고,[1] "치료하라. 알라께서는 치료법 없는 질병은 만
들지 않으셨다. 그러나 단 하나 약이 없는 병이 있는데, 바로 늙는 것
이다"[2]라고 말씀하셨다. 질병에 대한 치료가 의무라면 질병 예방 역시
의무이다. 예방이 치료보다 더 쉽기 때문이다. 따라서 질병에 걸렸거
나 다친 사람이 치료를 받으면 나을 수 있는데 환자를 방치해 병이 온
몸에 퍼져 사망에 이르게 된다면, 이는 알라 앞에서 죄를 짓는 것이
다. 건강 증진을 위해 치료하는 것과 합법적인 목적을 위해 이루어지
는 치료는 허용된다. 이에 대한 근거는 사도 무함마드의 "위에 있는
손이 아래에 있는 손보다 낫다(도움을 주는 손이 도움을 청하는 손보다 낫
다)"[3]라는 말에 있다.[4]

◆ **헌혈은 가능하나 반드시 필요할 때만 이루어져야 하고, 헌혈로 인해 건강**
에 무리가 오지 않아야 한다.

　　질 문　헌혈과 그 보상에 대한 판단을 알고 싶습니다.

　　파트와　지고하신 알라께서는 인간을 귀하게 여기시며 다른 피조물보다
더 아끼십니다. 알라께서 인간이 자기 자신을 경시하지 못하게 하셨으며,

1_ Sahih Muslim 2204.

2_ Sunan Abi Dawud 3855.

3_ Riyad as-Salihin 531.

4_ Muḥammad Rawās Qal'ah Jī, p.459.

알라께서 금지한 것을 어기지 못하게 하셨습니다. 이슬람법 샤리아의 목적 중에 자신을 아끼라는 것이 있습니다. 알라께서 "알라께서 아담의 자손에게 은혜를 베푸셨느니라"〈코란 이스라(17장) 70절〉"라고 말씀하셨습니다. 알라께서 인간을 귀히 여기신다는 사실을 알 수 있는 대목은 인간을 가장 좋고 아름다운 형상으로 만들어 주셨다는 것입니다. 이것이 바로 인간에게 베푼 알라의 은혜이니, 인간은 알라께 감사드려야 합니다. 알라의 말씀에 "알라께서 인간을 가장 아름다운 형상으로 빚으셨느니라"〈코란 틴(95)장4절〉가 있습니다. 알라께서 인간을 귀히 여기심을 알 수 있는 또 다른 대목은, 인간의 몸을 일컬어 인간을 믿고 맡긴 곳이라 이르신 것입니다. 그러므로 인간이 자기 몸의 주인된 존재라 하더라도, 신체를 해하거나 파괴하는 행위를 해서는 안 됩니다. 그래서 이슬람, 기독교, 유대교, 그리고 법은 자살 또는 자살에 이르는 행위로 신체를 손상시키거나 죽음을 초래하는 것을 금지했습니다. 알라께서 "너희 자신들을 살해치 말 것이니 알라는 너희에게 자비로 충만하시니라"〈코란 니싸아(4장) 29절〉라고 말씀하셨습니다. 그러므로 어느 누구도 자신의 몸을 파괴하거나 손상시키는 행동을 해서는 안 됩니다. 모든 인간이 자유의지를 가지고 있지만, 그 의지가 알라께서 정하신 경계를 넘을 수는 없기 때문입니다. 알라께서 "너희 스스로 파괴를 초래하지 말라 자선을 행하라 알라는 자선을 행하는 이들을 사랑하시니라"〈코란 바까라(2장) 195절〉라고 말씀하셨고, "너희 자신들을 살해치 말 것이니 알라는 너희에게 자비로 충만하시니라"〈코란 니싸아(4장) 29절〉라고 말씀하셨습니다.

또 인간은 자신의 신체와 모든 장기, 살아 있는 체액인 혈액을 보존해야 합니다. 본디 혈액은 유동성 액체인 인체의 일부로서 정맥과 모세혈관 속에서 흐릅니다. 따라서 인간은 어떠한 경우에도 자신을 위험에 노출시켜서는 안 됩니다.

헌혈이 사람의 목숨을 구하고 헌혈자에게 무해하며 그의 건강과, 생명, 일에 영향을 주지 않는다는 의사의 소견이 있을 경우 헌혈을 해도 됩니다. 헌혈은 알라께서 명하신, 생명을 살리는 합법적이고 허락된 일 중 하나이자 희생정신 또는 이타주의 정신의 발현입니다. 코란에서도 헌혈을 명하였습니다. 알라께서 "가난하지만 자기보다 남을 위하였으며 누구에게도 인색하지 아니하였으니 이들이 번성한 자들이라"〈코란 하쉬르(59)장 9절〉라고 말씀하셨습니다. 이로 미루어 볼 때, 목숨을 잃을 각오를 하고라도 물에 빠진 사람, 화상을 입은 사람, 무너진 건물에 깔린 사람을 구해 주어야 합니다. 알라께서는 "정의와 신앙을 위해 서로 협동하라"〈코란 마이다(5)장 2절〉라고 말씀하셨습니다. 이 말씀을 기준으로 질문에 대한 답을 드리겠습니다. 헌혈은 샤리아에서 금지된 것이 아닙니다. 피는 다시 생성되는 인체의 일부로서 계속 재생산되고 변화하기 때문입니다. 대신 다음과 같은 규범 및 조건이 충족되어야 합니다.

헌혈이 반드시 필요한 경우여야 합니다. 사고나 재해, 수술 때문에 위급한 상황에 놓인 이들의 생명을 구하기 위해 많은 양의 혈액이 필요한 때가 있는데, 이때야말로 헌혈이 꼭 필요한 경우입니다.

의학적 견해로 보아 헌혈을 함으로써 인간에게 확실히 이득이 되어야 합니다. 오히려 해롭다는 사실이 명백할 때는 헌혈이 금지됩니다.

헌혈하는 사람이 전적으로 또는 조금이라도 해를 입어서는 안 됩니다. 일상적으로 일을 할 때 헌혈 때문에 물질적, 정신적인 어려움이 있어서는 안 되며, 의학적인 견해로 보아 현재 또는 미래에 부정적인 영향이 있을 것임이 명백한 경우라면 안 됩니다.

의료행위로 인해 헌혈자가 건강에 유해한 질병에 걸리지 않아야 합니다. 해악이 또 다른 해악을 낳는 것은 샤리아상으로 허용되지 않기 때문입니다.

헌혈자는 어느 모로 보더라도 인간이어야 합니다.

한편, 헌혈한 자에 대한 보상은 올바른 것입니다. 혈액이 꼭 필요한 환자에게 헌혈했다면, 그는 자신이 제공한 것에 대해 알라로부터 보상을 받을 자격이 있고, 병자에게 혈액을 제공함으로써 그의 생명을 살리고 상태를 호전시키며 나쁜 상태를 개선시키는 것에 대해 알라의 상을 받을 자격이 있습니다. 알라께서 "선에 대한 보상으로 선 외에 다른 것이 있겠느뇨"〈코란 라흐만(55)장 60절〉라고 말씀하셨습니다. 예언자 무함마드께서 "무슬림은 다른 무슬림의 형제이니 다른 무슬림을 억압하거나 파멸시켜서는 안 된다. 형제의 요구를 들어주는 이는 알라께서 그의 요구를 들어주실 것이고, 형제의 슬픔과 어려움을 덜어주는 이는 알라께서 심판의 날 그의 슬픔과 어려움을 덜어 주시며, 심판의 날 믿는 자의 어리석음을 폭로하지 않은 자는 알라께서 그의 어리석음을 감추어 주실 것이다"라고 말씀하셨고, 부카리가 이를 기록했습니다. 예언자 무함마드께서 또 "다른 무슬림이 속세에서 겪는 고통을 덜어 준 이는 알라께서 심판의 날에 그의 고통을 덜어 주실 것이다. 자기에게 빚진 자의 짐을 덜어 주는 이는 알라께서 그가 현세와 내세에서 지는 짐을 덜어 주실 것이다. 노예가 자신의 형제를 돕는다면 알라께서도 자기 노예를 도우실 것이다"라고 말씀하셨고, 아부 다우드가 이를 전했습니다.

* 출처: http://www.dar-alifta.org/ViewFatwa.aspx?ID=393&LangID=1&MuftiType=0(이집트, 2012.12.31)

(1) 민간 요법

◈ 부항은 샤리아에서 허용된다.

> 질문 질문자는 샤리아에서 부항에 대한 판단을 알고자 합니다.
> 파트와 부항은 샤리아에서 허용된 것으로 예언자 시대에 생겨났으며, 금지되지 않습니다. 예언자께서는 부항 요법을 사용하셨고, 이것은 피를 뽑는 사혈로 그때부터 지금까지 사용되고 있는 치료 방법 중 하나입니다. 본 이프타 기관은 부항 치료법에 대해 명망 있는 의사들의 의견을 듣고 의사의 권고사항을 준수하도록 조언하는 바입니다.

* 출처: http://www.dar-alifta.org/ViewFatwa.aspx?ID=396&LangID=1&MuftiType=(이집트, 2013.4.10)

◈ 부항은 1400년 전 예언자가 사용했었고 권장했던 치료법이다.

> 질문 부항은 동서고금을 막론하고 널리 사용되어 온 치료법이며, 이와 관련하여 여러 가지 이야기가 돌고 있습니다. 우리의 사도이고 친애하는 분이고, 의사이신 예언자 무함마드께서 이미 1,400년 전에 부항 치료를 권장하셨다니 자랑스럽게 생각합니다. 사람들은 이를 의학적인 사실이자 선구적인 행적으로 여깁니다. 따라서 부항에 대한 이슬람의 견해를 듣고

자 합니다.

첫째, 부항 치료의 합법성에 대해 알고 싶습니다. 유럽과 미국에서 부항이 쓰이고 있기는 하지만, 오늘날 이 치료법이 사라지는 추세인지, 아니면 아직도 건재한지 알고 싶습니다.

둘째, 부항을 자가시술하는 것이 좋습니까, 아니면 진단, 적절한 약 처방, 질병 치료, 적절한 소독 환경 등을 갖출 수 있는 의사가 부항을 시술하는 것이 좋습니까?

셋째, 서구권에서 이 치료법에 관심을 가져 관련 학파가 생겨났다면, 그리고 그 학파가 주장하는 원칙이 확실하다면, 무슬림 국가 당국이 사도 무함마드께서 권고하셨던 치료법을 경시하는 것에 대한 판결은 무엇입니까? 또 이 치료법에 관련하여 최근 정립된 법이 있는지요?

파트와 부항은 샤리아에서 허용된 것으로 예언자 시대에 생겨났으며, 금지되지 않습니다. 예언자께서는 부항 요법을 사용하셨고, 이것은 피를 뽑는 사혈로 그 때부터 지금까지 사용되고 있는 치료 방법 중 하나입니다. 본 이프타 기관은, 부항 치료법에 대해 명망 있는 의사들의 의견을 듣고 부항이 환자의 질병을 위한 치료법으로서 어느 정도의 효과를 내는지에 대해 의사의 권고를 따르라고 조언하는 바입니다.

또한 소독할 때의 부주의, 그리고 감염으로 인한 합병증을 막기 위하여 비전문의에게 시술받지 말 것을 권고합니다.

이상의 내용을 기준으로 질문에 대한 답을 드리겠습니다. 부항은 치료법 중 하나이고, 순나에서 확실히 증명된 사실입니다. 이것은 금지되지 않은 합법적인 치료법이며, 의학 분야가 발전함에 따라 발생한 것입니다. 단, 시술은 국가가 인정한 의료 기관으로부터 허가를 받은 전문의가 해야 합니다.

시술자가 합법적인 방법이나 치료법과 관련한 현대 법률을 준수하지 않는 경우, 관할 당국은 부항 시술자에 대하여 개입하고 감독할 권리를 가지며, 이는 국민 건강을 보호하기 위한 조치로, 무슬림 국가든 비 무슬림 국가든 상관없이 적용됩니다.

말씀드린 내용이 질문에 대한 답이 되었으리라 생각합니다.

* 출처: http://www.dar-alifta.org/ViewFatwa.aspx?ID=398&LangID=1&MuftiType=(이집트, 2013.4.10)

(2) 임상 실험

◆ **임상 실험에 대한 판단**

> **질 문** 최근 일부 약품을 실험하기 위해 인간을 도구처럼 사용하는 현상이 확대되었는데, 홍보 담당자들은 해당 약이 암과 에이즈 같은 악성질병을 치료하는 특별한 효과가 있다고 말합니다. 그런데 이 실험이 비공개로, 감독하는 조직도 없이 비밀리에 이루어지고 있습니다. 여기에 대해 더 말씀드리자면,
>
> 1. 약의 원료가 약초라는 사실을 제외하고는 어떤 약초인지, 배합이나 성분구성이 어떤지 아는 사람이 없습니다.
> 2. 임상실험을 하는 사람들이 의학이나 약학 전문가가 아니고, 과학적인 투약 결과를 알려주지 않습니다.
> 3. 인간을 표본으로 하여 임상실험을 진행하는 사람들, 그리고 실험대상이 되는 사람들에 대한 샤리아에 따른 판단은 무엇입니까?

> **파트와** 알라께서는 "알라는 아담의 자손에게 은혜를 베풀어 주셨느니라"〈코란 이스라(17)장 70절〉라고 말씀하셨습니다. 그러므로 생명을 해칠 수도 있는 실험에서 인간을 도구처럼 사용하는 것은 알라께서 인간에게 베풀어 주신 은혜에 어긋나는 것입니다.
>
> 말씀하신 질문에 의거하여 답을 드리자면, 실험에서 인간을 도구처럼 사용하는 것이 허용되지 않습니다. 그리고 비전문가가 이러한 실험을 진행하는 것도 허용되지 않습니다.

* 출처: http://www.dar-alifta.org/ViewFatwa.aspx?ID=3668&LangID=1&MuftiType=(이집트, 2013.4.10)

(3) 장기이식 및 줄기세포 치료

◆ **고인의 유언이 있는 경우 장기 기증이 허용된다. 유언이 없는 경우 피상속자들의 동의가 필요하다.**

> **질 문** 장기기증을 하겠다는 유언 없이 돌아가신 고인의 장기를 기증하

는 것은 허용됩니까? 만일 유언이 있는 경우에는 어떻습니까?

파트와 　현대 법학자들의 대부분은 장기 기증을 허용하지만 기본적인 조건을 내걸고 있습니다. 장기 기증이 기증자의 일상생활에 악영향을 주지 않아야 하며, 수술 성공 확률이 거의 확실하거나 매우 높아야 합니다.

이 기본 조건들은 이슬람회의기구 산하 이슬람 피끄흐 아카데미Islamic Fiqh Academy, IFA의 결의안(26, 1/4)에 명문화되어 있습니다. 피상속자의 허락 조건이 충족되어야 한다는 것입니다. 피상속자가 없을 경우 보호자의 허락이 있어야 합니다. 결의안에 "(장기 기증은) 고인 생전에 본인의 허락이 있었거나, 사후 고인의 피상속자들의 허락이 있거나, 신원불명의 고인인 경우 무슬림 통치자의 동의가 있어야 한다는 조건으로 가능하다"라고 명시되어 있습니다.

이슬람 피끄흐 아카데미가 각막 기증이 허용되는 조건을 다루는 자리에서 채택한 제2호 결의안도 이와 마찬가지입니다. 결의안에 "고인 생전에 각막을 기증하거나, 또는 피상속자들의 동의가 있어야 한다"라고 명시되어 있습니다.

그리하여, 따로 유언이 있었다면 장기 기증 및 유언 집행이 허용됩니다. 그렇지 않을 경우에는 피상속자들의 동의가 필요합니다.

* 출처: http://aliftaa.jo/index.php/fatwa/show/id/865(요르단, 2013.5.29)

◈ 줄기세포와 실험과 동물 실험에 대한 판단

질 문 　토끼나 염소 같은 실험용 동물을 사육하고 차등 분류를 하고, 동물의 특성과 안전성을 확인하여, 성체에서 채취한 줄기세포를 같은 종의 살아 있는 동물에 이식하여, 생체조직 공학 및 재생산 분야에 미치는 영향을 연구하려 합니다. 이렇게 줄기세포를 사용하는 것에 대한 판단은 무엇인지 알고 싶습니다.

동물실험이 확실히 성공한다면 인간에게도 이 기술이 적용될 것입니다. 즉 성인의 줄기세포를 채취하여 필요한 의학적 처리를 한 뒤 몸에 재이식하는데, 이것은 치료목적이고, 환자의 동의를 받고 이루어집니다. 이에 대한 판단은 무엇입니까?

파트와 　줄기세포는 분열, 증식 할 수 있기 때문에 다양한 인체조직 형성에 필요한 여러 가지 세포를 만들어 냅니다. 현대 학자들이 줄기세포, 그리고 줄기세포 채취, 배양 연구를 시작했고, 그 목적은 몇몇 질병의 치료입니다.

세포를 추출해 내는 방법은 여러 가지입니다. 임신 기간에 상관없이 유산된 태아에서 추출하는 방법이 있고, 태반이나 탯줄, 아이나 성인, 또는 체내 세포 덩어리에서 세포를 추출하여 복제하는 방법도 있습니다.

줄기세포 실험과 과학 연구에서 동물을 사용하는 것은 인간에게 도움이 되기 때문에, 샤리아에서 동물실험이 금지되지 않습니다. 동물은 본디 인간에게 도움을 주기 위해, 인간에게 더 큰 유익함을 주고자 창조되었기 때문입니다. 알라께서 "알라께서 하늘에 있는 것과 땅속에 있는 모든 것이 너희에게 유용하도록 하였느니라"〈코란 루끄만(31)장 20절〉라고 말씀하셨습니다. 또한 알라께서 동물을 도살하여 잡아먹는 것을 허락하셨습니다. 그러므로 인간에게 유익함을 주고자 과학 실험에서 동물을 사용하는 것은 당연히 허락되는 것입니다. 인간이 동물을 식용으로 사용하여 얻는 이익보다 동물을 실험에 이용하여 과학 분야에서 얻는 이익이 더 크기 때문입니다.

그러나 여기에는 조건이 있습니다. 실험할 때 반드시 동물을 배려해야 한다는 것입니다. 그리고 실험을 진행하는 동안 가능한 한 동물들이 고통을 느끼지 않게 해야 합니다. 샤다다 븐 아우스의 전언을 무슬림이 기록하였습니다. "알라께서 모든 것에 대한 이흐산'Iḥsān[5]을 정의하셨습니다. 죽인다면 잘(예의를 갖추어) 죽이고, 도살한다면 잘 도살해라."

또 환자에게서 성체 줄기세포를 채취하는 것도 세포를 이용한 질병 치료가 목적이라면 샤리아에서 금지되지 않습니다. 단, 이로 인해 환자가 피해를 입어서는 안 되고, 환자가 의사결정이 가능하다면 반드시 본인의 동의가 있어야 합니다. 환자는 성인이고 정신적으로 성숙하며 선택을 할 수 있어야 합니다. 환자가 이 자격요건을 충족하지 못한다면 보호자가 대신 의사결정권을 가지게 됩니다.

* 출처: http://www.dar-alifta.org/ViewFatwa.aspx?ID=598&LangID=1&MuftiType=0(이집트, 2013.1.29)

5_ 미덕, 뛰어남.

◈ **샤리아에서 헌혈이 허용되는 것으로 보아 골수 이식 수술도 샤리아에서 금지되지 않는다.**

질문 샤리아에서 골수 이식 수술이 허용됩니까? 골수는 장기가 아니지만 몸이 만들어 내는 것이고, 기증한 후 자연적으로 복원이 되는 것입니다.

파트와 헌혈 허용에서 유추하면 골수 이식 수술은 샤리아에서 금지되지 않습니다. 피와 골수는 모두 헌혈과 이식 후 기증자의 몸이 다시 만들어 내기 때문입니다. 수혈도 사람의 목숨이 위태롭거나 장기의 안전이 위험하다면 역시 허용됩니다. 또 일부 하나피 학자는 치료를 앞당길 수 있다면 수혈을 허용합니다.

말씀드린 내용 중에서 질문에 대한 답을 찾을 수 있을 것입니다.

* 출처: http://www.dar-alifta.org/ViewFatwa.aspx?ID=332&LangID=1&MuftiType=0(이집트, 2013.6.20)

◈ **돼지에서 추출한 자연 판막 사용에 대한 판단**

질문 회사가 심장 판막 환자를 치료하는 데 사용되는 몇몇 물품을 수입하고 있습니다. 그중 하나가 돼지에서 추출한 조직형태의 자연 판막입니다. 판막은 일련의 처리과정을 거쳐 살균소독한 후 일정 온도에서 보관된 후에 환자의 몸에 이식됩니다. 이러한 종류의 판막을 사용하고 수입하는 것에 대한 샤리아에 따른 판단은 무엇인가요?

파트와 샤리아에서 돼지를 먹고 유통시키는 것은 하람입니다. 알라께서 "죽은 동물과 피, 돼지고기를 먹지 말라. 또한 알라의 이름으로 도살되지 아니한 고기도 먹지 말라. 그러나 고의가 아니고 어쩔 수 없이 먹을 경우는 죄악이 아니라 했거늘 알라께서는 진실로 관용과 자비로 충만하심이라"〈코란 바까라(2)장 173절〉라고 말씀하셨기 때문입니다.

이슬람 법학자들도 살아 있거나 죽은 돼지를 불결한 것으로 보았습니다. 그러나 말리키 학파는 살아 있는 돼지는 깨끗한 것이고, 죽었을 경우에 불결한 것이라고 여겼습니다.

하지만 말씀하신 물질이 돼지가 본래 가지고 있던 성질과 성분이 변해서 젤라틴이나 스펀지 같이 다른 새로운 물질로 변한 경우, 이것은 돼지로 불리지 않습니다. 또 이렇게 변형되어 만들어진 성분이 돼지의 일부분이라는 것도 옳지 않습니다. 그러므로 돼지 조직으로 된 심장 판막을 수입하고 사용하며 거래하고 이것을 사용하여 치료하는 것이 샤리아에 따라 금지되지 않습니다. 그러나 원래 가지고 있는 돼지의 특징적인 면이 사라지지 않고 남아 있어 돼지의 성분 중 하나라고 불린다면, 꼭 필요한 경우를 제외하고 또 이것을 대체할 수 있는 청결한 것이 없을 경우를 제외하고는 본 제품의 수입과 사용이 허용되지 않습니다. 하지만 환자의 생명이 사망으로 이어질 수 있는 위험에 처해 있거나 신체 장기가 망가지게 될 경우, 또는 이 판막이 없으면 질병이 악화되거나 지속되고 신체에 큰 문제가 생기는 경우 이 판막으로 대체 가능합니다.

* 출처: http://www.dar-alifta.org/ViewFatwa.aspx?ID=3047&LangID=1&MuftiType=0(이집트, 2013.7.10)

(4) 낙태와 피임

낙태는 사람과 동물이 임신 기간을 다 채우지 못한 태아를 떼어내는 것이다.[6] 태아는 세 단계로 나눈다. 1단계는 인간이 창조 전 단계로 임신사실을 알았을 때부터 40일 이전 단계이다. 2단계는 임신 후 40일부터 120일까지의 기간으로 인간이 창조되어 영혼이 불어넣어지는 단계이다. 3단계는 영혼이 불어넣어진 120일 이후의 단계이다.

1) 단계별 낙태: 임신 사실을 알았고, 아직 태아가 인간으로 창조되지 않았더라도 1단계에서 낙태를 하는 것은 혐오스러운 일로 여겨진다. 2단계에서는 합당한 이유 없이 낙태하는 것은 금지된 일이다. 이 단계는 인간으로 창조되어 영혼이 들어가는 시기로 막 인간의 형상이 되었기 때문이다. 낙태가 가능한 합법적인 이유로는 태아의 기형, 아버지의 가난, 엄마의 모유가 부족한데 아버지가 분유를 살 능력이 없을 경우, 집이 좁은데 남편이 더 큰 집으로 옮겨 줄 능력이 없는 경우, 임신이 임부에게 위험할 경

6_ Muḥammad Rawās Qal'ah Jī, pp.61-64.

우, 혼외 관계로 생긴 태아로 임부가 회개하고 더 깊은 신앙생활을 하겠다고 결심한 경우, 강간에 의해 임신한 경우 등이 있다. 태아에게 영혼이 들어간 이후인 3단계에서의 낙태는 금지이다. 즉 임신 후 120일 이후를 의미한다. 이 시기는 임신을 유지하는 것이 산모 사망의 원인이 될 것이라는 사실 확인이 있지 않으면 낙태가 허락되지 않는다.

2) 낙태에 대한 벌: 고의로 낙태한 경우 5마리의 낙타 혹은 그에 상응하는 금액을 속량금으로 내야 한다. 실수로 낙태한 경우 속죄는 의무이지만 고의로 낙태한 경우 살인으로 간주되어 속죄가 의무로 되지 않는다.

3) 낙태를 출산으로 간주: 여성이 임신을 확인하였고 태아의 신체조직들이 나타난 후 낙태하였다면 이는 출산으로 간주되고 출산한 사람들이 삼가야 할 것을 삼가야 한다. 여성의 잇다 기간은 낙태를 시키면 종료된다. 그러나 태아의 신체조직이 생성되지 않고 낙태한 경우 잇다 기간은 종료되지 않는다.

◈ **낙태에 대한 판단**

질 문　언니가 2007년 5월 제왕절개로 출산을 했고 지금은 둘째를 임신했습니다. 그런데 초산 후 몸이 완전히 회복되지 않아서 임신중절 수술을 하려고 병원을 찾았습니다. 그러나 의사는 지금 수술을 하면 언니의 건강에 무리가 오고, 잘못하면 목숨을 잃을 수도 있다고 했습니다. 언니는 다른 의사를 찾아갔습니다. 두 번째 의사는 낙태가 하람이라고 했습니다. 언니는 이제 임신 1개월밖에 안 되었고, 임신으로 인해 수차례 병치레를 하며 고생하고 있습니다. 이 경우 낙태는 허용되는 것입니까?

파트와　질문자님, 낙태 문제는 태아와 산모에 관한 형법규정과 관련되어 있기 때문에 샤리아에 따른 법원의 자문이 필요합니다.

　말리키 학파 학자들은 임신 기간에 상관없이 낙태를 불허하였습니다. 말리키 학파 알다르디르는 "무크타싸르 칼릴Mukhtaṣar Khalīl"의 해설서에서 "임신한 지 40일 미만의 태아라 할지라도 낙태는 허용되지 않으며, 40일이 넘어 영혼이 불어넣어진 태아라면 낙태가 금지된다고 합의되었다"라고 말했습니다.

이슬람 학자들 대부분은 영혼이 불어넣어지기 전인 임신 4개월이 안 되어 낙태하는 것이 허용되기는 하지만 이는 혐오스러운 일이라고 보고 있습니다.

우리가 낙태와 관련하여 파트와를 내릴 때 말리키 학파의 견해를 따릅니다. 임신하는 순간부터 낙태는 일체 금지되며, 태아가 대부분 완전한 인간이 되기 때문에 인간 생명의 불가침성을 수호해야 합니다.

영혼이 불어넣어진 후에는 절대로 낙태가 허용되지 않습니다. 그러나 산모의 생명을 살리기 위해 낙태를 하는 경우 필요에 의한 낙태로 허용하되, "상충되는 두 해악이 있는 경우 더 가벼운 해악을 택하라"라는 샤리아의 원칙을 따라야 합니다. 또 다른 원칙은 "두 해악이 있을 때, 둘 중 해악이 더 큰 것을 고려하여, 피해가 작은 해악을 택하라"라는 것입니다. 따라서 산모의 생명은 확실히 보장되지만 태아의 생명이 불확실한 경우 산모의 생명이 더 우선적으로 보호되어야 합니다. 산모 생명의 위험단계를 규정하는 것은 의료기관의 몫입니다.

전문의료기관이 낙태가 위험하다고 결정했거나 산모의 사망으로 이어질 수도 있는 결정을 내렸다면, 이슬람 법학자들의 판단도 이와 다르지 않습니다. 산모는 산고를 견뎌내야 하지만 스스로를 생사의 기로에 내모는 것은 허용되지 않습니다.

* 출처: http://www.awqaf.gov.ae/Fatwa.aspx?SectionID=9&RefID=922(아랍에미리트, 2013. 1.8)

◆ **태아가 4개월 미만이고 장애로 인해 태아의 생명 유지가 어려운 경우 부부의 동의하에 낙태가 허용된다.**

질문 아내의 뱃속에 있는 태아를 낙태하는 것에 대한 샤리아에 따른 판단은 무엇입니까? 의료진에 따르면 태아가 지중해빈혈Thalassemia에 걸렸고, 현재 태아는 3개월 1주 되었습니다.

파트와 헤지라력 1413/12/2(서기: 1993/6/13)에 내린 이프타 기관의 제

35호 결정은 다음과 같습니다.

태아가 산모의 뱃속에 4개월 이상 있었다면 장애가 있다 할지라도 낙태를 하는 것은 허용되지 않습니다. 의료진이 태아를 살려 두는 것이 산모 건강에 큰 위험이 될 것이라고 판단했을 경우가 아니면 허용되지 않습니다.

그러나 태아가 4개월 미만이고, 장애로 인해 태아의 생명유지가 불안정하다면 부부의 동의 하에 낙태하는 것이 허용됩니다.

질문자가 문의하신 상황에 이 결정을 적용해 보면 낙태는 가능합니다. 그렇지 않을 경우 허용되지 않습니다.

* 출처: http://www.aliftaa.jo/index.php/fatwa/show/id/791(요르단, 2013.10.4)

◆ **낙태는 의학적 사유로 산모 생명이 위험하지 않은 한 허용되지 않는다.**

　질 문　저는 이혼한 여성입니다. 이혼하고 3개월 후 다른 남성과 결혼했습니다. 법원에 혼인신고는 하지 않았고, 직접 합의했습니다. 많은 증인이 있었지만 부모님은 아직 혼인에 대해 모르십니다. 저는 지금 임신 40일이 되었습니다. 남편의 의사에 따라 낙태해도 될까요?

　파트와　태아를 낙태하는 것은 특별한 의학적 사유로 산모 생명이 위험하지 않은 한 허용되지 않습니다. 말씀하신 질문에 따르면 의학적으로 산모가 위험하지 않으므로 낙태하는 것은 허용되지 않습니다. 우리는 질문자께 샤리아 법원에 혼인등록을 하시라고 권고합니다. 질문자 후견인이 허락함으로써 샤리아에 따른 질문자의 권리와 태아의 권리를 지키게 될 것입니다.

* 출처: http://www.aliftaa.jo/index.php/fatwa/show/id/791(요르단, 2013.10.24)

◆ **태아의 사망원인에 대한 판단**

　질 문　40년도 더 된 이야기입니다. 출산을 돕던 여성이 출산 도중 태아의 머리를 잡아당겼습니다. 자궁에 태아가 걸렸기 때문입니다. 이 여성이 태아를 꺼냈을 때 태아가 사망했다는 것을 알았습니다. 그녀는 자신이 태아의 머리를 잡아당겨 죽었는지 자궁에 걸려 질식사했는지 모릅니다. 이 여성은 무엇을 해야 합니까?

파트와 이 문제에 대한 샤리아에 따른 판단은 전문 의사들의 자문과, 가능하다면 출생과정을 의사들에게 정확히 설명해 주는 것에 달려 있습니다.

대부분의 의사들이 태아 사망의 원인이 잘못된 출산 방식이라고 말한다면 태아의 상속인에게 반드시 배상해야 하고, 2달 연속 속죄의 금식을 해야 합니다. 이에 대한 근거로 "의사가 아닌 이가 의술을 행한다면 그는 책임을 져야 한다"라는 사도의 말씀이 있습니다. 아부 다우드가 전승했습니다.

의사들이 도움이 지체되어 자궁 내에서 태아가 자연사하였다고 보거나 정확한 원인을 규명할 수 없는 의혹이 들 경우 이 여성은 속죄와 배상을 할 필요가 없습니다. 왜냐하면 여성의 실수로 사망했다는 판단을 압도할 정도로 원래 신생아가 건강하게 태어날 거라는 확신이 들지 않기 때문입니다.

어떤 경우든 이 여성은 지나간 일에 대한 용서를 알라께 구해야 합니다.

* 출처: http://www.aliftaa.jo/index.php/ar/fatwa/show/id/617(요르단, 2013.9.11)

◈ **부부간 체외 수정 후 수정체를 다른 아내의 자궁에 심는 것을 금한다.**

질문 자궁은 없으나 난자는 있는 기혼 여성이 있습니다. 이 여성은 자녀를 매우 원하고 있으며 이 때문에 남편을 다시 결혼시키려고 합니다. 자신의 난자를 채취하여 둘째 아내의 자궁에 이식하려는 것이지요. 이에 대한 샤리아의 적법성은 어떻게 되는지요? 엄마가 둘이 되는 것입니까? 또 이와 같은 시술을 행하는 의사에 대한 판단은 무엇입니까?

파트와 시험관 시술은 반드시 필요한 상황이 아니면 허용되지 않습니다. 이것이 허용되려면 난자와 정자가 부부의 것이어야 하고 수정된 난자를 그 난자의 주인인 부인의 자궁에 이식해야 합니다. 그 어떤 상황에서도 다른 여성의 자궁에는 허용되지 않습니다. 남편은 같은데 다른 아내의 자궁이라면 인권 침해와 상당한 도덕적 해이가 발생합니다.

이슬람 피끄흐 아카데미의 1986년(헤지라력 1407년) 3차 회의 제16호 결의안입니다. 다음이 결의안 내용입니다.

"다음 5가지 방법은 샤리아에 의거 금지되었다. 그 자체만으로 완전히 금지되거나, 그로 인해 발생하는 혈통의 혼란 및 모성 상실, 그 밖의 샤리아에서 경고한 위험이 있다… 다섯째: 부부간 체외 수정을 한 후 수정체를 다른 아내의 자궁에 이식하는 것. 이상."

* 출처: http://aliftaa.jo/index.php/fatwa/show/id/553(요르단, 2013.7.17)

◈ **치료 목적으로 난관결찰술을 받는 것은 허용된다.**

질문　의사가 여성 불임수술인 난관결찰술을 집도하고 환자가 이 수술을 받는 일은 금지됩니까? 현대의학에서 이 수술을 받는다 해도 임신이 완전히 불가능한 것은 아닙니다. 원한다면 수술 후 출산도 가능합니다. 다만 방식에 있어서 보통의 임신보다는 어렵습니다. 시험관 방식이나 난관에 또 다른 수술을 함으로써 임신이 가능합니다..

파트와　난관결찰수술이 이미 걸렸거나 앞으로 걸릴 질병을 치료하는 것과 같이 여성의 병을 치료할 목적으로 이루어진다면 잘못된 것이 아닙니다.

　가난이 무서워 출산을 제한할 의도로 수술을 받는다면 허용되지 않습니다. 알라께서 "궁핍의 두려움으로 너희 자손을 살해하지 말라 알라께서는 그들에게 일용할 양식을 주나니 너희에게도 마찬가지라"〈코란 이스라(17)장 31절〉라고 말씀하셨습니다.

　제가 말씀드리려는 것은 여성의 치료가 우선이 되어야 하는 것입니다. 치료하는 부위를 가리고 그 부위를 똑바로 보지 않고 치료한다면 남성이 여성 환자를 치료하는 것은 문제 되지 않습니다.

* 출처: http://www.aliftaa.jo/index.php/ar/fatwa/show/id/617(요르단, 2013.9.11)

◈ 환자의 고통을 줄여 주기 위한 모르핀 사용에 대한 판단

질문　환자의 고통을 경감시키기 위해 진통제로 모르핀을 사용하는 것에 대한 이슬람의 종교적 판단은 무엇입니까? 의사의 감독 하에 적정량을 투여하고 있고 무엇보다 환자가 그것을 너무도 필요로 하고 있습니다. 주사나 경구 투여 형태로 이루어집니다.

파트와　환자의 고통을 줄여 주기 위해 진통제로 모르핀을 사용하는 것은 허용됩니다. 그것이 의사의 감독 하에 적당한 양을 투여하는 것이고 환자가 그것을 너무도 필요로 하고 있다면, 주사로 혹은 경구로 투여하거나 그 외의 다른 방법으로 투여하는 것 모두 가능합니다.

* 출처: http://www.dar-alifta.org/ViewFatwa.aspx?ID=3598&LangID=1&MuftiType=(이집트, 2013.6.20)

◈ 알코올 성분이 들어간 약에 대한 판단

질문　알코올 성분이 들어간 약을 복용하는 것에 대한 샤리아에 따른 판단을 알려 주시기 바랍니다. 최근 알코올 성분이 함유된 신약들이 시장에 출시되었습니다. 출시된 약에는 다음과 같은 것들이 있습니다. 1. Bronchicum S 시럽: 알코올 5.46% 함유, 2. Melrosum S 시럽: 알코올 5.7% 함유

약에는 제조사로부터 발행되는 복약 지침서가 첨부되어 있습니다. 또한 약 성분의 높은 알코올 함량 때문에 이를 섭취하는 데 여러 위험이 따른다고 명시되어 있습니다.

파트와　취하게 만드는 알코올은 더러운 술입니다. 이슬람 법학자들이 꼭 불가피하게 필요한 경우를 제외하고 알코올을 섭취하는 것은 금지된다고

결정을 내린 바 있습니다.

　술이 들어간 약을 복용하는 것은 절대 허용되지 않습니다. 사도 무함마드께서 술에 대해 "그것(술)은 약이 아니며 오히려 병이다"라고 말씀하셨습니다.(무슬림 전승 1984번)

　취하게 만드는 종류가 아닌 알코올의 경우 약에 쓸 수 있습니다. 필요하다면 이러한 알코올을 섞어 복용하는 것이 허용됩니다. 따라서 의사는 환자에게 취하게 만드는 알코올 성분이 들어 있는 약을 처방하면 안 되며 대체 약을 처방해야만 합니다.

* 출처: http://aliftaa.jo/index.php/fatwa/show/id/389(요르단, 2013.2.12)

◆ **마약성 약 판매에 대한 판단**

`질 문` 　일부 약국에서 질병치료에 사용되지만, 정신상태에 영향을 주는 여러 종류의 약을 파는 불법거래를 하고 있습니다. 많은 이익을 챙기기 위해서인데, 이에 대한 샤리아에 따른 판단을 알고 싶습니다.

`파트와` 　이슬람 샤리아는 인간을 보호하는 것이 확고하고 합법적인 일이라고 밝히고 있습니다. 그러므로 알라께서 믿는 자를 살인한 이를 영원히 불구덩이 속에 있게 만드셨습니다. 알라께서 "고의적으로 믿는 자를 살해한 자에 대한 대가는 지옥이며 그곳에서 영원히 거주하리라. 또한 알라는 그에게 노여워하고 저주를 하시며 무서운 벌을 준비하시니라"〈코란 니싸아(4)장 93절〉라고 말씀하셨고, "믿는 사람들이여! 너희 간의 너희 재산을 상호 동의에 의한 (합법적인) 사업인 것을 제외하고 부당하게 다 먹어 치우지 말라. 그리고 너희 자신이나 다른 사람을 살해하지 말라. 참으로 알라는 언제나 너희에게 자비로우셨느니라"〈코란 니싸아(4)장 29절〉라고 말씀하셨습니다. 또 "일러 가로되 내게로 오라. 내가 알라가 금기하신 것을 일러 주리라. 아무것도 그분께 빗대지 말며 너희 부모에게 효도하고 가난을 구실로 너희 자손을 살해하지 말라, 너희와 너희 자손을 위하여 알라께서 양식을 주시리라. 또한 드러나는 것과 드러나지 않는 죄악에 가까이하지 말며 알라께서 신성시한 생명을 살해하지 말라. 그것이 그분께서 너희에게 명령하여 지혜를 배우도록 한 것이니라"〈코란 안암(6)장 151절〉라고 말씀하셨습니다.

또 코란의 구절 및 예언자의 하디스, 그리고 이슬람 샤리아의 목적 중에 인간의 정신과 이성 보호가 있습니다. 이 때문에 알라께서 인간에게 혹은 인간에게 부분적인 피해를 입히는 모든 것을 금지하셨고, "알라를 위해서 재산을 사용하되 너희 스스로 파괴를 초래하지 말라. 자선을 행하라. 알라는 자선을 행하는 그들을 사랑하시니라"〈코란 바까라(2)장 195절〉라고 말씀하셨습니다.

그리고 알라께서는 인간의 이성을 보호하기 위해 술을 금지하며 "믿는 자들이여 술과 도박과 우상숭배와 점술은 사탄이 행하는 불결한 것들이거늘 그것들을 피하라 그리하면 너희가 번성하리라"〈코란 마이다(5)장 90절〉라고 말씀하셨습니다. 또 이슬람은 어쩔 수 없는 상황에 놓여 선택의 여지가 없는 이들에게 알라께서 금하신 것을 사용하도록 허락하시며 "너희에게 허락되지 않은 것이 있으니 죽은 동물, 피, 돼지고기, 알라의 이름으로 잡은 고기가 아닌 것, 목 졸라 죽인 것과 때려서 잡은 것과 떨어져서 죽은 것과 서로 싸워서 죽은 것, 다른 야생동물이 먹고 남은 나머지, 우상을 위한 제물로 바쳐졌던 것, 화살촉으로 잡은 것이거늘 이것들은 불결한 것이니라. 오늘 믿음을 거절한 자들이 너희의 종교를 체념시키나니 너희는 그들을 두려워하지 말고 오직 나를 두려워하라. 오늘 너희를 위해 너희의 종교를 완성했고 나의 은혜가 너희에게 충만하게 하였으며 이슬람을 너희의 신앙으로 만족하게 하였노라. 굶주림에 시달리는 사람이라 할지라도 죄악에 기울이지 아니한 자 알라의 관용과 자비를 받을 것이니라"〈코란 마이다(5)장 3절〉라고 말씀하셨습니다.

인간은 정말 필요한 경우에만 금지된 것을 사용할 수 있습니다.

질문에 답변하겠습니다. 인간을 쇠약하게 만들며 정신상태에 영향을 미치는 약은, 질병을 치료하는 데 사용된다면 치료를 위한 범위 내에서만 사용될 수 있습니다. 치료 외의 목적으로 금전적 이익을 위해 국민의 삶을 고려하지 않고, 이 약이 거래되고 일반 대중에게 판매되는 것은 엄격하게 금지됩니다.

본 이프타 기관은 이러한 약을 거래하고 모든 사람들에게 판매하는 자들에게 알라를 두려워할 것을 조언하는 바입니다. 특히 젊은이들을 위해서입니다. 젊은이는 미래의 희망입니다.

* 출처 http://www.dar-alifta.org/ViewFatwa.aspx?ID=398&LangID=1&MuftiType=(이집트, 2013.4.10)

◈ 대체할 만한 깨끗한 약이 없을 경우 불결한 약으로 치료를 하는 것은 허용된다.

질 문 여성이 난소 활동에 직접적으로 영향을 미치는 호르몬이 포함된 약을 먹으면서 치료를 하는 것에 대해 질문하고자 합니다. 이 호르몬은 40대 이상 여성의 소변에서 채취되는 것입니다.

파트와 이 약을 대체할 만한 청결한 물질이 없다면, 불결한 약으로 치료하는 것은 허용됩니다. 물론 전문가나 의사의 처방하에 치료가 이루어져야 하고 하나피 학파와 샤아피 학파도 이를 지지합니다. 이븐 아비딘은 끝과 "교양" 장에 있는 주석(4/215)에서 "무슬림 의사가 치료에 효과가 있다고 했는데 대체할 수 있는 것을 찾을 수 없는 경우에, 그리고 의사가 복용하면 불결함도 있지만 더 빨리 치료된다고 말한 경우 환자는 소변이나 피를 마셔도 되고, 죽은 동물을 먹어도 된다"라고 말했습니다.

이를 근거로 하여 질문에 답변드리겠습니다. 정의로운 전문의가 난소의 기능에 미치는 약의 효과와 약을 복용하지 않았을 때 발생할 문제를 같이 비교해보고 난 뒤 약을 복용시키기로 결정하고, 알라 앞에서 자신의 결정에 대해 책임질 수 있는 의사가 제대로 관리하면서 환자에게 약을 복용하게 한다면 이는 허락됩니다. 알라께서는 "너희가 알지 못한다면 학자들에게 물어보아라"〈코란 나흘(16)장 43장〉라고 말씀하셨기 때문입니다.

* 출처: http://www.dar-alifta.org/ViewFatwa.aspx?ID=3824&LangID=1&MuftiType=(이집트, 2013.4.10)

◈ 라미네이트는 인체에 피해가 없다면 가능합니다.

질 문 라미네이트 시술을 받아도 됩니까? 라미네이트는 치아 표면을 덧씌워 주변 치아와 색을 같게 만들고 미백을 하는 시술입니다.

파트와 필요하다면 괜찮습니다. 다만 해가 없어야 합니다.

* 출처: http://cms.islam.gov.kw/Pages/ar/FatwaItem.aspx?itemId=4016(쿠웨이트, 2013.8.22.)

◈ 금니나 백금니 등은 심미적 이유가 아닌 치료 목적이라면 가능하다.

질 문　치아를 레진, 금, 백금으로 씌우는 것, 치아부식을 레진으로 때우는 것, 치아가 떨어져 나간 부분을 메우는 것, 씻을 때 떨어져 나간 곳으로 물이 들어가지 않게 하는 시술이 허용됩니까, 허용되지 않습니까?

파트와　말씀하신 모든 것이 치료 목적이라면 전혀 문제되지 않지만, 심미적 목적이라면 허용되지 않습니다.

* 출처: http://cms.islam.gov.kw/Pages/ar/FatwaItem.aspx?itemId=3992(쿠웨이트, 2013. 8.22)

◈ 치아 교정은 알라께서 창조하신 것을 변형시키는 것이 아니므로 허용된다.

질 문　저는 덧니 때문에 걱정인 여학생입니다. 특히 웃을 때 송곳니가 두드러지게 보이는데, 그래서 정신적으로 힘들고 때로는 덧니 때문때 일부러 웃지 않기도 합니다.

　튀어나온 덧니를 고치기 위한 치아 교정은 하람인가요, 아니면 할랄인가요?

파트와　알라께서는 인간을 창조하셨고 다른 어떤 창조물보다 인간을 존중하셨습니다. 또 알라께서는 자신이 결정한 것에 대해 반대하는 의도로 알라 자신의 창조물을 변화시키는 행위를 금지하셨습니다. 그리고 이것을 악마의 행위로 규정했습니다. 또 알라께서는 "사탄이 그들에게 명령하여 알라의 창조를 변경케 하리라 하더라. 그러나 알라를 대신하여 사탄을 택하는 자는 분명히 손해를 볼 것이라"〈코란 니싸아(4)장 119절〉라고 말씀하셨고, 예언자께서 "알라께서 남에게 문신을 해 주는 여성이나, 직접 문신을 한 여인, 그리고 얼굴에서 털을 잘라 내 주거나, 자신의 털을 잘라 내는 여성, 또 알라가 창조하신 것에 미용을 위해 변화를 주는 이들을 저주하셨다(압둘라 븐 마스우드가 전승한 하디스)라고 말씀하셨습니다. 여기서 저주란 알라의 자비를 받지 못한다는 것이고, 이것은 곧 대죄입니다.

　그러나 피해를 입는 일은 없어져야 하므로 없어지도록 조치를 취하는 것이 샤리아를 따르는 것입니다. 예언자께서 "해를 입지도 말고 남에게 해를 끼치지도 말아라"(아흐마드, 이븐 마자흐, 알하킴, 그 외의 다른 사람들이 전승함)라고 말씀하셨기 때문입니다.

이것을 근간으로 내린 결론은, 무슬림 의사의 관리하에 이루어지는 치아 교정은 알라께서 창조하신 것을 변형시키는 것이 아닙니다. 질문에 대한 답변은 다음과 같습니다. 질문자께서는 치아 교정을 하셔도 됩니다.

* 출처: http://www.dar-alifta.org/ViewFatwa.aspx?ID=379&LangID=1&MuftiType=(이집트, 2013.4.10)

◈ 렌즈 착용에 대한 판단

질 문　컬러렌즈와 일반 렌즈 착용에 대한 판단을 부탁드립니다.

파트와　여성이든 남성이든 필요하다면 렌즈 착용은 괜찮습니다. 그러나 여성이 렌즈를 착용했다면 외간 남성 앞에서는 얼굴을 가려야 합니다. 이는 치장이기 때문입니다.

* 출처: http://cms.islam.gov.kw/Pages/ar/FatwaItem.aspx?itemId=1047(쿠웨이트, 2013.8.22)

◈ 시력 교정용 콘텍트렌즈 사용은 허용된다.

질 문　남성과 여성이 시력을 교정하기 위해 콘텍트렌즈를 착용하는 것에 대한 판단은 무엇입니까? 일반 렌즈뿐 아니라 컬러렌즈를 낄 수도 있습니다. 렌즈 착용이 바라 보는 사람들을 유혹하고, 알라의 피조물을 변형하고, 또는 마흐람이 아닌 사람들에게 치장한 것을 보이는 일입니까?

파트와　질문하신 콘텍트렌즈 착용은 샤리아에서 허용됩니다. 그 이유는 다음과 같습니다.

- 렌즈 착용이 바라보는 이들을 현혹시키는 것이 아닙니다. 렌즈 착용이 코흘처럼 허용된 외모 치장법 중 하나이기 때문입니다.
- 알라의 피조물 변형이 아닙니다. 머리 염색을 알라의 피조물을 변형하는 것으로 보지 않는데, 렌즈 착용이 이와 비슷하기 때문입니다. 그러나 두 눈과 머리카락에는 차이가 있습니다. 눈은 얼굴에 있어서 보여지는 것이 허용됩니다. 한편 머리카락은 마흐람과 남편 외의 사람에게는 보여지는 것이 금지되어 있습니다. 머리 염색 과정이 외부인에게 공개

되어서는 안 됩니다. 그럼에도 불구하고 머리 염색을 알라의 피조물을 변형하는 것으로 보지는 않습니다. 그리고 렌즈 착용도 금지된 치장의 요소를 포함하고 있지 않습니다.

* 출처: http://www.dar-alifta.org/ViewFatwa.aspx?ID=477&LangID=1&MuftiType=0(이집트, 2012.12.31)

◈ 의수 착용에 대한 판단

질문   알라께서 한 여성에게 예쁜 외동딸을 주셨습니다. 그런데 딸 아이는 선천적으로 왼쪽 팔뚝 아래가 없습니다. 의사는 아이가 4살이 되면 의수를 쓸 수 있다고 말했습니다. 질문드립니다. 이러한 상황에서 의수 착용이 허용되는지, 아니면 알라의 판단에 위배되는지 알고 싶습니다.

파트와   알라께서는 만물을 창조하시고, 더 좋아지게 만드십니다. 인간은 본래 흙으로 빚어졌으며, 알라께서 진흙으로 사람의 형상으로 만들어 자신의 영혼을 불어넣어 주셨습니다. 알라께서 인간에게 청각과 시각, 심장도 주셨습니다. 알라께서 "알라는 창조하신 모든 것을 가장 조화롭게 두셨으며 인간을 흙에서 창조하기 시작하셨노라 이리하여 한방울의 정액으로부터 인간의 자손을 지으셨노라 그 뒤에 그것을 사람 형상으로 만드사 자신의 영혼을 불어넣고 청각과 시각과 심장을 주셨노라, 그러나 너희는 감사하는 마음이 크지 못하더라"〈코란 싸즈다(32)장 7~9절〉라고 말씀하셨습니다. 그리고 "알라는 모든 여성의 태중에 있는 것, 그리고 부족한 것과 넘치는 것을 알고 계시나니 모든 것이 그분의 능력 안에서 이루어지노라. 그는 보이지 않는 것과 보이는 것을 모두 알고 계시니 훌륭하시고 높이 계심이라"〈코란 라아드(13)장 8~9절〉라고 말씀하셨습니다. 알라께서 남성과 여성, 건강한 사람과 건강하지 않은 사람, 키가 큰 사람과 작은 사람, 백인과 흑인을 창조하셨습니다. 알라께서 지혜롭게 인간을 창조하셨으므로, 그분은 보이지 않는 것까지도 아십니다. 알라께서 "보이지 않는 것을 여는 열쇠가 알라께 있나니 그분 외에는 그것을 아는 이가 없느니라 그분은 땅위에 있는 것과 바다에 있는 모든 것을 알고 계시며 떨어지는 나뭇잎과 대지의 어둠 속에 있는 곡식 한 알도 아시고 싱싱한 것과 마른 것까지도 모르시는 것이 없으니 그것은 성서에 기록되어 있노라"〈코란 안암(6)장 59절)라고 말씀하셨습니다.

인간이 어머니 뱃속에 있다 태어났는데 신체 기관 어딘가에 문제가 있다면 치료를 받아야 합니다. 사도께서 압둘라가 전한 하디스에서 "알라는 약이 있는 질병만을 내려 주셨다"라고 말씀하셨습니다. 이는 이븐 마자흐가 전승했습니다. 치료를 할 수 없는 사정이 있다면, 절단된 신체 부위나 환부에 보조 장치를 부착할 수 있고, 이 자체에는 문제가 없습니다. 전해 내려오는 바에 따르면, 우르푸자 빈 아스아드가 자힐리야 시대에 알쿨랍 전투에서 코가 잘린 뒤에 평평한 은으로 코를 만들어 부착하였습니다. 그러자 사도께서 그에게 금으로 된 코를 부착하라고 말씀하셨습니다. 아부 다우드, 니사이, 알티르미디가 이를 전승했습니다.

앞서 말씀드린 내용에 근거하여 답변드리겠습니다. 선천적으로 왼쪽 팔뚝 아래가 없는 어린 딸에게 의수를 해 주어도 됩니다. 이것은 할랄이고 샤리아에 의거 허용됩니다.

* 출처: http://www.dar-alifta.org/ViewFatwa.aspx?ID=3636&LangID=1&MuftiType=(이집트, 2013.4.10)

여성 환자는 생명을 유지하기 위하여 불가피한 경우를 제외하고는 남자 의사에게 여성의 치부를 보여서는 안 된다.

(1) 치부의 정의

치부란 남성과 여성의 신체에서 의무적으로 가려야 하는 부분을 의미한다. 치부에는 여성의 머리카락, 남성 성기의 털, 전쟁이나 수술을 통해 절단된 허벅지 등이 포함된다.

모든 남녀는 예배 볼 때, 그리고 예배를 보지 않을 때 모두 자신의 치부를 가려야 한다.[7]

예배를 볼 때 치부를 가리는 것은 올바른 예배를 보는 조건들 중 하나이며 그 근거로 예언자의 말씀이 있다. 예언자께서 "성인 여성은 히잡을 쓰고 예배를 할 때에만 그 예배가 받아들여진다"(아부 다우드 전승)라고 말씀하셨다. 또한 의도치 않게 예배 중 짧은 시간 동안[8] 치부가 드러나는 것은 문제가 되지 않는다.

예배를 보지 않을 때에는 생사여부에 관계없이 자신의 치부를 드러내는 것이 허용되지 않고 다른 이의 치부를 보는 것 역시 허용되지 않는다. 예언자께서는 "남성은 남성의 치부를 보지 않고, 여성은 여성의 치부를 보지 않는다"(무슬림 전승)라고 말씀하셨고, "살아 있거나 죽은 이의 허벅지를 보지 말라"(아부 다우드 전승)라고 말씀하셨다.

7_ Muḥammad Rawās Qalʻah Jī, p.1444.
8_ 알라를 세 번 찬미하며 몸을 숙이는 시간.

(2) 외간 남자에게 여성의 치부

1) 혼인하려는 약혼자를 제외한 외간 남자에 대하여 여성의 치부는 얼굴과 두 손을 제외한 모든 신체 부위를 의미한다. 예언자께서는 "아스마9여, 여성이 성인이 되면 이것과 이것을 제외한 다른 곳의 신체가 보여지는 것은 옳지 않다"라고 말하며 여성의 얼굴과 두 손을 가리키셨다.(아부 다우드 전승) 얼굴과 두 손은 여성이 치장을 하고 밖으로 내놓는 신체 부위로, 코란에서도 이 두 부위는 치부가 아니라고 지적하고 있다. 이에 대한 근거로 알라께서 "믿는 여성들에게 일러 가로되 그녀들의 시선을 낮추고 순결을 지키며 밖으로 나타내는 것 외에는 유혹하는 어떤 것도 보여서는 아니 되니라. 그리고 가슴을 가리는 머리수건을 써서 남편과 그녀의 아버지 남편의 아버지 그녀의 아들 남편의 아들 그녀의 형제 그녀 형제의 아들 그녀 자매의 아들, 여성 무슬림, 그녀가 소유하고 있는 하녀, 성욕을 갖지 못한 하인, 그리고 성에 대한 부끄러움을 알지 못하는 어린이 외에는 드러내지 않도록 하라"〈코란 누르(24)장 31절〉라고 말씀하셨다.

약혼자인 경우 혼인하고자 하는 여성이 집에서 일할 때 드러내놓는 팔, 목, 다리와 같은 신체 부위를 보는 것이 허용되나 허벅지는 예외이다. 무함마드가 "너희들 중 누군가가 한 여성과 약혼을 하고나서 혼인하고 싶은 욕망을 일으키는 약혼녀의 신체 부위를 볼 수 있다면 그렇게 하도록 하라"라고 말했고, 자비르 이븐 압둘라가 "저는 한 여성과 약혼을 했고 신체 부위를 숨어서 몰래 보았는데 그녀와 혼인하고 싶은 마음이 일어났습니다"라고 말했다.(알티르미디 전승)

2) 외간 남성들의 시선을 끌기 위해 여성이 얼굴과 두 손을 치장하여 보이는 것은 허용되지 않는다. 이것은 자힐리야 시대의 행동 중 하나이기 때문이다. 알라께서 "너희는 가정에서 머무르고 옛 무지의

9_ 무함마드의 교우이며 제1대 칼리프인 아부 바크르의 딸.

시대처럼 장식하여 내보이지 말라"〈코란 아흐잡(33)장 33절〉라고 말씀하셨다.

3) 나이가 들거나 외형적인 기형으로 인하여 다른 여성들처럼 남성들에게 욕망을 일으키지 않거나, 혼인을 원치 않는 여성의 경우 외간 남자 앞에서 질밥[10]이나 히잡을 벗는 것이 허용된다. 남성도 이 여성들에게 드러나도 욕망을 자아내지 않는 다리, 머리카락, 목, 팔뚝을 보는 것이 허용되나, 이때 허벅지는 제외된다. 그렇지만 이러한 신체 부위를 가리는 것이 더 좋다. 알라께서 "나이가 들어 부부생활을 원하지 아니한 여성들이 유혹을 하는 부분을 제외하고는 옷을 벗어도 죄악은 아니라 그러나 자제하는 것이 그녀들에게 더 좋으니라. 실로 알라께서는 들으심과 아심으로 충만하시니라"〈코란 누르(24)장 60절〉라고 말씀하셨다.

어린 여자아이는 질밥이나 히잡을 벗는 것이 허용되고 자주 드러나는 부위나 남성에게 욕구를 자아내지 않는 부위를 욕망이 없는 남성 또는 욕구가 없거나 우둔하거나 비천하기 때문에 여성에 대해 생각하지 않는 남성에게 드러내도 된다. 알라께서 "믿는 여성들에게 일러 가로되 그녀들의 시선을 낮추고 순결을 지키며 밖으로 나타내는 것 외에는 유혹하는 어떤 것도 보여서는 아니 되니라. 그리고 가슴을 가리는 머리수건을 써서 남편과 그녀의 아버지 남편의 아버지 그녀의 아들 남편의 아들 그녀의 형제 그녀 형제의 아들 그녀 자매의 아들, 여성 무슬림, 그녀가 소유하고 있는 하녀, 성욕을 갖지 못한 하인 외에는 드러내지 않도록 하라"〈코란 누르(24)장 31절〉라고 말씀하셨다.

4) 남성이 불필요하게 여성의 얼굴과 두 손을 보는 것은 혐오스러운 일로 여겨진다. 알라께서 "믿는 남성에게 일러 가로되 그들의 시선을 낮추라"〈코란 누르(24)장 30절〉라고 말씀하셨다. 그러나 욕구가

10_ 긴 장옷과 같이 여성들이 신체를 가리기 위해 외출시 입는 겉옷.

없는 남성이 자주 드러나는 여성의 팔뚝, 머리카락, 목 등을 보는 것이 허용된다.

(3) 치부를 구별할 수 있는 어린이에게 여성의 치부

치부를 구별할 수 있는 어린아이 앞에서는 여성은 외간 남성 앞에서와 마찬가지로 치부를 가려야 한다. 알라께서 "성에 대한 부끄러움을 알지 못하는 어린이 외에는 치부를 드러내지 않도록 하라"〈코란 누르(24)장 31절〉라고 말씀하셨다. 이는 즉 치부와 치부가 아닌 부분을 구별하는 아이 앞에서 여성은 자신의 어떠한 치부도 드러내서도 안 된다는 의미이다.

(4) 마흐람 남성에게 여성의 치부

마흐람 남성에게 여성의 치부는 무릎에서부터 등 위까지, 또는 배 위까지이다. 가슴의 경우 마흐람 앞에서 치부가 되지 않는다. 알라께서 "그녀의 아버지 남편의 아버지 그녀의 아들 남편의 아들 그녀의 형제에게 보여도 된다"〈코란 누르(24)장 31절〉라고 말씀하셨다.

◆ **여성은 가능한 한 여의사에게 진료를 받도록 노력해야 한다. 그러나 불가피한 경우에 남자 의사가 환부 및 검진 부위를 보는 것은 문제가 없다.**

질문 한 여성의 질문입니다. 이 여성은 수년간 병을 앓으며 여러 남자 의사들에게 진료를 받았습니다. 외국 여러 곳으로 치료를 받으러 갔으며, 남자 의사들에게 신체를 보였습니다. 이 여성은 걱정하면서 이런 질문을 해 왔습니다. 이것이 금지된 일입니까?

파트와 지병이 있어 치료가 필요할 때는 가능한 한 여의사에게 진료 받을 수 있도록 노력해야 합니다. 해당 분야에 여성 전문의가 없어서 진료를 할 수 있는 여의사가 없는 경우, 또는 애초에 여의사가 존재하지 않는 경우에 한하여 남자 의사에게 진료를 받을 수 있습니다. 그러나 요즘은 그런 경우가 드뭅니다.

불가피하게 남자 의사에게 진료를 받아야 하고 남자 의사가 진료를 위해 여성환자의 신체, 특히 생식기를 보아야 하는 경우, 의사가 환부 및 검진이 필요한 부위를 보아도 됩니다.

지혜로운 여성들도 흔히 간과하는 문제가 있습니다. 여성이 복통이 있어 진료 받으러 병원에 가서 복부가 드러나도록 옷을 걷어 올린다면 다리와 허벅지, 그리고 환부 이외의 다른 신체부위가 노출되기도 합니다. 그렇게 하면 안 됩니다. 의사가 봐도 되는 부위는 검진이 필요한 부위에 한합니다. 복통이 있는 환자의 복부를, 손이 아픈 환자의 손을 보는 것은 허용됩니다. 언젠가 이교도들이 (남자 의사와 여자 환자 사이에서도) 검진 시 환자가 옷을 전부 벗어야 한다고 말하는 것을 들은 적이 있습니다. 이는 허용되지 않는 일입니다.

질문하신 분이 불가피하게 치료를 받아야 했고 남자 의사가 치료해야 할 부위 또는 환부만 보았다면 아무런 문제가 없습니다. 그렇지 않았다면 알라께 용서를 구하고 다시는 그런 일이 없도록 해야 합니다. .

* 출처 Muḥammad Bakr 'Ismā'īl, p. 223.

◈ **여성이 남성 산부인과 전문의에게 진료를 받는 것이 허용된다.**

질 문 여성이 남성 여성전문의나 산부인과 의사에게 진료 받는 것이 허용됩니까? 아니면 여의사를 찾아가야 합니까?

파트와 외간여성의 얼굴과 두 손을 제외한 모든 신체는 치부라고 샤리아에 명시되어 있습니다. 두 발까지 제외 대상에 포함하는 학자들도 있습니다. 필요에 의해 의사, 조산사, 주사 놓는 사람이 신체를 보는 경우를 제외하면, 외간남자가 얼굴과 두 손을 제외한 여성의 치부를 보는 것은 금지되어 있습니다. 필요해서 보게 되는 때에도 선을 넘어서는 안 됩니다. 환자가 여성이면 가능한 한 의사도 여성이어야 합니다. 동성끼리의 신체 노출이 덜 부담스럽기 때문입니다. 그러나 여의치 않아 외간남자인 의사가 여성 환자의 치부를 보아야 하는 상황이라면, 환부를 제외한 모든 신체를 가려야 합니다. 남자 의사는 가능한 한 시선을 환부에만 두어야 하고, 시선을 둘 때 주의해야 합니다. 이런 원칙은 꼭 필요한 상황에 출산 또는 처녀막 검사를 하는 도중 여성의 성기를 볼 때에도 똑같이 적용됩니다. 알라께서 "믿는 남성들에게 일러 가로되 시선을 낮추고 정숙하라 할지니" 〈코란 누르(24) 30절〉라고 말씀하셨고, "믿는 여성들에게 일러 가로되 시선을 낮추고 순결을 지키라" 〈코란 누르(24) 31절〉라고 말씀하셨습니다. 반드시 필요한 상황이라면 금지된 것도 허용됩니다. 필요하다면 술을 마시거나 죽은 동물을 먹는 것이 허용되기도 합니다. 꼭 필요한 상황은 예외가 되기 때문입니다. 알라께서 "그분께서 너희를 택하사 종교생활에 어려움이 없도록 했노라" 〈코란 핫즈(22)장 78절〉라고 말씀하셨습니다. 또 알라께서 "알라께서는 인간에게 지탱할 수 없는 그 이상의 짐을 주지 않으셨느니라" 〈코란 바까라(2)장 286절〉라고 말씀하셨습니다. 필요한 상황이란 당장 목숨이 위독하다는 데 국한되지 않는 더 넓은 의미입니다. 따라서 환자가 쇠약해지거나 병세가 악화되거나 치료가 위험한 상황처럼 환자의 상태가 목숨을 잃을 위험에 처했을 때를 포함합니다. 생명을 다루는 의학 분야의 특성상 각별한 주의와 조심성이 요구되기 때문입니다. 어려운 것을 용이하게 하는 측면에서 샤피이 학파와 기타 다른 이슬람 법학자들은 유능한 의사라면 성별과 종교에 관계없이 자유롭게 하라고 명시했습니다.

한편, 남자 의사가 여성을 검진할 때는 환자에게 마흐람 또는 보호자와 동행해야 함을 알려야 합니다. 앞서 말씀드린 바를 기준으로 하면 여성 환자가 훌륭한 의술과 능력을 보고 남성 산부인과 전문의에게 진료를 받으러 가는 것은 허용됩니다. 이때 남자 의사가 환자를 촉진하는 것도 허용됩니다. 출산은 꼭 필요한 상황에 해당되기 때문이고, 출산은 산모와 태아의 생명을 구하기 위해 능력 있는 의사의 의술을 필요로 하는 세심한 작업이기 때문입니다.

* 출처: http://www.dar-alifta.org/ViewFatwa.aspx?ID=366&LangID=1&MuftiType=0(이집트, 2012.12.31)

◈ 불가피한 경우를 제외하고는 남성 산부인과 의사를 찾아서는 안 됩니다.

질문 제 아내는 임신 중이고, 저는 직장 의료보험 덕분에 공공병원에서 혜택을 받을 수 있습니다. 그곳에는 무슬림, 기독교인인 남녀 의사들이 근무하고 있습니다. 저는 아내를 진료할 의사를 선택할 수가 없습니다. 이 병원에서 아내가 출산해도 되는 것입니까? 참고로 당직 의사가 출산을 감독하고 의사들은 매일 교체됩니다. 당직 의사가 남성일 수도 있고 여성일 수도 있으며, 무슬림일 수도, 무슬림이 아닐 수도 있습니다. 그러나 병원 내규에 따라 남성 의사는 여성 간호사를 동반하지 않고서는 여성의 몸을 볼 수 없으며, 의사들은 이 조건을 준수하고 있습니다.

파트와 원래 남성은 외간 여성의 치부를 볼 수 없으며 만질 수도 없습니다. 이러한 원칙에 출산과정도 포함될 뿐만 아니라 가장 우선시됩니다. 출산 중에 반드시 철저하게 가려야만 하는 주요 치부가 보이기 때문입니다. 또한 알카뎁 알샤르비니는 저서 『무그니 알무흐타즈』에서 "앞과 뒤의 치부를 보는 것은 필요성을 더 확인해야 하는 일이다"라고 말했습니다.

여성의 경우 이 문제를 쉽게 생각해서는 안 됩니다. 출산을 담당할 여의사를 찾지 못하거나, 상황이 여의치 않아 가장 가까운 병원에 갈 수밖에 없거나, 여성 전문의가 부족한 몇몇 수술을 받을 수밖에 없는 상황, 그 밖에 다른 의료적 사정이 있는 경우와 같이 꼭 필요하거나 불가피한 경우를 제외하고는 남성 산부인과 의사를 찾아서는 안 됩니다.

일반적인 상황에서 여성은 남성 의사에게 몸을 보여야 하는 병원에서 출산할 수 없습니다. 저희 웹사이트의 925번 파트와에서 이에 대해 이미 강조한 바 있습니다.

오늘날 알라께서는 무슬림들에게 더 많은 축복을 내려 주셨습니다. 여성 전문의들이 담당하고 있는 병원, 건강센터, 조산원을 적절하고 부담 없는 수준의 비용으로 이용할 수 있습니다. 남편은 반드시 이러한 병원을 이용하도록 해야 합니다. 또한 그런 곳에서 아내가 검진을 받도록 해야만 합니다. 상황이 여의치 않은 경우 안전한 일반 병원을 이용해도 문제되지 않습니다. 단, 가능한 한 여성 전문의의 진찰을 요청하기 위해 노력을 기울여야 합니다.

* 출처: http://aliftaa.jo/index.php/fatwa/show/id/1864(요르단, 2013.2.12)

◈ 남자 의대생이 학점을 따기 위해 여성 질환이나 출산과 관련된 수술 참관
에 대한 판단

질문 한 남학생이 의대에서 여성 질환과 출산에 대해서 공부하고 있습
니다. 이 학생이 참관해야 하는 수술이 있습니다. 수술을 참관해야 해당
과목을 통과할 수 있고 다음 단계로 올라갈 수 있습니다. 이것 때문에 우
리에게 문제가 생겼습니다. 파트와를 내려 주십시오.

파트와 본래 남녀의 치부를 가리는 것이 의무입니다. 남성의 치부는 배
꼽부터 무릎까지입니다. 여성은 예배 및 이흐람'Iḥrām 중[11]에 보일 수 있
는 얼굴과 두 손을 제외한 신체부위 전부가 치부입니다. 여성이 외간남자
들과 마주치게 되면 예배, 순례, 또는 우므라'Umrah[12]를 하던 중이라도 얼
굴과 신체를 가려야 합니다. 필요할 경우에만 치부 노출이 가능하고, 샤
리아에서 허용하는 경우라면 여성의 치부를 보는 것이 가능합니다. 예를
들면 남녀에 상관없이 학생들이 여성질환 및 출산과 관련된 수술을 참관
하고 여성의 신체를 볼 수 있습니다. 학생들은 다음 단계로 올라가기 위
해, 그리고 특정 과목 통과 요건에 해당하는 점수를 획득하기 위해 졸업
전까지 몇 차례 수술을 참관하게 됩니다. 샤리아에서 이것을 허용하여 얻
는 장점은 남성 및 여성 무슬림 의사를 충분히 확보할 수 있다는 것입니
다. 만약 이를 금한다면 무슬림 사회에서 비무슬림 의사의 수요가 늘어날
것이고, 나쁜 것이 많아질 것입니다. 이슬람 샤리아는 좋은 것을 받아들
이고 나쁜 것을 멀리하기 위해 마련되었습니다.

* 출처: http://www.alifta.com/Fatawa/FatawaChapters.aspx?languagename=ar&View=
Page&PageID=9680&PageNo=1&BookID=3(사우디아라비아, 2013.8.11)

11_ 메카로 순례 중.
12_ 소순례.

4. 장례문화

(1) 시신의 매장

무슬림들은 사망한 자를 매장하고 시신을 안 보이게 하는 것이 '파르드 알키파야Farḍ al-Kifāyh[13]'라는 의견에 동의한다. 알라께서 "알라가 그 대지를 모이는 곳으로 하지 아니했느뇨, 이는 산 자와 죽은 자들을 위해서라"〈코란 무르쌀라트(77)장 25-26절〉[14]라고 말씀하셨다.

(2) 매장시간

무슬림은 시신을 낮에 매장한다. 그러나 대부분의 법학자들은 밤에 매장하는 것을 낮에 하는 매장과 같다고 본다. 무함마드가 큰소리로 디크르dhikr[15]를 하던 남성을 밤에 매장하였고, 알리도 파티마를 밤에 매장하였다. 또한 아부 바크르, 오쓰만, 아이샤, 이븐 마스우드도 마찬가지로 밤에 매장되었다. 그러나 법학자들 대부분은 시신이 변질될 것이 두렵다면 꺼리지 않고 일출, 정오, 일몰에 매장해도 된다는 의견에 동의한다. 또한 시신 변질에 개의치 않더라도 이 시간대에 시신을 매장하는 것은 문제가 없다고 본다.

반면 한발리 학파는 일출, 정오, 일몰에 매장하는 것을 절대적으로 꺼린다. 무함마드가 무슬림들에게 예배와 시신 매장을 금지한 3번

13_ 누군가 이를 행하는 한 다른 사람들은 면제되는 의무이다. 파르드 알아인(Farḍ al-'Ayn)은 모든 사람에게 의무적으로 지워진 절대적 의무이다.
14_ al-Sayyid Sābiq, Vol.2, pp.68-82.
15_ 알라의 이름을 언급하는 것.

의 시간이 있기 때문이다. 그것은 해가 뜨기 시작해서 완전하게 뜰 때까지, 정오에 해가 정확히 머리 위에 떠서 천장을 지나갈 때, 그리고 해가 지기 시작해서 완전히 졌을 때이다.

(3) 무덤 깊이의 선호도

매장의 목적은 시신을 구멍에 넣고 덮어 냄새를 막고, 맹금류로부터 시체를 보호하는 것이고, 매장은 의무이다. 무덤은 키 정도의 깊이로 한다.

(4) 비 석

매장 후 비석을 세우지는 않지만 망자를 알려 주기 위해 표시하는 것이 선호된다. 무덤을 감추는 것이 허락되지 않는다. 무덤을 숨기는 일은 헛되고 샤리아에 맞지 않게 돈을 쓰는 것이며, 일반인들을 우롱하는 것이다. 무함마드가 "알라께서 우리에게 돌이나 진흙으로 무덤을 감추라고 명령하지 않으셨다"고 말했다.

(5) 봉분을 세우는 것은 순나

무덤을 한 뼘 정도로 올라오게 하여 무덤이라는 것을 알리는 것은 순나이다. 그러나 이보다 더 무덤을 높게 하는 것은 금지된다. 무덤은 밟거나 위에 앉지 않도록 무덤인 것을 표시하기 위해 땅에서 조금 높은 정도로 만들어야 한다.

(6) 합장을 꺼림

무덤 하나에 한 명씩 매장해야 하고, 무덤 하나에 한 구 이상의 시신을 매장하는 것은 혐오스러운 일로 여겨진다. 그러나, 사망자가 많아서 무덤에 일일이 분리하기 어려운 경우나 매장하는 사람이 부족하거나 허약한 경우에는 무덤 하나에 한 구 이상의 시신을 합장하는 것이 가능하다.

(7) 매장시 두아[16]

매장시 방문객은 무덤에 도착하면 망자의 얼굴을 보고 망자에게 인사하고, 망자를 위해 두아를 한다.

(8) 조의 표현

사망에 대한 위로는 유족, 친척, 남녀노소 모두에게 해야 한다. 조문은 매장 전후 3일까지 괜찮으며, 위로하는 자나 위로 받는 자의 부재로 인한 것이라면 3일이 지나 조문하는 것도 괜찮다.

◆ **묵념에 대한 판단**

질 문 종교학자들, 진리를 위해 투쟁한 사람들, 순교자, 개혁을 주도한 지도자들과 같이 사회적인 존경을 받는 인물들의 영혼을 기리기 위해 1분 동안 일어서서 묵념하며 애도하는 것이 허용됩니까?

파트와 학자들, 순교자, 개혁을 주도한 지도자들과 같은 사회적인 존경을 받는 인물들의 영혼을 기리기 위해 1분 동안 일어서서 묵념하며 애도하는 것은 샤리아에서 금지되지 않습니다. 그리고 이것은 샤리아가 금지하고 있는 비난받아야 하고 불명예스러운 비드아[17]가 아닙니다. 오히려 이러한 행위는 순나에도 명시되어 있는 일반적인 일로 원래 이슬람 샤리아에 있는 것입니다. 장례를 위해 묵념하는 것, 공로가 있는 이들을 기리는 것 등은 권장할 만한 행동으로 여겨집니다.

* 출처: http://www.dar-alifta.org/ViewFatwa.aspx?ID=4526&LangID=1(이집트, 2013.6.20)

16_ 기도, 기원.
17_ 이슬람 순나가 아닌 것.

◈ 장례, 예배, 전투에서 큰 소리를 내는 것은 혐오스러운 일이다.

질 문 　어떤 사람들은 장례가 치러지는 곳 앞에서 북을 두들기고, 어떤 사람들은 "알라 외에 신은 없으며 무함마드는 알라의 사도다"라고 장례 행렬에서 큰 소리로 외칩니다. 이것에 대한 샤리아 따른 판단을 알고 싶습니다.

파트와 　장례를 치르는 동안 북과 같은 악기를 치거나 고성방가하며 큰 소리를 내는 것은 혐오스러운 일로 여겨지며, 예언자께서 소리를 내며 장례 행렬을 따르는 것을 금하셨습니다. 까이스 븐 우바드의 전언을 이븐 문디르가 전했습니다. "사도의 교우들은 다음과 같은 세 가지 일에서 소리를 높이는 것을 좋지 않은 것으로 여겼습니다. 그것은 바로 장례, 예배, 전투 입니다. 또 아부 다우드가 그가 전승한 것을 전승하였습니다. 사도께서 "소리를 내면서 불을 들고 장례 행렬을 따르지 말라"라고 말씀하셨습니다."

　밤에 매장을 해서 불이 필요한 경우에는 괜찮습니다. 제가 말씀드린 것에 질문에 대한 답이 있습니다.

* 출처: http://www.dar-alifta.org/ViewFatwa.aspx?ID=3692&LangID=1&MuftiType=(이집트, 2013.6.20)

◈ 합장에 대한 판단

질 문 　저희에게 백골이 된 시신들이 가득 찬 무덤이 있습니다. 문제는 시신을 매장할 다른 장소가 없다는 것입니다. 최근 고인이 된 이들의 시신을 어떻게 매장해야 합니까?

파트와 　무덤이 꽉 차면 다른 무덤에 시체를 매장해야 합니다. 왜냐하면 꼭 필요한 경우를 제외하고 한 무덤에 한 구 이상의 시신을 묻는 것이 허용되지 않기 때문입니다. 하지만 묻을 장소가 없는 경우와 같이 불가피한 상황에서는 우후드 전투 순교자에게 했던 것처럼 합장이 허용됩니다. 단, 죽은 이가 같은 성을 가지고 있다 할지라도 시신들 사이를 막아 구분지어야 합니다.

　또 질문에서와 같이 새로 매장할 장소를 찾지 못하는 경우, 가능하다면 무덤 하나에 여러 개의 층을 만들어 오래된 시신을 훼손하지 않는 범위

내에서 벽돌이나 돌로 덮고, 그 위에 흙을 덮은 후 위에 시신을 매장할 수 있습니다.

* 출처: http://www.dar-alifta.org/ViewFatwa.aspx?ID=3692&LangID=1&MuftiType=(이집트, 2013.6.20.)

◆ **남녀간의 합장은 금지된다.**

질 문 남녀를 합장하는 것이 허용됩니까?

파트와 한 무덤에 한 구 이상의 시신을 매장하는 것이 허용되지 않는다는 의견에는 학자들 간에 이견이 없습니다. 대신 장소가 좁거나 다른 무덤을 팔 사람이 없거나 다른 무덤이 없을 경우에는 합장이 허용됩니다. 사도와 교우들은 꼭 필요한 경우를 제외하고 한 시신을 다른 시신과 함께 묻지 않았습니다.

동시에 사망한 사람들의 시체가 한 무덤에 매장되는 경우 두 시신 사이에 흙으로 경계를 쌓습니다. 비록 아들의 지위가 더 높다 할지라도 아버지를 존중하여 아버지의 시신이 아들의 시신보다 먼저 매장되고, 어머니의 시신도 이와 마찬가지로 딸의 시신보다 먼저 매장됩니다. 꼭 필요한 경우가 아니라면 남녀가 합장되지 않습니다. 그러나 남녀 합장이 반드시 필요하다면 두 시신 사이에 흙으로 경계를 만들어야만 합니다. 그리고 남성이 여성보다 앞에 와야 합니다. 따라서 모자 관계라 할지라도, 아들이 앞에, 어머니가 뒤에 묻혀야 합니다.

* 출처: http://www.dar-alifta.org/ViewFatwa.aspx?ID=3047&LangID=1&MuftiType=0(이집트, 2013.6.20)

◆ **조문객을 위한 음식 대접은 금지되며, 조문 기간은 3일을 넘지 말아야 한다.**

질 문 제가 사는 지역에서는 사람이 죽으면 마을 사람들이 5-6일 정도 모스크 안에 모여서 같이 지내고 식사가 제공됩니다. 이를 위해 각 가정에서 해마다 12디나르씩 내고 있습니다. 3일째 되는 날 사람들이 거의 다 모입니다. 이렇게 함께 지내는 것, 그리고 첫 3일 동안 제공되는 식사에 대한 판단은 무엇입니까? 그리고 조문객 식사 제공에 도움을 주는 것에 대한 판단은 무엇입니까?

파트와 조문 시에 음식을 먹기 위해 모이는 것은 금지되어 있습니다. 자리르 븐 압둘라 알바잘리의 하디스에는 다음과 같이 나와 있습니다. "우리는 유족과 함께 망자를 매장한 후, 음식을 준비해야겠다고 생각했다." (아흐마드 전승 6905번) 이에 대해 알두수끼가 『알샤르흐 알카비르al-Sharḥ al-Kabīr』에 대한 그의 주석서(1권 419쪽)에서 "사람들이 음식을 먹으려고 초상집에 모이는 것은 혐오스러운 비드아이다"라고 말했습니다.

그러므로 장례식용 또는 조문용 음식을 사고 값을 지불하는 것은 사도께서 금지하신 일에 동조하는 셈이 되기 때문에 허용되지 않습니다. 그리고 값을 지불했어도 조문객은 음식을 먹으면 안 됩니다. 이 음식이 금지된 것이고, 이로 인하여 장례식이 손님 접대나 연회로 변질되는 추한 관행이 고착화할 수 있기 때문입니다. 그러나 친척과 이웃이 유가족을 위해 음식을 준비하는 것은 괜찮습니다. 이는 순나입니다. 아부 딸립의 아들 압둘라 븐 자으파르와 관련된 하디스에서 사도께서 자으파르의 부고를 들으시고 "자으파르의 가족을 위해 음식을 준비하라. 이 음식이 유가족의 관심을 돌릴 것이다"(이맘 아흐마드와 아부 다우드가 전승)라고 말씀하셨습니다. 그러나 음식을 장만하는 목적이 친교 또는 기념을 위한 것이면 안 됩니다. 애도기간은 부재자[18]가 아닌 한 3일을 넘지 말아야 합니다. 사도께서 "알라와 최후 심판의 날을 믿는 여성이 남편을 위해 4개월 10일간 애도하는 것을 제외하고 애도 기간이 사흘을 넘으면 안 된다"라고 말씀하셨습니다.

* 출처: http://ifta.ly/web/index.php/2012-09-04-09-55-16/9-uncategorised/601-2012-11-05-09-55-33(리비아, 2013.10.16)

◈ **고인을 기려 음식을 만드는 것에 대한 판단**

질 문 한 무슬림이 사망했는데 그에게는 자식들도 많고 재산도 많았습니다. 자식들이 고인을 위해 양을 도축하거나 제빵사들이 사망 7일이나 40일 되는 날에 고인을 위해 빵을 만들 수 있나요? 또 고인을 기리기 위해

18_ 여행, 사업, 학업 등의 사유로 부재중인 자.

무슬림들이 모일 수 있나요?

파트와　고인의 재산에 대한 희사는 샤리아에 부합하는 것입니다. 또한 가난하고 불쌍한 자들에게 음식을 나눠 주고 이웃들을 위로해야 합니다. 무슬림들은 고인이 생전에 했던 샤리아 법에 부합하는 선행을 기려야 합니다. 그러나 고인이 사망한 날이나 사망한지 7일이나 40일 되는 날 양, 소, 낙타, 새 등의 동물을 도축하는 것은 이교도적 행동입니다. 또한 사망한 지 7일이나 40일 되는 날 또는 목요일이나 금요일, 고인을 기리는 날에 빵을 만드는 것은 전례 없는 이교도적인 행위입니다. 따라서 이러한 비드아 행위를 지양해야 합니다.

사도 무함마드께서 "이슬람에 언급되어 있지 않은 일을 한 사람은 알라께서 거부하실 것이다"라고 말씀하셨고, "새로운 것을 경계하라. 모든 새로운 것은 비드아이며 이것은 우리를 길을 잃고 방황하게 한다"라고 말씀하셨습니다.

그러나 희사하려는 정확한 시점을 정하지 않은 고인의 재산을 상속자들이 희사하는 것은 가능합니다.

희사는 미덕이며 라마단 때 하는 희사나 이슬람력 12월 중 10일간의 희사처럼 샤리아에 부합합니다. 이 기간 중에 하는 희사는 시기적으로 매우 좋고 덕이 배로 쌓입니다.

* 출처: http://www.alifta.com/Fatawa/FatawaChapters.aspx?View=Page&BookID=3&PageID=3030&back=true(사우디아라비아, 2013.1.29)

◆ **장례기도는 무슬림 고인에게만 한다.**

질 문　무슬림은 어떤 망자를 위해 기도해야 합니까?

파트와　샤리아에 나타난 근거에 따르면 장례기도는 무슬림에게만 해야 합니다. 고인의 악행이 이교도와 같은 수준이 아니라면 고인의 선행과 죄악에 대해 기도해 줍니다. 알라께서 "실로 알라는 그분에 비유하려 한 자를 용서치 아니하며 그 외에는 그분의 뜻에 따라 용서를 베푸시나니〈코란 니싸아(4)장 48절〉라고 말씀하셨습니다." 우리는 선행을 지향하고 악행을 두려워해야 합니다. 그러나 유대인, 기독교인, 무신론자, 미신을 신봉하는 자와 같은 불신자, 예를 들면 신사에 절을 하는 사람이나 망자를 위해 기도하는 자들을 위해서는 장례 기도를 하지 않습니다.

* 출처: http://www.alifta.com/Fatawa/FatawaChapters.aspx?View=Page&BookID=3&
PageID=2940&back=true(사우디아라비아, 2013.1.29)

◈ 어린아이 사망에 대한 판단

질 문 3세 미만 어린이가 사망했을 경우의 판단은 무엇입니까?

파트와 3세 미만 아이들의 사망에 대한 판단은 부모의 배경에 따라 다릅니다. 부모가 모두 무슬림이거나 둘 중 한 사람이 무슬림인 경우에는 이슬람 식으로 죽은 아이를 씻기고 수의를 입혀 그를 위해 장례 기도하며 무슬림 묘지나 가족 장지에 매장합니다. 아이의 부모가 불신자라면 불신자들의 방식대로 장례를 치릅니다.

한편 내세에 관해서는, 부모가 불신자인 경우에 아이의 내세를 판단하시는 이는 전지전능하고 현명하고 공정하고 자비로우신 알라이십니다. 예언자께서 이교도의 자식에 관련된 질문을 받고 "알라께서 그들의 행실을 가장 잘 알고 계시지만 한치의 부당함이 없으시니, 알라께서 친절하고 전지전능하시느라"라고 말씀하셨습니다. 양친 모두 또는 부모 중 한 명이 무슬림이라면 죽은 아이는 알라의 은총으로 천국에 갈 것입니다.

* 출처: http://www.alifta.com/Fatawa/FatawaChapters.aspx?View=Page&BookID=3&
PageID=2962&back=true(사우디아라비아, 2013.1.26)

◈ 이장은 허용된다.

질 문 제가 사는 마을에 마클루프 모스크라 불리는 모스크가 있는데, 예배드리는 방향에 묘지가 있어서 묘지와 모스크를 분리하는 벽을 세우고 싶습니다. 그런데 모스크 마당에 무덤이 3기 있습니다. 분리벽을 설치하기 위해 이 무덤 3기를 모스크 앞 무슬림 묘지로 이장하는 것에 대한 샤리아에 따른 판단은 무엇입니까?

파트와 모스크와 묘지 사이에 분리벽을 건설하는 데는 문제가 없습니다. 무슬림들의 신앙을 보호하고 지키기 위한 결정이기 때문입니다. 말씀하신 무덤 3기는 오래된 무덤이라면 파내어 이장하지 말고, 묘를 없애고 땅을 평평하게 만드십시오.

모스크 안에 매장하는 것은 허용되지 않습니다. 모스크는 종교의식을
행하는 장소이며 사람을 매장하는 곳이 아닙니다.

* 출처: http://ifta.ly/web/index.php/2012-09-04-09-55-16/9-uncategorised/559-2012-11-
03-12-09-44(리비아, 2013.10.16)

◈ 무덤 훼손에 대한 판단

질문　수백 년이 지난 오래된 무덤의 한 귀퉁이를 메워 새로운 망인을
매장하는 것에 대한 판단을 묻는 2012년 126번 질문과 관련된 글을 보았
습니다. 우리는 새 땅을 살 능력이 있습니다.

파트와　원칙상 무덤은 어떠한 형태로든 마음대로 처리할 수 없습니다.
무덤은 그곳에 묻힌 망자의 공간이기 때문입니다.

칼릴은 저서 『무크타싸르al-Mukhtaṣar』에서 "무덤은 망자의 공간이기
때문에 무덤 위로 걸으면 안 되고, 무덤이 남아 있는 한 파헤쳐서도 안 된
다. 단, 매장된 뼈까지 썩어 어떠한 흔적도 남아 있지 않다면, 무덤을 파헤
쳐 새로이 매장하는 것이 허용된다"라고 말했습니다.

알다르디르는 저서 『알샤르흐 알싸기르al-Sharḥ al-Ṣaghīr』에서 "시체
가 완전히 썩어 뼈가 전혀 남아 있지 않다면 무덤을 갈아엎어도 된다. 이
자리를 장지나 모스크 자리로 쓰는 것은 괜찮지만, 여기에 농사를 짓거나
건물을 지으면 안 된다"라고 말했습니다.

* 출처: http://ifta.ly/web/index.php/2012-09-04-09-55-16/9-uncategorised/503-2012-10-
29-07-20-20(리비아, 2013.10.16)

(1) 안락사

◆ **안락사는 샤리아에서 허용되는 않는다.**

질 문 안락사에 대한 이슬람의 판단과 관련한 질문을 드립니다. 안락사
는 환자의 고통이나 장애가 심각하여 의사에게 죽음을 요청하는 경우, 또
는 의사 본인이 판단했을 때 환자가 장애인으로 살거나 고통받으며 사는
것보다 죽는 것이 낫다고 판단하는 경우에 이루어집니다.

파트와 알라는 인간에게 가장 자비로우신 분이고, 부모보다, 다른 어떤
사람들보다 인간에게 자애로우신 분입니다. 알라께서 "너희의 알라는 한
분이시니 그분 외에는 신이 없으며 그분은 은혜와 지혜로 충만하시니
라"〈코란 바까라(2)장 163절〉라고 말씀하셨으며 "나의 자비가 모든 것을
포용하나니"〈코란 아으라프(7)장 156절〉라고 말씀하셨습니다. 이런 뜻을
담고 있는 다른 코란 구절이 많이 있습니다.

　알라께서 인간에게 주신 육체는 인간이 마음대로 할 수 있는 소유물이
아닙니다. 육체는 심판의 날에 위대한 창조주께 돌려드릴, 일시적으로 위
탁받은 것입니다. 알라께서는 "알라를 위해서 재산을 사용하되 너희 스스
로 파괴를 초래하지 말라 자선을 행하라 알라는 자선을 행하는 이들을 사
랑하시니라"〈코란 바까라(2)장 195절〉라고 말씀하셨습니다. 특정한 방법
이나 그 밖의 다른 수단으로 의사에게 목숨을 끊어 달라고 부탁하는 환자
는 자살을 하는 것과 다름없으며, 이들은 알라의 보호와 구원을 필요로
합니다. 아부 후라이라의 전언을 부카리와 무슬림이 기록한 바에 따르면,
예언자께서 "일부러 산에서 뛰어내려 자살한 이는 누구든지 지옥에 떨어

져 영원히 그곳에 머물게 될 것이고, 독을 마셔 자살한 이는 독을 손에 쥐고 지옥에 떨어져 영원히 그것을 마실 것이며, 철로 된 무기로 자살한 자는 무기를 들고 지옥에 떨어져 영원히 거기에 찔릴 것이다"라고 말씀하셨습니다.

의사가 환자에게 더 낫다는 판단 하에 환자의 목숨을 끊는 것은 알라의 구원이 필요한 일이며, 이는 권한 밖의 살생과도 같습니다. 알라께서 "믿는 자를 고의로 살해한 자에 대한 대가는 지옥이며 그곳에서 영원히 저주받으리라 알라께서 그를 노여워하고 저주를 하시며 무서운 벌을 준비하시니라"〈코란 니싸아(4)장 93절〉라고 말씀하셨습니다.

말씀드린 바에 의거하여 답변을 드리겠습니다. 말씀하신 두 가지 어려움 때문에 안락사를 시행한다는 것은 샤리아에서 허용되지 않습니다. 이것은 사도 무함마드의 말씀 하디스에 나와 있는 것처럼 대죄 중 하나입니다. 의사들은 창조주의 뜻에 반하여 피조물에게 복종해서는 안 된다는 것을 명심해야 합니다. 환자가 안락사를 요구하더라도 응하면 안 되며 권한을 넘어서서 살생을 해서도 안 됩니다.

* 출처: http://www.dar-alifta.org/ViewFatwa.aspx?ID=453&LangID=1&MuftiType=(이집트, 2013.4.10)

◈ 불치병 환자에서 의료 기기를 제거하는 것에 대한 판단

질문　제 질문은 불치병에 걸린 환자에서 의료 기기를 제거하는 것에 대한 판단과, 이렇게 하는 것과 안락사 간의 차이에 대한 것입니다.

파트와　불치병에 걸린 환자가 건강이 호전되지 않는 경우 뇌사로 불리는데, 의사가 권고하는 경우에만 환자의 생명을 유지하기 위해 사용되었던 의료 기기를 제거하는 것이 허용됩니다. 하지만 이 기기들이 환자가 편하게 호흡하도록 침이나 가래와 같은 액체를 빼내거나 그 밖의 보조 역할을 하는 경우, 이것을 제거하는 것은 샤리아에서 허용되지 않습니다.

이는 안락사와는 다릅니다. 안락사란 환자가 의사에게 자신의 목숨을 끊어 달라고 요구하거나 또는 의사 스스로 환자의 장애나 환자의 극심한 고통을 고려하여 결정을 내리는 것을 의미하고 이것은 절대적으로 하람입니다. 이때 환자의 삶은 지속되고 의료 기기에 의존하고 있지 않기 때문입니다. 그러나 환자 또는 의사가 환자의 고통이 극심해져서 의료 기기를 제거하기를 할 때 이 경우 환자를 죽게 하는 것은 알라가 금하신 살상으로 여겨집니다.

* 출처: http://www.dar-alifta.org/ViewFatwa.aspx?ID=3598&LangID=1&MuftiType=(이집트, 2013.6.20)

(2) 의료 행정 절차

◆ 의사의 직업 윤리에 대한 판단

질문 저는 의료 서비스를 제공하고 있는 회사 방사선 센터의 이사입니다. 환자들은 외과, 내과 의사들의 소개로 저희 센터에 옵니다. 그래서 우리 센터의 실질적인 고객은 바로 환자들을 보내는 의사입니다. 최근 방사선 센터와 의학분석 센터 대부분이 환자들을 우리 센터로 보내는 대가로 의사들에게 봉급, 수수료 또는 선물을 제공하는 관행이 생겨났습니다. 의사 한 명당 수십 개의 센터가 있습니다. 센터들은 같은 서비스를 제공하고 품질 수준도 거의 같습니다.

이러한 종류의 거래와 물질적인 대가를 받고 환자들을 보내는 의사와 센터 간의 합의가 샤리아에서 허용됩니까? 답변을 부탁드립니다.

파트와 의사는 직업 윤리를 어겨서는 안 됩니다. 의사는 환자에게 조언하고 상담하는 일에 항상 관심을 가져야 하고, 환자를 치료할 때 더 효과적인 방법으로, 그리고 더 싼 방법으로 환자를 안내해야 합니다. 환자의 이익 대신 의사가 자신의 이득을 취하는 것이 금지됩니다. 이것을 어긴다면 그 의사는 샤리아에 따라 죄를 짓는 것입니다. 의사는 이 일에서 조언자 역할을 해야 하기 때문입니다. 예언자께서 "조언자는 믿음을 받는 자이다"라고 말씀하셨습니다. 이맘 아흐마드, 아부 다우드, 티르미디, 이븐 마자흐 그리고 다른 사람들이 이를 전승했습니다.

의사가 환자에게 어떤 것을 권했을 때, 환자는 이 조언을 받아들일 수 있고 사정이 있어 조언을 받아들이지 않을 수도 있습니다. 그러나 환자에게 부담이 안 될 경우 의사를 신뢰하는 것이 좋습니다.

한마디로 말하면 의사는 환자에게 이로운 것을 항상 더 많이 염원해야 하고 우선순위에 두어야 합니다.

2003년 보건 인구부 장관의 제238조 결정안에 의거 발표된 직업 윤리 강령 제8조에 명시되어 있는 내용은 다음과 같습니다. 의사는 다음과 같은 일을 해서는 안 된다. 약조를 대가로, 환자에게 약 또는 특정 기기를 처방하는 대가로, 그리고 환자를 특정 병원이나 요양원, 치료소, 약국으로 보내는 대가로, 또는 검진과 의료 분석을 하거나 의료용품과 의료 샘플들을 파는 특정 장소에 보내는 것을 대가로 인센티브와 비용을 청구하거나 받아서는 안 된다.

앞서 말씀드린 것을 근거로 하여 질문에 답변을 드리자면 질문자께서 말씀하신 이런 거래는 샤리아에서 허용되지 않습니다.

* 출처: http://www.dar-alifta.org/ViewFatwa.aspx?ID=3449&LangID=1&MuftiType=(이집트, 2013.6.20)

◈ **고모가 근무하는 병원에서 무료로 진료를 받았다면 이는 양심에 대한 빚이다.**

질문   고모가 근무하시는 개인병원(혹은 준공공 병원)에 다녀왔습니다. 고모의 도움으로 사전예약 없이 의사 진료를 받고 진료비도 내지 않았는데, 따로 병원에 진료비를 지불해야 합니까? 지불해야 한다면 그럴 용의가 있습니다. 제가 서둘러 진료비를 내지 않으면 죄를 짓는 것입니까?

파트와   이 경우 귀하께서 진료 받으신 병원의 규칙과 규정에 따라야 합니다. 병원에서 진료비 정산 후에 진료를 받도록 규정하고 있다면 진료비를 납부해야 합니다. 귀하의 양심에 대한 부채이기 때문입니다. 이 경우라면 서둘러 원무과에 가서 진료비를 납부하십시오.

그러나 고모께서 행사하실 수 있는 권한 내에서 병원 시스템이나 규정을 위반하지 않고 하신 일이라면, 또는 의사가 법적으로 위임된 권한으로 진료비를 받지 않은 것이라면, 문제가 되지 않습니다. 그러면 진료비를 내지 않아도 됩니다.

* 출처: http://www.awqaf.gov.ae/Fatwa.aspx?SectionID=9&RefID=21465(아랍에미리트, 2013.7.9)

◈ 민간 진료소를 운영에 대한 판단

질문   아시르 보건청에 무하일 아시르 지역 민간 진료소 허가 신청서를 제출했습니다. 신청서 제출 전에 저는 이미 이 사업이 성공하리라 확신했습니다. 민간 의료부문에서 미흡한 점으로 지적되었던 정직한 의료 서비스를 제공하려고 생각했고, 업무 수행에 있어 정직하고 알라께 충직하기 위해 최선을 다할 결심을 했기 때문입니다. 예비 허가가 나온 후 친척 중 한 사람이 제게 "샤리아에서 진료소를 장려하지 아니하며, 이는 여자 간호사와 남성 환자처럼 남녀가 함께 있는 경우만 보아도 분명해진다"고 말했습니다. 진료소 운영으로 얻은 소득이 샤리아에서 허용되는지 판단을 내려주시기 바랍니다. 이에 대한 학자들의 충고도 듣고 싶습니다. 저는 지역 주민들에게 의료 서비스를 제공하려 하는데, 진료소를 열어도 문제가 되지 않는다는 파트와를 받지 않고 개원하는 일은 없을 것입니다. 판결을 부탁드립니다.

파트와   진료소를 개원해도 됩니다. 여성 전용 진료과는 여의사가, 남성 전용 진료과는 남자 의사가 담당하면 됩니다. 단, 남성과 여성이 함께 있는 상황이 발생해서는 안 된다는 조건을 지켜야 합니다.

* 출처: http://www.alifta.com/Fatawa/FatawaChapters.aspx?languagename=ar&View=Page&PageID=9676&PageNo=1&BookID=3(사우디아라비아, 2013.8.11)

◈ 의사로서의 책임감과 부담감이 있을지라도 최선을 다해야 한다.

질문   첫째, 저는 의사로서 많은 책임감과 부담을 느끼고 있습니다. 저의 모든 죄를 용서받고 신실해질 수 있을까요? 저는 매일 끊임없이 실수하고 있음을 깨닫고 있습니다. 제가 의사로서의 일을 완전히 그만두고 집에 들어앉으면 심판의 날에 알라께서 "너는 의학지식을 가지고 무엇을 하였느냐"라고 물으실까봐 걱정이 됩니다. 의사가 되기 위해 공부하는 동안 가족이 학비를 전부 대주었습니다.

둘째, 어떤 사람은 여성이 의사 일을 하기에 적합하다고 하고, 또 어떤 사람은 여성이 의사로 일하면 유혹에 노출될 수도 있고, 필요한 경우 남성들이 의사 역할을 할 수 있기 때문에 꼭 여의사가 필요한 것은 아니라고 합니다. 어떻게 생각하십니까?

파트와 첫째, 질문자께서 온 힘을 다해 알라를 경외하고 능력을 다해 환자를 위해 봉사하며, 기도를 비롯한 모든 의무를 다하고, 알라께서 금지하신 일을 하지 말아야 합니다. 환자를 돌볼 능력이 부족하다면 알라께서는 당신께 명령하지 않으시니 걱정하지 마십시오. 알라께서 "알라께서는 인간에게 지탱할 수 없는 그 이상의 짐을 주지 않으셨느니라"〈코란 바까라(2)장 286절〉라고 말씀하셨습니다. 그리고 "최선을 다하여 알라를 두려워하라"〈타가분(64)장 16절〉라고 말씀하셨습니다.

둘째, 여의사가 여성 환자를 진료할 수 있습니다. 그러나 남성과 같은 공간에서 일하는 것은 허용되지 않습니다.

* 출처: 'Abd al-Wahhāb. P. 1923.

◈ 암에 걸린 어머니에게 치료를 강요하는 것에 대한 판단

질 문 어머니께서 암에 걸리셨습니다. 그래서 저희가 비용을 대서 수술을 해 드렸습니다. 검진 후에 의사는 암의 전이를 막고 진행을 멈추기 위해 화학약품 치료를 해야 한다고 했습니다. 어머니는 약물치료를 6회가량 받으셨지만 나머지 치료와 입원을 거부하셨습니다. 저희가 치료 이야기를 꺼내면 우시기도 하고 심리적으로 동요하셨습니다. 하지만 치료를 계속할지 중단할지는 환자 본인의 자유라는 말을 들으신 뒤에 어머니의 심리 상태가 좋아졌고, 이제는 꽤 행복한 삶을 살고 계시며, 예배드리러 모스크에 가시거나 다른 곳에도 다니십니다. 자식이 어머니께 치료를 강요하는 것이 죄가 됩니까, 아니면 지금처럼 손 놓고 있어야 합니까?

파트와 질문자의 어머니는 자기 자신에 대해 합리적이고 완전하게 책임을 지는 사람입니다. 따라서 어머니는 자신에 대해 책임을 지고 자신의 결정에 뒤따르는 결과를 감당하게 됩니다. 의사가 치료받기를 권유해도 어머니께 강요해서는 안 됩니다. 치료나 회복에 있어 의사의 조언이 능사는 아니기 때문입니다. 인간을 구성하는 것이 육체가 다가 아니고, 심리, 정신, 이성도 여기에 포함됩니다. 따라서 어머니를 기계적으로 다루는 것은 옳지 못합니다. 대신 기존에 어머니를 구성하고 있는 모든 것들을 고려해야 합니다. 의사는 환자인 어머니의 동의가 있어야 치료할 수 있습니다. 어머니의 동의가 필요한 일인데 어떻게 강제로 추진하려고 하십니까?

질문자님, 보이는 대로 조언하고 일의 후과를 설명드리도록 노력해야합니다.

* 출처: http://www.dar-alifta.org/ViewFatwa.aspx?ID=3636&LangID=1&MuftiType=(이집트, 2013.4.10)

(3) 정신질환과 신앙생활

◈ 정신질환으로 인한 금요일 예배 불참에 대한 판단

질 문 제 아버지는 정신질환을 앓고 계시며, 정신적인 문제들로 인해 모스크에 갈 수도 금요일 예배에 참석할 수도 없습니다. 아버지는 신앙심이 깊은 분으로 집에서 예배하는 것이 허용되는지요?

파트와 집단 예배는 사도 무함마드로부터 확인된 순나이지만, 정신질환을 앓고 있는 환자는 이를 지키지 않아도 괜찮으며 여기에는 조건이 따릅니다.

첫째, 질환의 치료법도, 예방할 방도도 찾을 수 없는 경우이어야 하고 둘째, 질환이 환자에게 심각한 고통을 가져다주며 곁에서 예배하는 사람들도 힘들게 할 가능성이 있는 경우이어야 합니다.

금요일 예배의 경우, 집단예배에서 위의 두 조건이 확인된 환자는 오후에 집에서 예배해도 됩니다. 그러나 이 질환이 계속되지 않을 경우, 환자는 반드시 병이 낫는 대로 금요일 예배에 참석해야 합니다.

알카띱 알샤르비니는 저서 『무그니 알무흐타즈』에서 "집단 예배를 하지 않아도 되는 자는 금요일 예배를 하지 않아도 된다"라고 말했으며, 이븐 압바스는 "집단예배와 같은 금요일 예배는 신자들에게 달린 것이다"라고 말했습니다.

그리하여 집단 예배에 참석하기 어려울 정도라면 집에서 예배해도 괜찮습니다. 금요일 예배에 관해서 말씀드리자면 모스크에서 설교를 듣고 무슬림들과 자리를 함께하도록 노력할 것을 권고하는 바입니다. 병이 사라지기를 기대합니다.

* 출처: http://aliftaa.jo/index.php/fatwa/show/id/2028(요르단, 2013.2.13)

◈ 코란을 통한 치료

질문 다음과 같은 특징을 지닌 코란 치료법의 적법성에 대해 알고 싶습니다.

1. 얼버무림이나 중얼거림 없이, 어떤 식으로든 환자와 접촉하지 않은 상태에서 큰 소리로 코란 낭송하기.
2. 환자의 이름을 묻지 않음.
3. 생년월일에 대해 묻지 않음.
4. 코란 구절이나 다른 것이 수록되어 있는 부적이나 가리개를 환자에게 주지 않음.
5. 치료기간 내내 매일 코란 바까라 장을 들으라고 환자에게 지시함.
6. 금지된 것을 제외하고 환자가 하는 일을 저지하지 않음.

파트와 코란 치료법은 예언자를 통해 증명된 것으로 일종의 (종교적) 주문입니다. 이는 유익한 치료이며 완전한 치유입니다.

알라께서 코란에 관해서 "우리가 그것을 아랍어가 아닌 언어로 만들었다면, 그들이 '왜 그것의 구절들이 (우리의 언어로) 자세히 설명되지 않았습니까? 아랍어가 아닌 말(로 된 코란)과 아랍 사람(인 사도)이라고요?'라고 말했을 것이니라. '(무함마드여!) 그것은 믿는 사람들에게 (바른 길로의) 인도이고 치유이고, 믿지 않는 자들에 관해서는 그들의 귀에는 안 들리느니라. 그리고 그것은 그들에게 읽거나 쓸 줄 모르는 것이니라. 그들은 멀리서 불릴 것이니라'라고 (그들에게) 말하라"〈코란 푸실라트(41)장 44절〉라고 말씀하셨습니다.

아이샤가 "예언자께서 중병에 걸려 악화되었을 때 나는 두 수라〈코란 나스(114)장, 팔라끄(113)장〉를 낭송하고 나의 숨을 사도께 불어넣었으며, 예언자께서 자신의 몸을 손으로 직접 문질러 축복받도록 했다"라고 여러 하디스가 전승하고 있습니다.

이에 대한 설명은 알하피즈 이븐 후즈르의 저서 『파티흐 알바리』 12권 305-306쪽에 나와 있습니다.

다음 3가지의 조건이 모두 부합되었을 때 주문을 외우는 것이 허용된다는 데에 이슬람 법학자들이 의견의 일치를 본 바 있습니다.

1. 주문이 알라의 말씀 또는 알라의 이름이나 속성, 혹은 알라께 기원하는 것이나 예언자의 이름을 염송하는 것이어야 한다.
2. 주문을 이해하는 사람의 아랍어로 된 주문이어야 한다. 또는 아랍어가 아닐지라도 그 의미를 이해할 수 있는 말로 되어 있어야 한다.
3. 주문은 그 자체로는 효력이 없다. 오히려 이는 알라의 전능하심에 따르는 것이고, 주문은 원인들 중의 하나일 뿐이라는 것이다.

환자의 입장에서든 치료자의 입장에서든 치료는 반드시 자력으로, 알라를 향한 믿음에서, 그리고 마음과 말이 일치하는 진실한 구원 요청에서 비롯되어야 합니다.

이에 따라, 알라께서 원하신다면 질문자가 언급한 특성을 지닌 코란의 치료법은 문제가 되지 않습니다. 또한 여성 환자와 신체적으로 접촉하지 않은 채 코란을 큰 소리로 낭독해도 괜찮으며 (남녀일 경우) 단둘이 있는 일이 없도록 해야 합니다. 오히려 과묵하고 눈을 마주치는 일 없이 여성의 마흐람이 동석해야 합니다. 환자가 코란 바까라 장을 낭독하거나 듣는 것은 권장할 만합니다.

법적 마흐람을 제외하고 환자에게 금지되는 것은 없습니다. 그러나 음식 등이 환자에게 해가 된다는 것이 명백할 경우에 권고 차원에서 금지됩니다. 그러니 문제가 없습니다. 해가 되는 것은 하람이고 이에 대한 경고는 의무이기 때문입니다.

물에다가 낭독하고 이를 환자가 마시며 나머지는 쏟아 버릴 경우나, 기름에 읽고 이를 칠할 경우, 혹은 환자에게 코란 구절을 적어 주어 구절이 적힌 종이를 물에 담가 그 물을 환자가 마시거나 그 물로 씻도록 할지라도 이 모두는 문제가 되지 않습니다. 여기서 조건은 코란이 적힌 종이을 존중해야 한다는 것입니다.

치료자가 주문 외우는 행위를 환자 자신이 거부한다면 강요할 필요는 없습니다.

* 출처: http://aliftaa.jo/index.php/fatwa/show/id/672(요르단, 2013.7.8)

제4장

문화 · 예술
관련 파트와

　　나무나 장미 같은 식물이나 기계와 같은 인공 물체, 또 산이나 하늘, 하늘에 있는 별과 같이 알라께서 창조하신 물체 모두를 촬영하는 것이 허용된다. 반면에 촬영 대상의 실존 여부에 상관없이 인간이나 동물의 입체적인 촬영이 금지된다. 예를 들면 10개의 손을 가진 인간이나 당나귀 머리를 한 인간이 숭배하는 조각상이 이에 해당한다.[1]

　　무함마드는 "천사는 사진이 있는 집에 깃들지 않는다. 단, 의복의 패턴은 예외로 한다"[2](부카리 전승)고 말했다. 여기서 "의복의 패턴"이라는 평면적인 사진을 의미한다. 또한 "알라의 창조물과 같은 것을 창조하려는 자보다 부정한 자가 어디 있겠는가? 그에게 옥수수나 보리 알갱이를 창조하도록 하라"[3](부카리 전승)라고 말했다. 이 말은 옥수수나 곡물 알갱이를 만드는 것을 허용하겠다는 뜻이 아니라, 옥수수나 곡물 알갱이처럼 가장 보잘것없고 하찮은 것조차 창조할 수 없다는 의미이다.

　　"우리는 새가 그려진 커튼을 갖고 있었다. 손님이 오시면 그 커튼을 보게 된다"라고 말하자 무함마드가 "커튼을 바꾸어라. 내가 방으로 들어올 때마다 세속적인 삶이 생각나기 때문이다"[4](무슬림 전승)라는

1_ Muḥammad Rawās Qal'ah Jī, p.1246.
2_ Sahih al-Bukhari 3351.
3_ Sahih al-Bukhari 5953.
4_ Sahih Muslim 2107.

무함마드의 하디스를 아이샤가 전승하였다.

자이드 븐 칼리드 알주하니가 아부 딸하 알안싸리의 전언을 전달한 바에 따르면, 무함마드가 "천사는 개나 상이 있는 집에 깃들지 않는다"5(아부 다우드 전승)라고 말했다.

◆ **부모님의 사진을 붙여 놓는 것은 하람이 아니다.**

> 질문 돌아가신 아버지, 어머니의 사진을 아파트 현관에 부착하여, 집에 들어오는 모든 사람들이 사진을 보고 부모님을 위해 자비와 용서를 구하는 기도를 할 수 있도록 한 것에 대한 샤리아에 따른 판단을 알고 싶습니다. 일각에서 이것이 하람이라고 말합니다.

> 파트와 금지된 알라의 피조물에 대한 모방이나 벌거벗고 있는 사진, 혹은 부정을 유발할 수 있는 사진이 아니라면, 인간이나 동물의 사진을 통용시키거나 부착하는 것은 문제되지 않습니다. 하디스에서 경고한 형상화는 알라의 피조물을 모방한 완벽한 형상을 만드는 것이기 때문입니다. 사진 촬영은 형상을 나타내지만 하람이 아닙니다. 사진에는 이러한 동기가 없기 때문입니다. 사진이 실제론 그림자를 포착하는 것으로, 비유적인 의미로만 형상화하는 것으로 여겨질 뿐입니다. 개념을 근간으로 하여 판단을 내리는 것이 의미가 있는 것이지, 이름으로 판단을 내리는 것은 무의미합니다. 앞서 말씀드린 내용과 질문의 상황에 근거해 질문에 대한 답변을 드리겠습니다. 말씀하신 것처럼 숭고한 목적으로 질문자의 아버지와 어머니의 영정을 부착하는 것은 샤리아에서 허용됩니다. 단, 사진 속 어머니는 정숙한 모습이어야 합니다. 사진이 전체 모습을 담든 일부의 모습만 담든 모두 해가 되지 않으며 이것은 하람이 아닙니다.

* 출처: http://www.dar-alifta.org/ViewFatwa.aspx?ID=486&LangID=1&MuftiType=0(이집트, 2013.12.31)

◆ **히잡을 착용하지 않은 여성의 사진 부착에 대한 판단**

> 질문 이미 사망한 여성이 생전에 히잡을 쓰지 않고 찍은 사진은 현재

5_ Sahih Muslim 2106 b.

나쁜 것으로 여겨집니까? 만약 이 사진이 집 현관에 걸려 있다면 이에 대한 판단은 무엇입니까? 마흐람 이외의 사람이 이 사진을 본다면 그는 사진 속의 여성에 대해 죄를 짓는 것입니까?

파트와　사람이나 동물의 사진을 통용시키는 것은 그것이 나체 사진이거나 혼란을 야기할 수 있는 사진이 아니라면 문제 되지 않습니다. 왜냐하면 사진은 그림자를 포착해 놓은 것이지, 저주 받는 사진사가 알라의 창조를 모방한 것이 아니기 때문입니다.

　또 여성이 샤리아에 맞게 완벽하게 히잡 착용을 하지 않은 채 사진을 찍었다면, 마흐람 이외의 사람이 이 사진을 보는 것을 망자가 원치 않을 것입니다. 여성과 관련된 일은 보호, 가리는 것, 순결을 근간으로 하고 있기 때문입니다. 여성이 자신의 치부를 보는 것이 허락되지 않은 사람으로부터 자신을 보호하길 원했지만 사진을 찍은 뒤 외간 남성이 그 사진을 보게 되었다면 그녀에게는 죄가 없습니다. 그리고 이 경우는 그녀가 죽기 전과 후에 상관없이 나쁜 행위로 여겨지지도 않습니다. 그러나 이 사진을 모두가 볼 수 있는 장소에 걸어서는 안 되고, 말씀하신 것처럼 이 사진을 보호해야 합니다.

* 출처: http://www.dar-alifta.org/ViewFatwa.aspx?ID=2475&LangID=1&MuftiType=0(이집트, 2013.8.1)

◈ **사람이나 동물의 사진과 형상을 제작, 판매, 통용하는 것에 대한 판단**

질 문　저는 책상이나 벽에 걸어 두는 액자를 수입하는 사업가입니다. 액자 속에 결혼식에 예복을 차려입은 남녀의 사진이나 해변에서 찍은 사진, 그리고 그 밖의 여러 사진이 들어가 있는데, 제가 수입하는 액자 틀 안에는 아이들의 컬러 사진도 들어가 있습니다. 또 제가 수입하는 전화의 바탕화면에도 이러한 사진이 깔려 있습니다. 그 밖에도 저는 책상 위에 놓는 자기로 만들어진 선물용 작은 조각상들을 수입하는데 이 조각상들은 새 또는 어린아이들 등의 모양을 하고 있습니다. 이러한 상품에 대하여 이슬람의 판단은 무엇인가요? 이것이 할랄입니까, 아니면 하람입니까? 현재 많은 양의 상품들을 보유하고 있는데 이를 어떻게 처분해야 합니까?

파트와　사람이나 동물의 사진을 통용시키는 것은 그것이 나체 사진이거나 혼란을 야기할 수 있는 사진이 아니라면 문제 되지 않습니다. 왜냐하면 사진은 그림자를 포착한 것이지 저주받는 사진사들이 알라의 창조를 모방한 것이 아니기 때문입니다.

조각상의 경우 그것이 완전한 형상을 갖추고 있고, 조각상을 제작함으로써 얻어지는 이익이 없다면, 또 조각상이 나무, 금속, 돌과 같이 오랫동안 유지될 수 있는 물질로 만들어졌다면 동상을 만들고 유통시키는 것은 금지됩니다. 사이드 븐 아비 알하산의 전언을 부카리와 무슬림이 전승하였습니다. "내가 이븐 압바스 집에 있었을 때 한 남성이 와서 말했다. '이븐 압바스여, 저는 수공업으로 제 생계를 유지하며, 그림을 그립니다.' 그러자 이븐 압바스는 "나는 알라의 사도로부터 들은 것만을 너에게 말해 줄 것이다. 사도께서 '누구든지 그림을 그린다면 거기에 생명을 불어넣었기 때문에 알라로부터 벌을 받을 것이지만, 그는 절대로 그림 속에 생명을 불어넣을 수 없을 것이다'라고 말씀하셨다"라고 대답했다. 그 말을 듣자 남자는 한숨을 크게 쉬었고 얼굴이 창백해졌다. 이븐 압바스는 그에게 다시 말했다. "그것 참 안됐구나! 네가 만약 계속해서 그림 그리길 원한다면, 나는 네게 나무나 영혼이 없는 것을 그리라고 충고하겠다." 그리고 그 외의 여러 하디스에서 그림 그리는 것이 금지되고 있습니다.

한편 이슬람 법학자들은 위에 말씀드린 하디스와 같은 맥락으로 조각상 제작에 대해 설명했습니다. 즉 조각상을 제작하고 유통시키는 것은 금지된 행위이고, 조각상을 취하는 것 역시 금지되어 있습니다. 예언자께서 "천사들은 개와 형상이 있는 집에는 들어가지 않는다"라고 말씀하셨기 때문입니다. 이것은 조각상이 완전하고 결함이 없는 경우를 말하는 것이고, 만약 조각상의 형태가 완전하지 않을 경우에는 조각을 제작, 판매하고 취하는 것이 허용됩니다.

말씀드린 내용과 질문의 상황에 근거하여 답변을 드립니다. 이러한 상품을 판매하는 사람들은 앞서 명시된 허용과 금지에 대한 샤리아의 규정을 준수해야 합니다. 또한 알라께서 치부 등을 가리는 것을 명하셨기 때문에 신체가 드러난 사진을 피해야 합니다. 또한 알라의 창조를 모방하는 조각상은 금지된다는 말을 근간으로 했을 때, 작은 조각상의 경우 이것은 완전하게 모방한 것이 아니기 때문에 질문자께서 현재 가지고 있는 조각상을 판매할 수 있습니다.

* 출처: http://www.dar-alifta.org/ViewFatwa.aspx?ID=3594&LangID=1&MuftiType=(이집트, 2013.8.1)

◈ 사진 촬영에 대한 판단

질문 사도의 전언을 기록한 하디스에 많이 나오는 내용 중에 사도께서 초상화가들을 저주하셨다는 내용이 있습니다. 사도께서 "초상화가는 그림에 영혼을 불어넣고자 하나 그리 할 수 없다"라고 말씀하셨으며 "심판의 날 가장 큰 고통을 받을 사람은 알라의 창조물을 흉내 내는 사람이다."라고 말씀하셨습니다. 무프티님, 제가 여쭙고 싶은 것은 이것입니다. 하디스에서 초상화가가 의미하는 것은 무엇입니까? 그리고 사진 촬영에 대한 판결은 무엇입니까? 사진을 기념으로 간직해도 됩니까? 휴대폰으로 사진을 찍어서 출력하는 것에 대한 판결은 무엇입니까?

파트와 초상화가들에게 경고한 의도는 알마나위가 저서 『파이드 알까디르』에서 "초상화가들은 형상을, 즉 영혼을 가진 동상을 만들어내는 사람이다"라고 말했습니다.

초상화가 금지된 것은 초상화가 알라의 창조물과 유사하거나 비슷하기 때문입니다. 무슬림이 전승한 아이샤의 말에 따르면, 사도께서 "심판의 날 가장 고통 받는 사람은 알라의 창조물을 흉내 내는 사람이다"라고 말씀하셨습니다. 또한 "알라의 창조물을 모방하는 사람"이라고 전해 옵니다.

그렇지만 사진 촬영은 흉내 내는 것이 아니라 단지 알라의 창조물을 옮겨놓는 것뿐입니다. 또한 사진에는 하람의 요소가 없습니다. 이는 단지 사람의 그림자를 포착한 것에 불과하기 때문입니다. 그리고 판단은 금지할만한 원인이 존재하느냐 없느냐에 따라 달라집니다.

이에 근거하여, 허용되는 한도에서 사용되는 한 사진은 하람이 아니며, 핸드폰 사진 촬영도 이에 포함됩니다. 그러나 치부를 촬영하거나, 추잡한 것들을 퍼뜨리는 것 등 이를 악용하는 것은 하람입니다.

사진을 기념으로 간직하는 것도 괜찮습니다.

* 출처: http://www.awqaf.gov.ae/Fatwa.aspx?SectionID=9&RefID=1184(아랍에미리트, 2013.8.9)

◆ **태아의 초음파 사진 촬영은 허용된다.**

질 문 출산 전에 초음파로 태아의 성별을 확인하고 거기에 맞게 옷과 신생아 용품을 구매하는 것은 하람입니까?

파트와 신생아의 성별이 여성인지 남성인지 확인해도 됩니다. 태아의 성별 감별은 초음파 촬영을 하여 사진으로 태아의 모습을 확인함으로써 가능하며, 전문의가 초음파 사진을 보고 태아가 남성인지 여성인지를 판별합니다. 이것이 알라의 권능을 침해하는 것도 아니고 알라의 지식의 영역을 침범하는 것은 아닙니다. 초음파의 목적은 자궁 내 태아의 모습을 옮겨 담는 것이지 알라의 권능을 침해하는 것이 아닙니다. 초음파 기술은 알라께서 인간에게 허락하신 과학의 일면이며, 인간은 이 기술을 활용해 태아의 성별을 알아냅니다. 알라는 인간이 이전에 알지 못하던 것을 알게 하시는 위대한 분이십니다.

또한 이는 알라의 말씀에 위배되지 않습니다. 알라께서 "자궁 속에 있는 것을 아심이라"〈코란 루끄만(31)장 34절〉라고 말씀하셨습니다. 자궁 속에 있는 것을 안다는 말은, 태아의 성별뿐 아니라 수명, 생활수준, 운명, 행·불행 모두를 포괄하기 때문입니다. 부카리와 무슬림이 압둘라 븐 마스우드의 전언을 기록한 것에 따르면, 믿을 만한 사도께서 '누구나 인체가 형성되려면 어머니 뱃속에서 40일을 지내야 한다. 이후에 피가 생기고 인간의 형상으로 바뀌는 데에 또 40일이 걸린다. 그런 뒤에는 천사에게 보내져 영혼이 생기고, 생활수준, 운명, 직업, 행·불행이 적혀 결정된다'라 하셨다"라고 우리에게 말씀하셨습니다.

또한, 이전에도 출산 전에 태아의 성별을 알아낼 수 있는 의사들이 있었다고 알려져 있습니다. 이 의사들은 임신 중 산모에게 나타나는 징후와 현상을 통해 태아의 성별을 감별했습니다. 학자들은 이런 의사들을 불허하지 않았으며, 이것이 알라의 지식에 대한 개입이라 여기지 않았습니다.

말리키 학파 이맘 이븐 알아라비는 저서 『아흐캄 알꾸란』에서 "의사의 경험에 따르면, 오른쪽 젖꼭지가 검게 되면 아들이고, 왼쪽이 그렇게 되면 딸이다. 또한 산모가 오른쪽이 더 무겁다고 느끼면 아들이고, 왼쪽이 더 무겁다고 느끼면 딸이다"라고 말했습니다.

초음파를 이용한 태아 성별 감별은 허용됩니다. 단, 그 목적은 의복 등 신생아가 필요로 하는 물건을 구비하는 등 부모로서 출산준비를 하는 것에 국한됩니다.

* 출처: http://www.awqaf.gov.ae/Fatwa.aspx?SectionID=9&RefID=7351(아랍에미리트, 2013.3.3)

◈ 컴퓨터 그래픽에 대한 판단

질 문 순수 오락 목적의 컴퓨터 게임을 만드는 것에 대한 판단은 무엇입니까?

파트와 컴퓨터 그래픽은 회화 같은 사실성이 없기 때문에 그림을 대신할 수 없습니다. 컴퓨터기기로 그린 그래픽은 사진과 비슷하지만 여기에 못 미칩니다. 그래픽은 사실성을 드러내지 않는 전자그림입니다. 따라서 사진에 관해 견해를 밝힌 학자들은 그래픽이 허락된 것이나 다름 없다고 봅니다. 그래픽은 감각적으로 사실성이 없을 뿐만 아니라 전문가가 아니면 이해할 수 없는 단순한 전자 기록 또는 포착된 그림자에 불과하기 때문입니다.

물론 학자들 간에도 견해 차이가 있습니다. 그래픽을 하찮고 보잘것없다고 생각하는 학자도 있고, 대단하다며 찬사를 보내는 학자도 있습니다. 아동용 게임이나 양탄자에 그려진 그림처럼 그래픽이 대수롭지 않은 하찮은 것으로 판단되고 있습니다. 그래픽은 실제 그림이 아닐뿐더러 특별할 것 없는 게임으로 간주됩니다.

단, 그래픽이 허용되는 것은 샤리아에 따른 의무를 소홀히 하지 않는다는 조건이 붙습니다. 조건을 지키지 않는다면 이는 샤리아에서 금지한 금지된 오락이나 다름없습니다.

* 출처: http://www.awqaf.gov.ae/Fatwa.aspx?SectionID=9&RefID=4024(아랍에미리트, 2013.8.8)

◈ TV와 라디오의 내용이 따라 금지여부가 달라진다.

질 문 TV와 라디오에 대한 판단은 무엇이며, 또 TV 시청자와 라디오 청취자 뒤에서 기도하는 것에 대한 판단은 무엇입니까?

파트와 라디오에서 나오는 내용이 좋은 것인지 나쁜 것인지, 그리고 TV에서 방영되는 장면이 좋은 것인지 나쁜 것인지에 따라 판단이 달라집니다. 라디오에 대한 판단은 TV에 대한 판단과 같지만, 라디오는 영상을 포함하지 않기 때문에 전자에 대한 판단이 후자에 대한 것보다 더 가볍습니다. 라디오 청취자나 TV 시청자 뒤에서 예배를 하는 것에 대한 판단은 그 사람이 무엇을 보고 듣는지에 따라 달라집니다.

* 출처: http://www.alifta.com/Fatawa/FatawaChapters.aspx?languagename=ar&View=Page&PageID=10338&PageNo=1&BookID=3(사우디아라비아, 2013.7.29)

◈ 남자 연기자가 여성 역할을 연기하는 것은 허락되지 않는다.

질 문 남자들이 여성 역할을 연기하는 것이 텔레비전에서 방영되고 있으며, 언론 관계자들도 이 사실을 알고 있습니다. 이에 대한 판단은 무엇입니까?

파트와 이는 금지된 일입니다. 사도 무함마드께서 여성을 모방하는 남성, 그리고 남성을 모방하는 여성을 저주하셨기 때문입니다. 사도께서 언론매체가 이러한 것과 그 외에 샤리아에 어긋나는 것을 다루지 못하도록 금지하셨습니다.

* 출처: http://www.alifta.com/Fatawa/FatawaChapters.aspx?languagename=ar&View=Page&PageID=10333&PageNo=1&BookID=3(사우디아라비아, 2013.7.29)

◈ 여성 연기자가 매춘부를 연기하거나 노골적으로 신체를 노출하는 것이 금지된다.

질 문 대중 앞에서 매춘부 역할을 연기하는 여배우에 대한 판단은 무엇입니까? 어떤 여자 연기자들은 노골적으로 신체를 드러내어 노출하고, 어른은 물론 어린아이들까지도 TV 화면을 통해 이 장면을 시청합니다. 함께 연기하는 남자 배우들도 입맞춤하거나 희롱하는 등 부정한 장면을 연기합니다. 이런 연기자들은 알라께 반하는 것이자 이슬람으로부터 벗어난 것이 아닙니까?

파트와 이는 명백히 잘못된 행위입니다. 잘 알려진 바와 같이 종교에서 이를 분명히 금지하고 있습니다. 이런 행위를 허용된 것이라 생각하며 행하는 사람은 이슬람을 따르지 않는 이교도입니다.

이는 명백하게 잘못된 행위입니다. 이러한 행위는 종교적으로 금지된 것이라고 잘 알려져 있습니다. 이런 행위를 허용된 것이라 생각하며 행하는 사람은 이슬람을 벗어난 이단자입니다.

* 출처: http://www.alifta.com/Fatawa/FatawaChapters.aspx?languagename=ar&View=Page&PageID=10336&PageNo=1&BookID=3(사우디아라비아, 2013.7.29)

◈ 연기자 직업에 대한 판단

질문 저는 텔레비전과 라디오에서 연기를 하고 있습니다. 일을 하면서 그릇된 행동을 피하고 선을 행하고 있습니다. 저는 예배를 드리고 알라를 찬양하며 가족 등 좋은 사람들과 가까이 지냅니다. 독실한 친형제들이 그 중인입니다. 형수 중 한 명은 독실한 무슬림인데, 조카들에게 저와 관계를 끊고 삼촌으로 인정하지 말라고 요청한 것을 알게 되었습니다. 형에게는 이 사실을 알리지 않았습니다. 질문입니다. 제가 연기자로 일하는 것과 친인척 관계를 끊는 것 중 무엇이 더 잘못입니까? 파트와를 내려 주십시오.

파트와 질문자께서 연기자로 일하면 안 됩니다. 역할을 연기하다 보면 대중의 비난을 받는 상황도 생기고, 역할 때문에 무슬림으로서 부적절한 농담이나 연기를 해야 할 수도 있기 때문입니다. 그러므로 현 직업을 포기하고 연기 이외의 다른 일로 생계를 유지할 것을 권합니다. 알라께서는 알라를 위해 무언가를 포기한 사람에게 그에 대한 보상을 해 주십니다. "알라께서 그를 경외하는 자를 위해 길을 준비하시니라."〈코란 딸라끄(65)장 2절〉 "알라께서 우리가 생각지 못했던 것을 일용할 양식으로 주시느니라."〈코란 딸라끄(65)장 3절〉 형수 분께서 이것을 의도했는지 모르겠습니다. 관계를 끊겠다고 함으로써 질문자가 연기를 그만두도록 할 의도였다면 선의라고 봅니다. 그러나 이런 의도가 아니었다면 친척관계를 단절하는 것은 대죄에 속합니다.

* 출처: http://www.alifta.com/Fatawa/FatawaChapters.aspx?languagename=ar&View=Page&PageID=10334&PageNo=1&BookID=3(사우디아라비아, 2013.7.29)

◈ **극장에 가는 것은 금지된다.**

질문 극장에 가는 것에 대한 판단은 무엇입니까?

파트와 극장에 가는 것은 금지된 일입니다. 극장에서 상영되는 공연물은 대부분 혼란을 야기하는 금지된 장면을 보여 주기 때문입니다. 또한 무슬림으로서 자신과 가족, 국가를 위해 해야 하는 더 시급한 일이 있다면 극장에 가는 것은 시간낭비이고, 샤리아에 비추어 전혀 이로움이 없는 시간을 보내는 셈이기 때문입니다. 이것은 알라를 찬양하고 의무를 다하는 것에 위배되며, 남녀가 섞이는 등의 악행을 저지르게 됩니다.

* 출처: http://www.alifta.com/Fatawa/FatawaChapters.aspx?languagename=ar&View=Page&PageID=10346&PageNo=1&BookID=3(사우디아라비아, 2013.7.29)

◈ **사도를 모욕하는 사람들에 대한 판단**

질문 사도를 그림이나 영화에서 모욕하는 사람들에 대한 판단은 무엇입니까?

파트와 사도는 가장 훌륭한 인간입니다. 사도께서는 인간을 사랑했으며 옆에 있는 사람들을 예우했습니다. 사도께서 "나는 인간의 자손이다"라고 말씀하셨고, 이를 무슬림이 전승했습니다.

알라께서 사도를 전 우주에 자비를 베풀라고 보내셨습니다. 그리고 사도를 복음의 전달자, 경고자, 빛을 비추는 등불이라고 불렀습니다. 그리고 알라께서 "예언자여 우리가 그대를 보내매 증인으로서 복음의 전달자로서 그리고 경고자로서 보냄이라. 알라의 허락에 따라 알라께로 인도하는 선교자로서 불을 비추는 등불로서 보냄이라"〈코란 아흐잡(33)장 45-46절〉라고 말씀하셨습니다.

믿는 자는 자신과 가족, 모든 사람들보다 사도를 더 사랑할 때 비로소 믿음이 완성됩니다. 사도께서 "너희들 중 어느 누구도 내가 자식, 아버지, 모든 사람들보다 그를 사랑한다는 것조차 믿지 못하니라"라고 말씀하셨다고 부카리가 전승했습니다. 알라께서 "일러 가로되 너희가 알라를 사랑한다면 나를 따를 것이라 그리하면 알라께서 너희를 사랑하사 너희의 죄를 사하여 주시니 알라는 용서와 자비로 충만하시니라"〈코란 이므란(3)장 31절〉라고 말씀하셨습니다.

사도를 모욕하는 것은 알라의 사도들과 예언자들을 모욕하는 것이며, 알라의 메시지를 모독하는 것입니다. 우리는 무슬림이며, 무슬림 어느 누구도 차별하지 않습니다. 알라께서 "사도는 주님이 계시한 것을 믿으며 또한 믿음을 가진 자도 그러하도다. 그들 각자는 알라와 천사들과 성서들과 선지자들을 믿으며 우리는 선지자들을 차별하지 않도다. 우리는 청취하고 복종하며 당신의 용서를 구하나이다. 주여 여정의 종말을 당신에게로 돌리나이다"〈코란 바까라(2)장 285절〉라고 말씀하셨습니다. 그러기에 우리는 알라의 모든 예언자에 대한 모욕을 용납할 수 없으며, 사도 무함마드를 모욕하는 것을 용납하지 않습니다.

사도 무함마드를 모욕하는 자들은 자신들의 무지 때문이라는 것을 모릅니다. 만약 그들이 사도의 전 생애와 성품을 알게 된다면 사도께서 모범이 되고 높은 도덕성, 훌륭한 덕망과 지도력을 지닌 본보기라는 것을 알 수 있을 것입니다. 이로 인해 그들이 위대한 사도를 존경하고 경외하게 될 것입니다. 알라께서는 코란에서 사도를 치하했습니다. 알라께서 "실로 그대는 고상한 성품의 소유자다"〈코란 깔람(68)장 4절〉라고 말씀하셨습니다.

알라께서 사도를 보호하는 임무와 그 이전에 어느 누구에게 주지 않았던 소명을 그에게 주셨습니다. 그리고 알라께서 사도를 안전하게 하고, 메시지를 전하기 전에 사도를 공격하는 악의 무리로부터 보호해 주셨습니다. 알라께서 "알라는 무리로부터 그대를 보호하시니라"〈코란 마이다(5)장 67절〉라고 말씀하셨습니다. 또한 알라께서 사도에게 사도를 곤란하게 만드려는 적의 계획을 알렸습니다. 그리고 알라께서 사도에 관해 거짓을 말하는 자들의 주장과 곡해에 대해서 언젠가 "너희의 동반자는 미친

자가 아니니라"〈코란 타크위르(81)장 22절〉라고 말씀하셨습니다. 그리고 한 번은 그들에게 "너희가 추종하는 것은 마술에 걸린 한 남자에 불과하다고 사악한 자들이 말하는 것을 아시고 계심이라"〈코란 이스라(17)장 47절〉라고 질책하고 꾸짖었습니다. 그리고 알라께서는 사도를 지켜 주시는 데 있어 그의 마음과 호의를 보여 주셨고, 그와 함께하셨습니다. 그리고 알라께서는 "알라는 조롱하는 자들로부터 그대를 보호함에 충만함이라"〈코란 히즈르(15)장 95절〉라고 말씀하셨습니다. 그리고 언제나 사도를 보호할 것을 약속하셨고, 사도께서 맞서는 모든 것에 경고했습니다. 그리고 알라께서 "실로 그대의 적은 모든 희망으로부터 단절된 자들이라"〈코란 카우싸르(108)장 3절〉라고 말씀하셨습니다.

무슬림은 코란의 길을 따라야 합니다. 이는 세계에 이슬람과 사도, 그리고 이슬람에 대한 밝고, 순결하고, 좋은 면을 보여 주는 코란의 도덕관념으로 무장하고 있어야 합니다. 연대하여 여러 언론 매체에 적극적으로 참여함으로써 사도의 성격과 삶에 대한 의구심에 대해 대응하십시오.

* 출처: http://aliftaa.jo/index.php/ar/fatwa/show/id/747(요르단, 2013.8.2)

◈ 사도의 교우, 사도의 부인, 사도의 가문을 드라마, 영화, 텔레비전에 형상화하는 것은 금지된다.

질 문　사도의 교우와 믿는 자들의 어머니, 사도의 가문의 모습을 드라마, 영화, TV에서 형상화 하는 것이 허용됩니까?

파트와　사도의 교우와 가문은 높은 입지와 위신을 가졌기 때문에 알라께서 그들을 높이 치하하셨습니다. 코란과 순나에는 이들이 누린 높은 입지와 숭고한 위상이 나타나 있습니다. 알라께서 "알라께서는 그들로 만족하시고, 그들은 알라를 기쁘게 하니라"〈코란 마이다(5)장 119절〉라고 말씀하셨습니다. 사도께서 "알라여 알라여, 저의 교우들을 저를 따라 비난의 대상으로 삼지 마십시오. 그들을 사랑하는 자 저의 사랑으로 그들을 사랑할 것이며, 그들을 경멸하는 자 제가 그들을 경멸로 대할 것입니다. 그들에게 해를 입히는 것은 저에게 해를 입히는 것과 같고, 저를 해한 자는 알라를 해한 것입니다. 알라께서는 반드시 알라를 해하는 자에게 벌을 내리십니다"라고 말했습니다. 알티르미디와 이븐 힙반과 알바이하끼가 이를 전승하였습니다.

　시대가 지나면서 무슬림들의 머리에 사도의 교우와 가문에 대한 명예롭고 고결한 이미지가 새겨졌습니다. 무슬림들은 사도께 의지했고, 사도를 지지했고, 그와 함께 이슬람을 전파했고, 사도를 따라서 지구의 동쪽과 서쪽까지 동행했습니다. 이때 사도의 모습은 관대하고 고결했습니다. 하지만, 사도의 교우를 형상화하고 TV와 영화에서 그들의 모습을 묘사하는 것은 사람들이 가지고 있는 기존의 이러한 이미지를 변화시키고, 그들에 대한 믿음을 동요시키고, 사도의 교우를 조롱과 업신여김을 당하게 만듭니다. 또한 사람들이 인물을 연기하는 배우가 실제 사도의 교우라고 착각하게 만듭니다.

　이는 사도의 교우의 전기를 왜곡하고 그들의 존엄을 해치는 것입니다. 이것은 무슬림들에게 그들의 종교에 대한 의구심이 들게 하고, 사도의 교우에 대한 논쟁과 논란을 일으킵니다. 의심할 바 없이 사도의 가문과 이맘 하산과 이맘 후세인은 사도의 교우를 떠받들고 높이 모셨습니다. 알라께서 "실로 알라께서는 예언자 가문의 모든 불결함을 제거하여 한 점의 티도 없이 순결케 하셨노라"〈코란 아흐잡(33)장 33절〉라고 말씀하셨습니다. 이러한 이유로 예언자들과 하산과 후세인을 비롯한 예언자의 가문 사람들과 사도의 부인 및 칼리파들의 모습을 형상화하는 것은 샤리아에서 금지됩니다. 그리고 영화와 TV에서 그들의 역할을 연기하거나 묘사하는 것도 금지됩니다. 그 외 나머지 교우들의 역할을 연기해서도 안 됩니다. 이는 우리가 아는 교우의 역사와 그들의 위상을 통해 그려진 숭고한 이미지를 사람들의 머릿속에 그대로 남기기 위한 것입니다.

　이슬람 피끄흐 위원회들과 이프타 기관에서 파트와가 나왔습니다. 메카에서 개최된 제8차 이슬람 피끄흐 아카데미 제107호 결의안(헤지라력 1403년 11월 2일)과 사우디아라비아 최고법학자기구Hay'ah Kibār al-'Ulamā' 제13호 결의안(헤지라력 1393년 4월 16일)에 이 내용을 명문화하였습니다. 그리고 세계무슬림연맹World Muslim League 창립위원회 결의안과 아즈하르의 이슬람 연구회의와 쿠웨이트 이프타 부서 결의안에도 명문화되어 있습니다. 그리고 누흐 알리 살만 이슬람 최고 무프티의 저서에 (1/1/11/642)번으로 관련 내용이 기술되어 있습니다.(헤지라력 1430

년 6월 27일, 서기 2009년 6월 21일).

법학자들은 파트와에서 후세인과 하산을 비롯한 사도의 가문과 믿는자들의 어머니, 칼리파들을 TV와 영화에서 묘사하는 것을 금한다고 의견에 일치하였습니다.

* 출처: http://aliftaa.jo/index.php/ar/fatwa/show/id/1891(요르단, 2013.8.14)

◆ 코란 구절이나 하디스를 담고 있는 인쇄물의 처리에 대한 판단

질 문 신문지를 자동차 유리를 닦는 데 쓰거나 바닥에 던지거나 그 외 신문에 적힌 아랍어의 위상에 부합되지 않는 기타 용도로 사용하는 것에 대한 판결은 무엇입니까?

파트와 신문에서 알라의 이름에 대한 언급이 빠지지 않습니다. 또한 신문은 다수의 코란 구절과 하디스를 담고 있습니다. 게다가 신문은 코란의 언어인 아랍어로 적혀 있습니다. 이렇게 언급된 내용들은 반드시 찬미되고 존경받아야 하며, 이러한 내용이 포함된 종이를 훼손하거나 더럽히거나, 쓰레기와 함께 버려 경시하거나 소홀히 대해서는 안 됩니다. 알라께서 "그것은 하나님이 상징을 명예롭게 하는 것으로 그것이야말로 경건한 마음의 소산이라"〈코란 핫즈(22)장 32절〉라고 말씀하셨습니다.

* 출처: http://aliftaa.jo/index.php/fatwa/show/id/773(요르단, 2013.2.11)

◆ 벽에 적힌 코란 구절에 대한 판단

질 문 코란 구절이 적힌 디자인의 옷을 입어도 됩니까? 벽에 적힌 코란 구절을 만지거나 그 위에 몸을 기대도 되나요? '자비롭고 자애로우신 알라의 이름으로'라고 적힌 봉투를 코흘이나 약 등에 써도 되나요?

파트와 이를 사용하는 데에는 의견이 다양합니다. 벽에 적힌 코란 구절을 만지는 것은 허용되지 않습니다. 코란 구절에 대한 존경의 의미로 그 위에 기대는 것도 허용되지 않습니다.(알잇즈 븐 압둣쌀람 파트와 227번)

* 출처: http://aliftaa.jo/index.php/fatwa/show/id/1790(요르단, 2013.6.26)

◈ 미디어에 금지된 사진을 게재하는 것에 대한 판단

질문 일부 잡지와 신문이 금지된 사진을 게재하는 것에 대하여 샤리아에 의거한 견해를 구합니다.

파트와 잡지, 신문 등 지식을 전달하는 미디어에 금지된 사진을 게재하는 것은 도덕과 윤리를 파괴하고 품행을 방정치 못하게 하는 등 명백하게 악영향을 미치고 탈선을 조장합니다. 우리는 탈선의 원인을 차단해야 하며, 청소년을 보호하고 부패와 타락으로부터 사회를 지켜내야 합니다. 금지된 사진은 청소년들의 마음에 더러운 욕망과 의혹이 들어서게 합니다.

알라께서 "믿는 남성들에게 일러 가로되, 그들의 시선을 낮추고"〈코란 누르(24)장 30절〉라고 말씀하셨고 "믿는 자들 가운데에 추문이 퍼뜨려 지는 것을 좋아하는 자들은 현세와 내세에서 고통스러운 벌을 받으리니 알라는 너희가 알지 못하는 것도 알고 계시니라"〈코란 누르(24)장 19절〉라고 말씀하셨습니다.

아부 후라이라의 전언을 기록한 부카리에 따르면 "눈의 간통은 보는 것(봐서 안 되는 것을 보는 것)이고, 혀의 간통은 말을 하는 것이고, 정신적인 간통은 바라고 음욕을 갖는 것이고, 성관계는 이 모든 것을 증언하거나 부인하는 것이다." 퇴폐와 타락은 도덕을 무너뜨리고 사회와 생산성을 파괴합니다.

* 출처: http://ifta.ly/web/index.php/2012-09-04-09-55-16/9-uncategorised/1133-2013-03-20-11-14-20(리비아, 2013.10.16)

◈ 사람이나 동물의 그림이 들어간 우표에 대한 판단

질문 제 취미는 우표수집인데, 사람 그림, 동물 그림이 들어간 우표도 수집합니다. 그림이 있는 것과 상관없이, 이렇게 우표를 가지고 있다가 파는 것이 허용됩니까? 우표를 팔아서 이슬람 서적을 사는 데 돈을 보태려고 합니다.

파트와 사람이나 동물의 그림이 없는 우표라면 가능하지만, 그림이 있는 우표는 불가합니다.

* 출처: http://www.alifta.com/Fatawa/FatawaChapters.aspx?languagename=ar&View=Page&PageID=10363&PageNo=1&BookID=3(사우디아라비아, 2013.7.29)

◆ **캐리커처에 대한 판단**

질문 사회적, 경제적, 정치적 문제를 표현하는 캐리커처를 그리는 것이 허용됩니까?

파트와 일반적으로 캐리커처를 그리는 것에 대해서 굳이 판단을 내릴 필요가 없을 것 같습니다. 그림 방식과 그 목적에 따라 법학자들이 주장하는 견해를 말씀드리겠습니다.

1. 그림에는 대상과 목적이 있는 법입니다. 유익한 아이디어를 전달하기 위한 것이어야 하며, 좋고 나쁨에 대한 독자의 사고에 영향을 주어야 합니다. 동시에 특정 인물에 대한 풍자를 지양해야 합니다. 선행을 하고 신실한 사람들이 대상일 때 특히 그렇습니다. 또한 이러한 그림으로부터 파생되는 모든 것이 유익한 목적에서 출발해야 합니다. 알라께서 "믿는 사람들이여 사람이 다른 사람을 비웃지 않도록 하라 후자가 전자보다 훌륭할 수도 있노라 여성이 다른 여성을 비웃지 않도록 하라 후자가 전자보다 훌륭할 수도 있노라"〈코란 후즈라트(49)장 11절〉라고 말씀하셨습니다.

2. 영혼이 없는 모든 무생물을 창작자가 의도하는 아이디어 전달을 위해 사용하는 것은 문제되지 않습니다.

3. 머리가 없는 형태로 생물을 그리는 것은 허용됩니다. 이는 아부 후라이라의 전언을 기록한 알티르미디에 따르면, "가브리엘이 사도에게 '그리하여 집 안에 있는 그 조각상의 머리를 잘라서 나무의 형태와 비슷하도록 만들라고 명하라'라고 말했다." 이븐 압바스의 전언을 알바이하끼가 저서 『알수난 알쿠브라』에 기록한 바에 따르면 "형상은 머리이다. 머리가 잘린다면 그 머리는 형상의 것이 아니다."

4. 학자들은 하체와 같이 생명에 꼭 필요한 신체 일부가 없는 생물의 그림을 그리는 것에 대해 검토했습니다. 이븐 하자르 알하이타미는 저서 『투흐파트 알무흐타즈』에서 "없이는 살 수 없는 것을 잃는다는 것은 머리를 잃는 것과 같다. 그렇다. 따라서 간 같은 내장을 잃는 것은 해가 되지 않는다고 할 수있다."라고 말했습니다.

한발리 학자 알바후티는 저서 『캇샤프 알끼나으』에서 "몸 없이 머리를 그리는 것은 꺼려지는 것이 아니다. 왜냐하면 이는 금지된 것에 해당되지 않기 때문이다"라고 말했습니다.

5. 또한 학자들은 "얼굴에 대한 표정이 지워졌다면 생물을 그려도 된다."라고 말합니다. 하디스 내용을 유추해도 그렇습니다. 하나피 학파의 책에 "형상의 얼굴이 지워졌다면 이는 머리가 잘린 것과 같으며 이는 꺼려지는 것에서 제외된다"라고 나와 있습니다.(『알바흐르 알라이끄al-Baḥr al-Rā'iq』 2권 31쪽 참조.)

6. 많은 법학자들은 알라의 피조물과 비슷하지 않은 것을 그리는 것을 허용했습니다. 예를 들어 날개가 있는 사람이나, 인간의 형체에 동물이 섞인 캐릭터 등이 그렇습니다. 또한 현실 세계에 존재하지 않는 가상의 캐릭터도 포함됩니다. 알마우르디의 저서 『알하위 알카비르al-Ḥāwiy al-Kabīr』 9권 565쪽을 참조하십시오.

만약 창작자가 이러한 원칙을 준수한다면 캐리커처에 문제될 것이 없습니다.

* 출처: http://aliftaa.jo/index.php/fatwa/show/id/2759(요르단, 2013.7.18)

4. 음 악

　　노래는 음악에 맞추어 하는 말이다. 음악 연주와 함께 부르지 않는 한 노래가 허용된다는 것에 이슬람 학자들 간에 이견이 없으나 음악 연주와 함께 부르는 경우에는 이견이 있다. 노래를 들으려고 부도덕한 자들이 모이지 않는 경우, 음주나 부정한 행위를 동반하지 않는 경우, 욕정을 불러일으키는 외설적인 노래를 하지 않는 경우, 생활에 지장을 줄 정도로 너무 자주 습관적으로 노래를 듣지 않는 경우, 돈벌이 수단으로 이용되지 않는 경우에는 노래를 허용하는 것이 문제가 되지 않는다.[6]

　　무함마드는 명절에 아이샤의 집에서 두 하녀가 노래를 부르면서 두프Duff[7]를 치는 것을 허용했다. 무함마드는 결혼식 날 신부가 안사르'Anṣār[8] 출신 신랑에게 올 때 노래와 음악을 듣도록 명했다. 무함마드는 "아이샤, 오늘 결혼식 때 흥이 나지 않았는가? 안사르는 흥을 좋아하지."[9]라고 말하고 노래와 음악을 결혼식 때 허용되는 상징으로 삼았고, "할랄과 하람을 구분짓는 것은 두프와 노래 부르는 소리이다"[10]라고 말했다.

6_ Muḥammad Rawās Qal'ah Jī, p.179.
7_ 템버린 형태의 손북, 타악기의 한 종류.
8_ 처음으로 이슬람교를 믿은 메디나 주민.
9_ Sahih al-Bukhari 5162.
10_ Sunan al-Nasa'i 3369.

◆ 노래에 대한 판단

질문 알라를 찬양하고, 이슬람을 믿지 않는 사람들을 이슬람으로 귀의시키기 위해 코란 구절을 낭송하고, 무슬림들이 죄를 짓는 것을 경고하기 위해 노래를 사용하는 것에 대한 판단은 무엇입니까?

파트와 그런 행위는 허용되지 않으며, 이유는 다음과 같습니다.

1. 노래는 하람입니다. 노래는 알라의 말씀으로 장난을 치는 것의 일종이기 때문입니다. 알라께서는 노래에 대해서 "사람들 중에는 무익한 이야기로 아는 것 없이 알라의 길로부터 탈선케 하거나 그것을 조롱하는 자들이 있나니 그들은 굴욕적인 벌을 받게 되리라"〈코란 루끄만(31)장 6절〉라고 말씀하셨습니다.

2. 모스크는 죄악을 멀리하는 장소입니다. 그런데 노래는 죄악이며, 모스크는 알라를 찬미하기 위해 지어진 곳입니다.

3. 금지사항 중에서 노래보다 더 금지되어야 하는 것은 코란에 선율을 붙여 낭송하는 것입니다. 이는 코란에 대한 모독입니다. 코란을 가락이 있는 노래로 전락시키기 때문입니다.

4. 비무슬림을 이슬람으로 귀의시키는 것과 이슬람에 순종하지 않는 이들이 참회하고 속죄하도록 하는 것은 의무입니다. 그러나 이는 샤리아에 맞는 방법으로 이뤄져야 하며, 새로 고안해 낸 방식이나 금지된 방식으로 이루어져서는 안 됩니다.

* 출처: http://www.alifta.com/Fatawa/FatawaChapters.aspx?languagename=ar&View=Page&PageID=10289&PageNo=1&BookID=3(사우디아라비아, 2013.8.11)

◆ 두프 사용에 대한 판단

질문 남성이 두프를 사용하는 것에 대한 판단은 무엇입니까? 이는 이슬람 찬가에 사용될 것입니다. 그리고 판단에 대한 근거는 무엇입니까?

파트와 건전한 의미가 있는 노래에 두프를 사용하는 것은 괜찮습니다. 이에 대한 근거로 사도께서 메카에서 메디나에 이주하여 입성하셨을 때 두프로 환영을 받으셨고, 이를 금하지 않으셨습니다.

* 출처: http://cms.islam.gov.kw/Pages/ar/FatwaItem.aspx?itemId=1223(쿠웨이트, 2013.8.22)

◈ 음악 수업에 대한 판단

질 문　저는 중학교 음악 교사입니다. 아침 조회 및 수업에서 국가(國歌) 제창을 진행하고, 이론 교육도 하고 있습니다. 무프티님, 제 일과 월급에 대한 판단을 내려 주십시오. 이는 할랄입니까, 아니면 하람입니까?

파트와　음악 연주와 교습, 수업에 대해 법학자들 간에 의견이 갈립니다. 법학자 대부분이 두프와 북을 제외한 다른 악기는 금지된다고 봅니다. 그러나 일부 법학자는 음주나 남성과 여성이 함께 동석하는 것 등 하람 요소가 없다면 허용된다는 입장을 취하고 있습니다. 또한 일부 법학자는 이를 혐오스러운 일로 봅니다. 그러나 첫 번째 의견을 뒷받침하는 근거가 확실하게 있기 때문에 이 견해가 가장 옳다고 생각합니다.

* 출처: http://cms.islam.gov.kw/Pages/ar/FatwaItem.aspx?itemId=2995(쿠웨이트, 2013. 8.22)

◈ 음악이 배제된 노래를 듣는 것은 허용된다.

질 문　국가(國歌)를 듣는 것은 할랄입니까, 하람입니까? 그리고 음악이 들어 있는 동요나 어린이 프로그램이나 만화에 삽입된 음악은 어떻습니까?

파트와　음악이 배제된 노래라면 들어도 괜찮습니다. 어린이를 위한 음악을 제외하고는 음악을 듣는 것은 허락되지 않습니다.

* 출처: http://cms.islam.gov.kw/Pages/ar/FatwaItem.aspx?itemId=2764(쿠웨이트, 2013. 8.22)

◈ 노래와 악기에 대한 판단

질 문　노래를 듣는 것에 대한 판단은 무엇입니까? 금지된 것이 가사입니까, 아니면 악기입니까? 할랄인 악기는 무엇이고, 하람인 악기는 무엇입니까? 휴대폰 벨소리에 대한 판단은 무엇입니까?

파트와　음악과 음란한 가사가 없는 노래는 부르거나 들어도 괜찮습니다. 다만 여성의 목소리를 외간 남성이 들어서는 안 되며 이는 하람입니다. 여성의 노랫소리는 치부이기 때문입니다. 또한 순수한 음악은 듣는 것과 연주하는 것이 샤리아에서 금지되어 있습니다. 욕정을 불러일으키는 음란한 가사가 있는 노래 역시 샤리아에서 금지됩니다. 다만 전쟁, 또는 샤

리아에서 허용하는 행사를 할 때 두프나 작은 북을 사용하는 것은 괜찮으
며, 이는 허용된 것입니다.

* 출처: http://cms.islam.gov.kw/Pages/ar/FatwaItem.aspx?itemId=880(쿠웨이트, 2013.
8.22)

◈ 법학자들 대부분은 순수 음악을 듣는 것을 금지된다고 본다.

질 문   다큐멘터리 영화처럼 사람들에게 유익하고 금지된 요소가 거의
없는데 음악이 들어가 있는 프로그램을 보는 것에 대한 판단은 무엇입니
까?

파트와   금지된 요소가 들어 있지 않은 순수한 음악을 놓고 학자들의 의
견이 갈립니다. 법학자 대부분은 음악을 듣는 것을 금지하고, 일부는 이
를 혐오스러운 일로 보며, 일부는 허용된다고 생각합니다.

* 출처: http://cms.islam.gov.kw/Pages/ar/FatwaItem.aspx?itemId=4432(쿠웨이트, 2013.
8.22)

◈ 국가(國歌)에 대한 판단

질 문   국가를 듣는 것은 금지된 일입니까?

파트와   애국심 및 국가를 향한 무슬림의 열망은 신앙의 필수요소입니다.
알라께서 이슬람의 금기들을 지키라 명하셨습니다. 또한 무슬림들의 피
와 재산과 명예를 수호하라고 하셨고, 인간과 동식물에게 선을 행하라고
명하셨습니다. 이 모든 것이 "알라는 자선을 행하는 그들을 사랑하시니
라"〈코란 바까라(2)장 195절〉라는 말씀 속에 담겨 있습니다. 여기서 자
선이라는 것은 국가(國家)에 대한 배려로 해석될 수 있습니다. 열정적 시
구와 금지된 악기가 사용되지 않는 건전가요나 찬가는 문제되지 않습니
다. 또한 이는 성실, 믿음, 진지함으로 국가의 발전과 긍지를 이루려는 마
음이 있어야 합니다.

* 출처: http://aliftaa.jo/index.php/fatwa/show/id/823(요르단, 2013.4.25)

◈ 악기 사용에 대한 판단

질문 방탕, 불신, 퇴폐적인 것을 불러일으키지 않는 음악에 대한, 이슬람의 판단은 무엇입니까?

파트와 두프나, 작은 북 외의 악기를 사용하는 것은 원칙적으로 금지됩니다. 이 두 악기도 결혼식이나 샤리아에서 허락하는 행사에서 사용 가능합니다.

* 출처: http://cms.islam.gov.kw/Pages/ar/FatwaItem.aspx?itemId=5244(쿠웨이트, 2013. 8.22)

◈ 사랑 노래 작사에 대한 판단

질문 사랑 노래를 작사하는 것은 하람입니까? 이집트 이프타 기관에 문의했더니 "가사가 도덕적인 고상함을 추구한다면 가능하지만 그렇지 않다면 불가합니다"라는 답변이 나왔습니다. 이에 대한 파트와를 내려 주십시오. 제가 가사를 쓴 지 3년 되었습니다

파트와 이집트 이프타 기관에서 적절한 파트와를 내렸다고 봅니다. 사랑 노래에는 도덕적인 노래도 있고 부도덕한 노래도 있습니다. 도덕적인 노래는 용납되지만 부도덕적인 노래는 용납되지 않습니다. 또한 도덕적인 노래라고 해도 두프 외에 다른 음악을 곁들이면 안 되고, 남녀가 문란하게 섞여 있거나 음주를 하는 등 금지된 행위를 동반하지 말아야 합니다.

* 출처: http://cms.islam.gov.kw/Pages/ar/FatwaItem.aspx?itemId=418(쿠웨이트, 2013. 8.22)

◈ 인터넷 음악 사이트 개설과 관련된 판단

질문 제 질문은 음악 관련 인터넷 사이트 개설에 관한 것입니다. 이 사이트는 방문자들에게 음악에 관한 읽을거리와 오디오 자료를 제공합니다. 존경하는 무프티님, 이 사이트와 자료가 허용된 것인지 금지된 것인지 판단을 부탁드립니다. 음악과 관련된 읽을거리만 업로드하는 것이 허용되는지도 알려 주십시오. 마지막으로, 노래 없이 음악만 듣는 것이 허용되는지 여부도 알려 주십시오.

파트와 음악을 듣는 것과 연주하는 것, 교습하고 배우는 것, 음악가에게 도움을 제공하는 것과 같은 문제에 관해서는 법학자들 간에 의견이 갈립니다. 법학자들 대부분은 전쟁이나 혼인잔치에서 연주하는 두프와 북을 제외한 다른 악기는 금지된다는 입장입니다. 일부 법학자는 다른 금지된 것이 동반되지 않는 한 이를 허락합니다. 그러나 금지된 것이 동반될 경우 어떤 법학자도 이것이 허락된다고 보지 않습니다.

* 출처: http://cms.islam.gov.kw/Pages/ar/FatwaItem.aspx?itemId=354(쿠웨이트, 2013. 8.22)

명절에는 종교적 명절, 불신자들의 명절, 비종교적인 명절이 있다. 이슬람에서 명절은 알라에 대한 감사와 기쁨, 알라에 대한 숭배와 관련이 있다. 샤리아에 따르면 이슬람의 명절로 희생절과 금식종료절이 있다. 희생절은 알라께서 아라파트 동산에 머무르는 성지순례자들을 용서하시는 날로, 용서에 대한 감사와 기쁨이 섞인 날이다. 한편 금식종료절은 라마단 월 다음에 오는 명절로, 알라께서 모든 금식자들을 용서하시는 명절이고 이에 대한 감사와 기쁨이 섞인 날이다. 샤리아에 따르면 추가로 새로운 이슬람 명절을 지정하는 것은 허락되지 않는다.

무슬림에게 크리스마스나 할로윈 등과 같은 불신자들의 명절을 기념하는 것이 허용되지 않는다. 또한 이러한 명절에 참여하거나 구경하는 것, 이와 관련된 음식을 먹거나 의복을 입는 것, 장식품을 다는 것도 허용되지 않는다. 이러한 행동을 하면서 자신이 무슬림이라고 지칭하는 자가 있다면 그의 초청에 응하는 것이 허용되지 않는다. 또 그 자가 선물을 준다면 그것을 받는 것도 허용되지 않는다. 그러나 불신자의 명절에 참여하지 않으면서 축하만 하는 것은 허용된다. 축하를 해 주는 것은 좋은 대접을 하는 것과 같기 때문이다.

비종교적인 명절로 국경일, 지도자의 생일, 지역의 기념일, 생일, 결혼 기념일 등이 있다. 이러한 명절은 관례이기 때문에 기념하더라도 아무 문제가 없다. 단, 무슬림의 관습이 아닌 불신자들의 관습을

모방하지 말아야 한다.[11]

◈ 축제 개최에 대한 판단

질 문　오늘날 이슬람 축제를 개최하는 것에 대한 판단은 무엇입니까? 이런 축제에서 다음과 같은 일이 일어납니다. 북과 드럼을 사용하고 남녀가 축제에 함께 참석하게 됩니다. 또한 남녀가 계단에서 서로 얼굴을 마주할 수 있으며, 여성 전용 출입구가 따로 없습니다. 축제를 위해 카메라가 사용되며 몇몇 여성들은 음악의 리듬에 몸을 흔듭니다.

파트와　덕성을 고양하고 장려하며, 마음속에 선과 믿음의 의미를 심고 선의가 있으며 건설적인 어휘를 담은 종교 음악이 사용되는 축제를 개최하는 것은 샤리아에서 허용되는 일이며 바람직한 일입니다. 청년들이 배움을 얻고 재능을 갈고 닦는 축제가 특히 그렇습니다. 이런 축제에선 많은 선행과 알라를 향한 선도가 이루어집니다.

　그렇지만 이는 이슬람의 도덕규범과 규칙을 준수하지 않으면 불가한 일입니다. 그러므로 이러한 축제에 금지된 연주 도구와 악기가 사용되어서는 안 되며, 남녀가 한 자리에 섞여 있어서도 안 됩니다. 이는 샤리아에서 하람이며 혼란을 일으키기 때문입니다.

　이와 같은 축제를 개최하는 사람들은 반드시 이러한 규칙을 준수해야 합니다. 남녀가 한 자리에 같이 있는 것은 허용되지 않으며, 금지된 연주 도구와 악기는 사용될 수 없습니다. 이는 알라 앞에서 떳떳하기 위함입니다. 올바른 축제를 개최하는 것은 좋은 일이고 귀한 말씀을 통해 알라께 선도하는 일입니다.

　* 출처: http://aliftaa.jo/index.php/fatwa/show/id/1961(요르단, 2013.4.25)

◈ 하끄 알라일라 행사는 허용된다.

질 문　아이들이 "하끄 알라일라" 행사를 하는 것에 대한 판단은 무엇입니까? 하끄 알라일라는 이슬람력 8월 절반이 되는 날 밤을 의미합니다.

파트와　이날은 어린이들이 기쁘고 행복한 마음으로 밤을 지내는 날입니

11_ Muḥammad Rawās Qal'ah Jī, p.1449.

다. 우리는 이를 '하끄 알라일라(밤의 권리)'라고 부르는데, 이슬람력 8월의 절반을 지나는 날의 밤을 일컫습니다. 하끄 알라일라는 은혜로운 밤 중 하나로, 특별한 관습이 있습니다. 이맘 아흐마드가 압둘라 븐 오마르의 전언을 그의 저서 『알무스나드』에 발췌하여 기록한 것에 따르면 사도께서 "알라께서는 8월의 절반을 지나는 날 밤에 피조물들을 내려다보시고, 적과 살인자를 제외한 모두를 용서해 주신다"라고 말씀하셨습니다.

이날 밤에 아이들이 예쁜 옷을 입고 동네 여러 집을 찾아다닙니다. 지역 관습에 따라 몇 가지 노래를 반복해서 부르면서 선물이나 사탕을 받는데, 아이들이 무척 행복해합니다. 하끄 알라일라는 이슬람 법에 위배되지 않는 허용된 풍습 중 하나이며, "금지된 것이라는 증거가 없으면 허락된 것이다"라는 피끄흐 원칙에 근거를 두고 있습니다. 또한 이날 밤 아이들이 선물을 받고 집 주인을 위해 기도를 하며, 이날 밤에 하는 기도는 응답을 받습니다. 이맘 샤피이는 저서 『알움무』에서 "우리가 전해 들은 바에 따르면 기도가 응답받는 밤이 다섯 날 있다. 금요일 밤, 회생절 밤, 금식종료절 밤, 이슬람력 7월의 첫날 밤, 이슬람력 8월의 반을 지나는 날의 밤이다. 종교적 의무는 아니지만 이러한 날 밤에 이야기를 나누는 것은 권장된다"라고 말했습니다.

이와 같이 우리는 아이들이 이 행사를 해도 괜찮다고 생각합니다. 아이들이 하끄 알라일라에 외출을 하는 것은 이미 정착된 관습이며, 관습과 관련한 원칙에 따라 샤리아에서 이를 금지하지 않는 한 허용됩니다.

* 출처: http://www.awqaf.gov.ae/Fatwa.aspx?SectionID=9&RefID=18683(아랍에미리트, 2013.8.9)

도박은 양쪽 중 한쪽이 단순히 운과 우연으로 양쪽이 사용한 금전에 대한 소유권을 갖는 것을 의미한다. 도박은 금지되며 중죄에 속한다. 알라께서 "술과 도박과 우상과 점술은 다만 사탄이 만든 증오일 뿐이라. 그러므로 너희는 그 모든 것을 멀리하라"〈코란 마이다(5)장 90절〉라고 말씀하셨다. 도박을 통해 올린 소득은 금지된 소득이며, 도박을 포함한 모든 놀이는 금지된 놀이이다. 도박해서 딴 돈으로 물건을 구매해서는 안 된다. 이러한 구매 행위는 방탕한 생활을 돕는 것이다.[12]

◈ **과도하게 축구 경기를 시청하는 것은 금지된다.**

질문 저는 16세의 청년으로 축구경기 시청에 푹 빠져 있습니다. 하지만 알라의 은혜로 시간에 맞춰 예배를 하고는 있습니다. 이는 할랄인가요 하람인가요?

파트와 질문자께서 하신 질문에 대한 답변은 질문자의 마음과 머리에 있다고 생각합니다. 즉, 질문자께서 이렇게 축구경기 시청에 심하게 빠져 있는 것이 무슨 이득이 있는지 의문을 가지셔야만 합니다. 또한 축구경기 시청에 빠져 지내는 것이 종국에는 어떤 결과로 이어질지 자문해야 합니다. 이렇게 하는 행동이 질문자의 지식이나 노동을 배가하지도, 신앙과 도덕을 더 높여 주지도 않는 것은 물론 미래를 위해 돈과 기술을 늘리지도 못한다는 것을 알아야 합니다. 한편 알라께서 우리의 삶 속에서 여러

12_ Muḥammad Rawās Qal'ah Jī, p.1600.

단계마다 제한된 시간 속에 복을 내려 주셨습니다. 만약 누군가 이에서 벗어난다면 그는 심판의 날에 돌아오지 못할 것입니다. 심판의 날 우리는 질문을 받게 됩니다. 선행과 이로움으로 채우지 못한다면 심판의 날 우리는 비통함과 후회에 빠질 것입니다. 사도 무함마드께서 "사람들이 모여 있되 알라를 언급하지 않고 사도에게 축복을 기원하지 않는다면 그들에게 반드시 슬픔, 즉 비통함이 있을 것이다"라고 말씀하셨다고 알티르미디가 전승했습니다.

　귀하는 오랜 시간 경기 시청을 피해야 합니다. 특히 이렇게 과하게 시청하는 것이 질문자의 학업에 영향을 주거나 스포츠 채널 시청에 빠지게 하는 경우가 생길 수 있습니다. 금지된 장면이 없다면, 경기 시청을 금하지는 않습니다만 질문자께서 자신의 일 전체를 잘 조절하시기 바랍니다. 또한 자기계발에 집중하고, 역량을 증진하며, 사회의 모든 선행에 적극적으로 참여하길 촉구합니다.

* 출처: http://aliftaa.jo/index.php/fatwa/show/id/686(요르단, 2013.2.12)

◈ **생명에 위협이 되는 스포츠는 금지된다.**

　질 문　사망 위험이 있는 스포츠에 대한 판단은 무엇입니까?

　파트와　이슬람은 인간에게 신체와 건강에 유익한 스포츠를 허용하였습니다. 부카리의 기록에 따르면, 사도께서 "너의 신체는 온전히 너의 책임이다"라고 말씀하셨습니다. 또한 이맘 무슬림이 아부 후라이라의 전언을 기록한 것에 따르면 사도가 "알라께서 보시기에, 믿는 자들 중에서도 건강한 이가 약한 자보다 나으며, 그가 더 사랑을 받는다. 그러나 둘 다 알라의 복을 받으니, 네게 유익한 것을 찾아서 하라"라고 말했습니다.

　그러나 운동에는 조건이 따릅니다. 운동은 언제나 무해해야 하고, 운동으로 인해 할 일을 못 하거나 권리가 상실되어서는 안 되며, 금지된 것을 동반하면 안 됩니다. 이 중 하나라도 충족하지 못하는 운동, 예를 들어 위험하고 유해한 타격이 위주인 스포츠는 하면 안 됩니다. 사망 위험이 높은 운동도 이와 마찬가지로 금지됩니다. 알라께서 "알라께서 신성시한 생명을 살해하지 말라, 그것이 그분께서 너희에게 명령하여 지혜를 배우도록 한 것이다"〈코란 안암(6)장 151절〉라고 말씀하셨습니다. 또한 이맘 알꾸르뚜비는 "이 코란의 구절은 보호되어야 할 생명, 믿음이 있는 생명, 그리고 약속된 생명을 죽이는 것을 금지한 것이다. 그러나 죽여야 할 의무가 있는 사람들은 예외이다. 통치권자가 정해 놓은 살인자에 대한 형벌 등이 그 예이다"라고 말했습니다.

* 출처: http://www.awqaf.gov.ae/Fatwa.aspx?SectionID=9&RefID=9961(아랍에미리트, 2013.8.8)

◈ 권투에 대한 판단

질문 저는 알제리 청년입니다. 권투 선수 생활을 했었고 아직도 프로 권투선수로 활동 중이며, 코치직을 겸하고 있습니다. 질문이 있습니다. 권투에 대한 샤리아에 따른 판단이 무엇인지 잘 모르겠습니다. 저와 알제리 젤파 시(市)에 있는 형제들에게 권투 같은 운동에 대한 파트와를 내려주시기 바랍니다. 권투는 할랄입니까, 아니면 하람입니까? 그리고 이에 대한 샤리아에 따른 근거는 무엇입니까? 한 가지 더 말씀드리자면, 저는 청년들을 가르치는 대가로 월급을 받고 있습니다.

파트와 권투는 허용되지 않습니다. 권투는 사람에게 위험한 운동이기 때문입니다. 알라께서 "너희 스스로 파괴를 초래하지 말라"〈코란 바까라(2)장 195절〉라고 말씀하셨습니다. 또 "너희 자신이나 다른 사람을 살해하지 말라. 참으로 알라는 언제나 너희에게 자비로우셨느니라"〈코란 니싸아(4)장 29절〉라고 말씀하셨습니다. 권투는 매우 유해하고, 유익하지 못한 일로 이어질 가능성이 있습니다. 따라서 권투는 하람입니다. 유해한 권투를 포기하고 유익함이 있는 운동으로 바꿔야 합니다.

* 출처: http://www.alifta.com/Fatawa/FatawaChapters.aspx?languagename=ar&View=Page&PageID=10358&PageNo=1&BookID=3(사우디아라비아, 2013.7.29)

◈ 여성이 다른 여성들 앞에서 수영을 하는 것은 하람이다.

질문 여성이 다른 여성들 앞에서 수영해도 되나요?

파트와 여성이 다른 여성들 앞에서 수영하는 것은 하람입니다. 수영하면서 여성의 치부가 노출될 수 있고, 이 때문에 불경한 일이 발생할 수 있기 때문입니다. 그러나 여성이 폭이 넓고 두꺼운 옷을 입어서 치부를 가릴 수 있다면 예외적으로 다른 여성들 앞에서 수영하는 것이 가능합니다.

* 출처: Muṣṭafā Murād, p.222.

◈ 여성이 남성들 앞에서 수영을 하는 것은 하람이다.

질 문 여성이 남성들 앞에서 수영해도 되나요?

파트와 여성이 남성들 앞에서 수영하는 것은 하람, 즉 금지된 행위입니다. 여성의 중요한 신체 부위가 남자들 앞에서 노출되기 때문입니다. 이것은 같은 여자 앞에서 신체를 드러내는 것보다 더 심각한 일입니다

* 출처: Muṣṭafā Murād, p.223.

◈ 여성이 축구하는 것에 대한 판단

질 문 여성이 축구하는 것에 대한 판단을 알고 싶습니다

파트와 외간 남성이 아니라 같은 여성끼리, 또는 아이들과 축구하는 것이라면 여성에게 허용됩니다. 또한 무슬림 여성들이 자신의 주요 신체부위를 가림으로써 매력을 드러내지 않고, 자신의 의무를 소홀히 하지 않으며, 외간 남성과의 염문이 없다면, 그리고 폭이 좁은 옷을 입어 치부를 노출하는 경우가 발생하지 않는다면 여성이 축구를 하는 것이 허용됩니다.

그러나 텔레비전에서 종종 보듯이, 여성이 허벅지 같은 중요한 신체 부위를 노출하여 외간 남성이 이를 보는 경우, 또는 꽉 죄거나 속이 비치는 옷 때문에 여성의 주요 부위가 밖에서 보이는 경우는 절대적으로 금지됩니다. 여성이 이러한 상태로 운동하도록 두는 사람들은 저주를 받습니다. 남자 코치나 여자선수, 관련 스포츠 기관이 이러한 상황을 이용해 얻는 수익 또한 하람입니다. 이 경기를 경기장이나 텔레비전, 위성방송을 통해서 보는 시청자 역시 죄인이자 알라께 불복종하는 자입니다. 이 경기를 중개하는 아나운서 역시 죄를 짓게 됩니다.

* 출처: Muṣṭafā Murād, p.222.

◈ 포켓몬 게임에 대한 판단

질 문 최근에 학생들 사이에서 포켓몬이라는 게임이 유행하고 있습니

다. 많은 아이들이 여기에 푹 빠져 온 정신을 쏟고 있으며, 학생들 사이에서 이것이 최대의 관심사입니다. 학생들은 돈을 주고 카드를 사는데, 카드 가격은 10에서 600리얄 사이입니다. 한 장에 2천에서 3천 리얄인 카드도 있습니다. 학생들은 하루 종일 최신 카드 정보를 수집하고 새 카드가 있는 곳이라면 어디든지 찾아갑니다. 포켓몬 카드의 인기가 치솟자 카드를 매매, 교환할 수 있는 장소가 생겨 시장이 형성되었습니다. 심지어는 카드 경기가 생겨서, 더 많은 카드를 가지고 싶은 학생들이 여기에 참여해 경기를 합니다. 더 심각한 문제도 있습니다. 포켓몬 게임 최신 정보에 관심을 갖고 자녀들을 아낌없이 지원해 주는 부모들이 적지 않다는 것입니다. 어떤 학부모들은 이 카드가 자녀들에게 미치는 영향력이 대단하다는 것을 알고 상벌 수단으로 사용하기도 합니다. 저는 이 게임이 특정 연령층을 직접적인 타겟으로 하고, 종교, 교육, 행동 측면에서 심각한 우려를 야기한다는 사실을 밝히고자 간략한 분석 보고서를 제출합니다. 종교적 측면에서 심각한 위험요소, 교육적인 부정적인 영향을 집중 조명하였습니다. 저는 보고서를 통해, 이 게임이 심각한 사회현상이 되고 난 후 제가 조사하면서 알게된 사실을 제시하기 위해 노력했습니다. 우리 아이들을 도덕적, 종교적으로 올바르게 길러내고자 노력하는 분들에게 도움이 되었으면 합니다.

게임에 포함된 샤리아상의 금지사항.

첫째, 본 게임은 금지된 행위인 도박 요소를 포함하고 있습니다. 게임에서 두 플레이어가 가격이 각기 다른 여러 장의 카드로 경쟁합니다. 플레이어들이 보유한 카드는 모두에게 가치를 인정받은 카드입니다. 더 강력한 카드를 가진 사람이 상대가 가지고 있던 약한 카드를 획득하게 됩니다. 패자가 카드를 계속 가지고 있으려면, 그 가치만큼 돈으로 지불해야 합니다. 카드의 가격은 승자가 결정하며, 원래 가격을 넘을 수도 있습니다. 이는 이슬람 이전 시대의 도박 방식과 같습니다. 이슬람 이전 시대의 도박은 두 사람이 돈을 걸고, 승자가 패자의 돈을 따는 방식이었습니다. 승자가 도박으로 패자의 가족을 따 가는 경우도 있었습니다. 이와 같은 일에 대해 알라께서 "술과 도박과 우상숭배와 점술은 사탄이 행하는 불결한 것들이거늘 그것들을 피하라 그리하면 너희가 번성하리라"〈코란 마이다(5)장 90절)라고 말씀하셨습니다. 포켓몬 게임을 통해 학생들 사이에 이런 도박이 유행하고 있습니다. 학생들이 도박에 사용하는 카드는 금전적 가치를 가지고 있으며, 패자의 카드는 승자에게 넘어갑니다. 게임에 졌는데 카드를 잃고 싶지 않다면 카드를 계속 가지고 있기 위해서 대가로 돈을 지불해야 합니다.

둘째, 이 게임은 진화론을 바탕으로 합니다. 이 게임을 인정하지 말아야 하는 가장 중요한 이유가 바로 여기에 있습니다. 진화론은 다윈이 주장한 이론으로 생물의 진화를 주장합니다. 인간은 여러 생명체의 모습으로 진화해 왔으며 마지막으로 원숭이를 거쳐 인간이 되었다는 것이 진화론의 주장입니다. 놀랍게도 아이들이 '진화'라는 단어를 심심찮게 씁니다. 아이들은 카드에 그려진 캐릭터가 진화해서 다른 모습으로 변했다며 캐릭터의 진화에 몰두합니다.

셋째, 이 게임은 탈선 종교와 단체의 상징물을 담고 있습니다. 이를 염려하는 사람은 충격 받아 가슴이 찢어질 정도로 괴로울 것입니다. 카드에 그려진 기형적인 상징물과 그림 때문입니다. 게임 생산자, 홍보담당자의 주장과는 달리 이 게임은 오락과 재미를 위해 만들어진 것이 아닙니다. 뒤에 보이지 않는 손과 조직적으로 일하는 기관이 있습니다. 이들은 카드에 그려진 상징물을 통해 자신들의 빗나간 사상을 전파하고자 하며, 가장 파괴력 있는 세계적 운동 단체에서 이를 악용하고 있습니다. 세상을 혼란에 빠트리려는 자들은 이러한 상징을 적극적으로 활용합니다. 이들은 자기가 취향에 맞게 상황을 설명하면서 사람들의 머릿속에 잔상을 남기고 게임 유저들에게 접근합니다. 실제로 많은 아이들이 이런 일을 겪었습니다. 탈선 단체들은 상징물, 그림, 슬로건 등의 중요성을 강조하고 있습니다. 그들은 이렇게 말합니다. "비밀은 말, 그림, 글을 통해 전달되며, 이것은 곧 의식이다." 이것은 일부 변형된 형태로만 카드에 녹아 있습니다. 대표적인 상징물은 다음과 같습니다.

㈎ 육각별: 거의 모든 카드에 육각별이 그려져 있습니다. 누구나 알고 있듯이 육각별은 세계 시온주의와 연관되어 있습니다. 육각별은 이스라엘의 상징이며 이스라엘에서 육각별은 예루살렘을 상징합니다. 육각별은 전세계 프리메이슨 단체들의 첫 번째 상징물이기도 합니다.

(나) 십자가: 이 게임에 다양한 형태의 십자가가 보이는데, 이는 기독교의 상징입니다.

(다) 삼각형과 다각형: 프리메이슨 같은 왜곡된 단체들이 중요하게 생각하는 상징물입니다.

(라) 신토(神道)의 상징물: 신토는 다신론을 토대로 한 일본의 종교입니다. 신토에서는 태양, 대지, 그리고 다양한 동식물을 성물로 여겨 신격화합니다.

파트와 포켓몬 게임에 대한 판단을 물어본 사람들이 많습니다. 이 게임에 포함된 샤리아에 따른 금지사항은 수없이 많으며, 대표적인 내용은 다음과 같습니다. 이 게임은 다신론에 입각하여 도박을 조장하는데, 이는 알라께서 코란을 통해 금지하신 것으로 음주, 우상과 동급으로 봅니다. 알라께서 "믿는 자들이여 술과 도박과 우상숭배와 점술은 사탄이 행하는 불결한 것들이거늘 그것들을 피하라 그리하면 너희가 번성하리라"〈코란 마이다(5)장 90절〉라고 말씀하셨고, "알라께 복종하고 선지자께 순종하며 악을 경계하라 너희가 배반한다면 선지자의 의무는 단지 말씀을 전함에 있노라"〈코란 마이다(5)장 91절〉라고 말씀하셨습니다. 이 게임은 이교도의 상징물을 전파하고 이를 선전하는 행위, 금지된 그림을 전파하는 행위, 착복 행위도 담고 있습니다.

상임위원회는 이러한 이유를 근거로 이 게임과 게임으로 발생한 금전적 이익은 모두 하람이라고 봅니다. 이 게임은 도박으로 하람이기 때문입니다. 따라서 이 게임을 판매하거나 구매하는 것은 금지됩니다. 이는 알라와 사도 무함마드께서 금하신 일을 저지르게 하는 수단이기 때문입니다. 상임위원회의 이름으로 모든 무슬림들에게 이 게임을 경계할 것을 권고합니다. 자녀들이 이 게임을 접하지 못하게, 그리고 하지 못하게 하여 아이들의 종교와 믿음, 도덕을 지킬 것을 권고합니다.

* 출처: http://www.alifta.com/Fatawa/FatawaChapters.aspx?languagename=ar&View=Page&PageID=10355&PageNo=1&BookID=3(사우디아라비아, 2013.7.29)

◇ **인형놀이에 대한 판단**

질 문 여자아이들이 플라스틱으로 만들어진 신부 인형을 가지고 노는 것에 대한 샤리아에 따른 판단은 무엇인가요? 인형의 생김새는 알라께서 창조하신 여자아이와 비슷합니다. 알라는 유일한 조물주이시며 알라께만 숭배와 신격화를 할 수 있습니다.

파트와 원래 그림을 금지한다는 샤리아의 근거에 따라 영혼이 들어간 모든 그림이 금지되고 있습니다. 그러나 나무와 건물처럼 영혼이 없는 그림은 놀이 목적으로 이용해도 무방합니다.

* 출처: http://www.alifta.com/Fatawa/FatawaChapters.aspx?languagename=ar&View=Page&PageID=10358&PageNo=1&BookID=3(사우디아라비아, 2013.7.29)

◈ 오락실 운영에 대한 판단

질 문 플레이스테이션 오락실을 개업하고 싶습니다. 이에 대한 샤리아에 따른 판단은 무엇입니까?

파트와 오락에는 금지된 것도 허용된 것도 있습니다. 금지된 요소가 없다면 허용됩니다. 이맘 무슬림은 저서 『알싸히흐al-Ṣaḥīḥ』에서 "명절에 죄악이 없는 오락은 허용된다"라고 말했습니다. 도박 등을 기본으로 하는 오락이거나 신앙을 어기는 요소가 포함되었을 경우에 하람이며, 이런 오락을 하는 일은 허용되지 않고 돕는 것도 허용되지 않습니다.

오락실에 금지되는 것들이 있거나 이를 받아들이고 동조하는 요소가 있을 수 있습니다. 도박성 게임이 그렇고, 또한 샤리아에 위배된 내용이 담긴 게임이 그렇습니다. 이는 이슬람의 가르침과 어긋나는 것입니다. 이런 경우 오락실 영업을 할 수 없습니다.

오락실에 이러한 요소가 전부 포함되어 있거나 일부 포함된 경우에 허용되지 않습니다. 이는 도박이기 때문이며, 이에 공조하는 것도 허락되지 않기 때문입니다. 알라께서 "정의와 신앙을 위해 서로 협동하라. 그러나 죄악과 증오에는 협조하지 말고 알라를 두려워하라. 알라께서 엄한 벌을 내리실 것이다"〈코란 마이다(5)장 2절〉라고 말씀하셨습니다.

* 출처: http://aliftaa.jo/index.php/fatwa/show/id/2810(요르단, 2013.5.29)

◈ 전자게임에 대한 판단

질 문 저는 오락실을 가지고 있고 플레이스테이션기를 대여하는 일을 합니다. 이것은 하람입니까, 아니면 할랄입니까?

파트와 　전자게임은 원래 허용된 오락 도구에 속합니다. 이슬람 샤리아는 놀이와 휴식을 금하지 않습니다. 오히려 사도 무함마드께서 결혼을 많이 하는 철에 아이샤에게 "그대들에겐 즐거움이 있었네! 지지자들이 즐거워 한다네"(부카리 전승 5162번)라고 말씀하셨습니다. 그러나 오늘날 전자 게임을 비롯한 다수의 오락 기기들이 샤리아에서 경고된 사항들을 포함 하고 있고, 이는 허용된 오락의 의미에서 벗어나는 것입니다.

또한 순수한 오락 수단들은 개인과 사회에 해를 끼치는 다양한 형태로 변형되었습니다. 경각심을 가져야 할 내용은 다음과 같습니다.

1. 많은 청년들이 겪는 심각한 중독입니다. 이는 청년들에게 신체적, 심 리적으로 해를 입히고 정신적인 피로를 가져옵니다. 아울러 청년들이 의무 수행과 생산적 성과에 집중하지 못하도록 합니다.

2. 일부 전자오락은 이슬람 법에 위배되는 사항을 포함하고 있습니다. 이 는 다른 종교의 기치를 내세우도록 하는 게임, 특정 신앙의 승리를 보여 주는 게임, 이슬람과 무슬림의 이미지를 훼손하는 게임과 같습니다. 또 한 최근에는 무슬림들을 죽이는 게임들도 있으며, 앙심을 품은 일부 제 작자들이 이런 게임을 이용해 자신들의 문화와 시각을 전파하려 합니 다.

3. 도박을 장려합니다.

4. 치부를 영상화하고 금기사항에 빠지게 만듭니다.

5. 악기를 사용합니다.

게임이 이러한 탈선행위에서 벗어나 원래의 순수한 상태로 돌아온다면 사람이 근면, 성실하게 삶을 살아가는 데 필요한 허용된 오락 중 하나가 될 것입니다.

＊ 출처: http://aliftaa.jo/index.php/fatwa/show/id/632(요르단, 2013.2.11)

◆ **참가비를 상금으로 주는 것에 대한 판단**

질문 　우리는 지역에 있는 사원들의 대표로 구성된 그룹입니다. 우리는 여름 휴가철에 오락 삼아 리그전을 벌입니다. 각 팀은 리그전을 할 때 10 디나르씩 냅니다. 그리고 리그전이 끝난 후 승리한 팀에게 건 금액 전부를 줍니다. 이 상금을 받는 것에 대한 판단은 무엇입니까?

파트와　게임 참가자들이 돈을 내는 것은 허용되지 않습니다. 게임에서 이긴 팀이 모든 돈을 차지하게 된다면 이것은 알라께서 금한 도박에 포함됩니다. 알라께서 "믿는 자들이여 술과 도박과 우상숭배와 점술은 사탄이 행하는 불결한 것들이거늘 그것들을 피하라 그리하면 너희가 번성하리라"〈코란 마이다(5)장 90절〉라고 말씀하셨습니다.

이븐 하자르 알하이타미는 저서 『투흐파트 알무흐타즈』에서 "앞선 사람이 다른 사람의 것을 가져가는 것은 옳지 않다. 두 사람 모두 반복해서 이익과 손해를 보기 때문으로 이는 금지된 도박이다"라고 말했습니다.

할랄인 경기는 제일 열심히 하는 사람을 정하는 경기입니다. 한 팀을 선발해 상금을 주고, 이때 나머지 팀은 돈을 내지 않습니다. 혹은 경기 참가자가 아닌 다른 사람으로부터 상금을 받을 수 있으며, 이는 문제가 되지 않습니다.

* 출처: http://aliftaa.jo/index.php/ar/fatwa/show/id/477(요르단, 2013.8.13)

◈ **경품에 대한 판단**

질 문　한 통신사가 서비스의 일환으로 제공하는 모바일 게임에 참여했습니다. 통신사에서 여러 질문을 저에게 발송해서 저는 이에 답변을 보냈습니다. 회사에서 제가 자동차에 당첨되었다고 알려 주었습니다. 제가 이 경품을 받는 것이 샤리아에 따라 허용됩니까?

파트와　경품은 그 성격에 따라 판단이 달라집니다. 경품 행사 주최측이 유료로 서비스를 제공하거나 참여자가 도박성이 있는 경품 행사에 참여하는 경우, 이러한 경품은 금지된 도박입니다. 사람들의 돈을 부당하게 착복하는 것이기 때문입니다. 알라께서 "믿는 자들이여 술과 도박과 우상숭배와 점술은 사탄이 행하는 불결한 것들이거늘 그것들을 피하라 그리하면 너희가 번성하리라"〈코란 마이다(5)장 90절〉라고 말씀하셨습니다.

경품행사 주최측이 무료로 경품을 제공하거나 다른 사람들로부터 기증받은 경품이라면 '기본적으로 경품행사와 경품은 허용된다'라는 샤리아의 원칙을 따르고 있으므로 문제되지 않습니다.

이에 따라, 위 통신사가 가입자의 계좌에서 평상시의 메시지 비용을 초

과하는 금액을 청구할 경우, 예를 들어 메시지 가격이 일반 메시지 가격
보다 높을 경우 금지된 도박이며 말씀하신 자동차를 경품으로 탈 수 없습
니다. 금지된 돈을 해결하는 방법은 회사입니다. 하지만 가입자의 계좌에
서 어떤 금액도 인출되지 않는다면 경품을 받을 수 있습니다.

* 출처: http://aliftaa.jo/index.php/fatwa/show/id/2836(요르단, 2013.8.4)

Fatwā

제5장

기타 파트와

◈ **살충제로 벌떼 제거**

질문 제가 사는 건물 계단에 일단의 벌떼들이 모여 있어서 계단을 올라갈 수도 내려올 수도 없습니다. 또한 벌침에 쏘이기까지 했으며 매우 고통스러웠습니다. 제가 벌집에 살충제를 뿌려도 될까요?

파트와 원래 벌을 죽여서는 안 됩니다. 그 이유는 벌이 예언자께서 살생을 금지하신 동물 중 하나이기 때문입니다. 아흐마드와 아부 다우드가 이븐 압바스의 전언을 기록한 것에 따르면 예언자께서 개미, 벌, 후투티 그리고 때까치 등 4가지 동물의 살생을 금하셨습니다.

알나와위가 군중 앞에서 말하기를 "우리의 예언자께서 벌, 개미, 제비, 개구리를 살생하는 것을 금지하셨다"고 했습니다.

『알카피 피 피끄흐 알이맘 아흐마드al-Kafī fī Fiqh al-'Imām 'Aḥmad』라는 책의 저자가 말하길 "벌을 불태우거나 익사시키는 것은 안 된다. 이유는 예언자께서 벌을 죽이는 것을 금하셨기 때문이다"라 했습니다. 아부 바크르는 벌을 불태우거나 수장시키지 말라고 했습니다.

그러나 합법적인 목적으로 벌을 죽이는 것, 예를 들어 해를 막거나 이익을 가져다주는 시기에 살생이 허용됩니다.

한발리 학파의 이맘 바알리가『알이크티야라트 알피크히야』에서 말하길 "벌의 모든 꿀을 채취한다 하더라도 피해가 발생하지 않으면 벌을 죽여서는 안 된다. 그렇지 않다면 살생이 가능하다"고 했습니다.

* 출처: http://www.awqaf.gov.ae/Fatwa.aspx?SectionID=9&RefID=958(아랍에미리트, 2013. 1.8)

◈ 애완 동물 등 길거리에서 동물을 교통사고로 죽인 일에 관한 질문

질 문　어떤 사람이 의도치 않게 자동차로 애완 동물(고양이)을 쳤습니다. 이에 대해 어떤 후환이 있나요?

파트와　이 사건이 의도치 않게 일어났다면 죄가 되지 않습니다. 전지전능하신 알라께서 이 공동체가 실수하고 망각한 것과 사람들이 강요한 것에 대해서 용서하시기 때문입니다. 이에 대해서는 예언자 알무스타파(무함마드의 다른 이름)에 의해 확증되었는데, "서두르지 않도록 조심하라. 그대들의 마차가 동물이나 그대에게 해가 되지 않도록 천천히 운행하라"라고 하셨습니다.

　가장 좋은 것은 당신이 얼마의 금전적 기부를 하는 것입니다. 이에 대해 몇몇 법학자들이 파트와를 내린 것도 있고, 아부 다리와 무아드 븐 자발이 전한 하디스에 따르면 "네가 어디에 있던 알라를 경외하라. 나쁜 일을 했다면 착한 일을 같이 하라, 그러면 그 일이 상쇄되리라. 그리고 사람들에게 착하게 대하라."(알티르미디 전승).

* 출처: http://www.awqaf.gov.ae/Fatwa.aspx?SectionID=9&RefID=926(아랍에미리트, 2013.1.8)

◈ 애완동물 사육과 동물에 대한 심판에 관한 판단

질 문　심판의 날에 동물이 심판을 받습니까? 집안에서 동물을 길러도 되나요?

파트와　첫째, 동물이 심판의 날에 부활한다는 것은 의심할 여지가 없는 진리입니다. 알라께서 다음과 같이 말씀하셨듯이 동물들은 서로에게 복수합니다. "야수들이 (심판의 날에 몹시 두려워 정신없이) 모여질 때와" 〈코란 타크위르(81)장 5절〉, 그리고 이에 관한 인증된 예언자 전승들이 있습니다. 그중에는 무슬림의 전승집에 아부 후라이라가 전하는 예언자 전승이 있습니다. "심판의 날에 (너희가 하지 않았던) 의무를 다하게 될 것이다. 이는 털이 없는 양이 뿔 달린 양에게 이끌려 갈 때까지이다." 이맘 아흐마드가 아부 후라이라의 하디스에서 인용한 것에 따르면 다음과 같습니다. "피조물은 서로에게 복수한다. 털이 없는 동물이 뿔 있는 동물에게 복수하고 원소(元素: atom)가 원소에게 복수한다."

둘째, 허용된 동물에게 먹이와 물을 잘 주면서 집에서 키우는 것은 죄가 되지 않습니다.

* 출처: http://www.alifta.com/Fatawa/FatawaChapters.aspx?languagename=ar&View=Page&PageID=10215&PageNo=1&BookID=3(사우디아라비아, 2013.8.11)

◈ 개의 침이 불결한 것인지에 관한 판단

질 문　　보안(경찰)견 훈련기관은 고도로 발달된 후각을 가진 훈련된 보안견들을 이용하여 국가차원에서 청년과 조국을 보호하기 위한 다양한 서비스를 수행합니다. 저는 개의 침에 대한 청결함과 불결함의 정도를 샤리아를 통해 알고 싶습니다.

파트와　　샤리아에는 개의 침을 불결한 것이고 개가 핥은 그릇은 일곱 번 씻어야 한다고 되어 있습니다. 아부 후라이라가 전하는 하디스에 따르면 예언자께서 "너희들 중 하나가 가지고 있는 그릇을 개가 핥은 경우 그 그릇이 청결하게 되려면 그것을 일곱 번 씻어야 하는데 그중에서 맨 처음은 흙으로 닦아야 한다"라고 하셨습니다. 무슬림과 아흐마드 그리고 아부 다우드가 이것을 전하고 있습니다. 개털은 불결하다는 것이 입증되지 않았으며 청결한 것임이 분명합니다. 말리키 학파는 "모든 살아 있는 생명체는 그것이 개라고 할지라도 몸이 청결하다"라고 말했고, 하나피 학파도 개가 살아 있는 한 몸이 깨끗한 존재라는 것에 동의했습니다. 한편 개에게서 분비되는 침이나 점액, 땀, 눈물의 불결함에 대해 하나피 학파는 죽은 개의 살덩어리가 불결하기 때문에 살아 있어도 그 침이 불결하다고 말했고, 말리키 학파는 모든 살아 있는 것과 그것으로부터 배출되는 것은 청결하다는 것을 근거로 할 때 그것(개의 분비물)은 모두 청결하다라고 밝혔습니다. 이것이 개의 침과 분비물의 청결함과 불결함에 대한 이슬람 법학자들의 의견입니다.

　이것으로 질문에 대한 답을 찾으실 수 있을 겁니다.

* 출처: http://www.dar-alifta.org/ViewFatwa.aspx?ID=4714&LangID=1&MuftiType=(이집트, 2013.7.10)

◈ **경비의 목적으로 집 안에서 소형견을 기르는 것은 허용된다.**

> **질 문** 농장을 하나 소유하고 있습니다. 경비 목적으로 개가 한 마리 필요한데요. 큰 개를 구입하려고 했지만 저는 개를 무서워합니다. 그래서 적응해보려고 어린 강아지를 샀습니다. 이 개가 클 때까지 집에 두고 길러도 되나요?

> **파트와** 경비, 사냥 등 개를 구입하는 것이 허용되는 목적으로 개를 훈련시키기 위해 집안에서 소형견을 기르셔도 괜찮습니다. 하디스에 따르면 이와 같은 개의 용도는 예외로 간주합니다. 그 내용은 바로 예언자께서 "작물이나 가축(동물)을 살피기 위해 개를 기르는 사람은 매일 자신의 일 중 1캐럿(qirat)을 덜게 된다"라고 말씀하셨다는 것입니다.

알카띱 알시르비니는 "개를 이용해 사냥하거나 가축처럼 돌보는 사람은 개를 구입할 수 있으며 교육시킬 것으로 예상되는 강아지를 사육할 수 있다"라고 말했습니다.

개를 거처 없이 방치해서는 안 됩니다. 추위를 견디지 못하고 죽을 수도 있기 때문입니다. 이는 동물학대이며 이슬람이 우리에게 가르쳐 준 자비심을 훼손하는 일입니다. 오히려 개를 위한 장소를 집 밖에 마련하여 귀하와 특히 어린 자녀들에게 병을 유발하는 일이 없어야 합니다. 일곱 번 중에서 한 번은 흙으로 씻어야 하는 개의 불결함을 소독해야 하는 불편을 끼치지 않도록 해야 할 것입니다.

필요하다면 구입해도 되는 개를 파는 것에 대한 판단을 두고 학자들이 큰 견해차를 보였다는 것을 말씀드립니다. 그러나 대부분의 학자들은 개를 사고파는 것을 금지했다고 생각했습니다. 그들은 "개를 소유한 사람은 필요로 하는 이에게 무료로 주어야 한다"라고 말했습니다. 하나피 학파에서는 개를 구입해도 된다고 보았습니다. 그러나 판매 금지는 구입이 허락되지 않은 개에게만 해당되는 것으로 보았습니다.

* 출처: p.213 http://aliftaa.jo/index.php/fatwa/show/id/2016(요르단, 2013.4.19)

◈ **동물을 박제하고 장식용 표본으로 만드는 것에 대한 판단**

> **질 문** 동물을 박제하고 장식용으로 보존하는 것에 대한 판단은 무엇입

니까?

파트와 현재 알려진 박제란 동물의 형체를 보존하기 위해 동물을 죽인 뒤 부패를 막기 위해 내장을 비워 내고 그 안을 화학품으로 채워 만든 것입니다. 학문적, 의료적 필요성에 의해서가 아니라면 박제는 금지된 일입니다.

이렇게 박제된 동물로는 낙타, 소, 양, 그리고 일부 조류와 같이 우리가 제물로 바치고 먹을 수 있도록 샤리아가 허용한 동물이 있습니다. 대체로 이런 동물을 박제하지 않습니다. 이런 동물들을 박제하지 않는 것은 이 동물의 모든 부분을 활용하기 위함이며, 금전적 손해가 있기 때문입니다. 또한 박제되는 동물 중에는 개와 사자, 매 등과 같이 먹는 것이 금지된 동물이 있습니다.

먹어도 되는 동물이지만 비합법적인 도살로 죽었거나, 개와 같이 먹는 것이 금지된 동물인데 도살되었거나 죽은 경우에 이것들은 더러운 사체입니다. 이맘 이븐 알나키브는 "더러움이란 소변과 대변이다. 도살되었더라도 그 고기를 먹을 수 없는 것, 그리고 생선을 제외하고는 사체, 그리고 사체의 털과 비식용 동물의 털 모두가 불결하다"라고 말했습니다.(『움다 투 알살릭』 7쪽)

그러한 사체는 판매도 구매도 금지되어 있습니다. 자비르가 전하는 전승에 따르면 에언자 무함마드께서 '승리의 해'에 다음과 같이 말씀하셨습니다. "알라께서 술을 파는 일과 죽은 고기와 돼지와 우상을 금하셨다." 이는 『투흐파트 알하비브 알라 샤르흐 알카띱Tḥfat al-Ḥabīb 'alā Sharḥ al-Kaṭīb』에 언급된 것입니다. 또한 "사체의 가죽과 같이 변형되어 청결해질 수 있는 것이든 아니든 불결한 것을 파는 것은 옳지 않다"라고 언급되어 있습니다.

우리의 일반 원칙은 해를 끼치기 때문에 죽이는 예외적 상황을 제외하고는 동물을 죽이는 것을 금지하고 있습니다. 이슬람 법은 식용일 경우를 제외하고 동물을 죽이는 것과 모형으로 만드는 것은 물론 불필요한 살생을 금한 바 있습니다. 이맘 알바이하끼는 그의 『알수난 알쿠브라al-Sunan al-Kubrā』에서 식용인 것을 제외하고 영혼이 있는 것을 죽여서는 안 되는 것을 분류했습니다. 야흐야 븐 사이드가 전하는 하디스에 따르면 아부 바크르는 샴(오늘날의 시리아 지역)으로 군대를 보내면서 명령문서에 "식용을 제외하고 양이나 낙타를 도살하지 말아라"라고 말했습니다.⟨『알수난 알쿠브라』(9/86)⟩

이맘 이븐 하자르는『파트흐 알바리Fatḥ al-Bārī』에서 "죽은 것에 자비를 베풀고 모형을 경시하라고 명하셨다"(5/42)라고 언급했습니다.

이맘 알마우르디는『알하위 알카비르』에서 "예언자 무함마드께서 동물 모형을 금지하셨고 목적 없이 가축을 고문하는 것을 금하셨다"라고 언급했습니다.(4/944)

박제된 동물을 걸거나 장식하는 것은 영혼이 있는 형상을 거는 것입니다. 이는 여러 하디스에서 명백하게 금지된 일입니다. 그중에는 아이샤가 전하는 하디스도 있습니다. 다음은 아이샤로부터 부카리가 전승한 하디스입니다. 내가 예언자를 위해 (동물의) 그림으로 장식된 누므루카(작은 쿠션)처럼 보이는 베개를 채워 놓았다. 예언자께서 오셔서 명백히 흥분한 얼굴로 문간에 서 계셨다. 나는 "알라의 사도이시여! 어떤 문제가 있습니까?"라고 말했다. 사도께서는 "이 베개는 무엇인가?"라고 말하셨다. 나는 "사도께서 베고 주무실 수 있도록 제가 준비했습니다"라고 말했다. 이에 사도께서는 "그대는 천사들이 그림이 있는 집에는 들어오지 않는다는 것을 모르는가? 그리고 누구든지 그림을 그린 자는 심판의 날에 벌을 받을 것이며 (자신이 창조한 것에 대해) 생명을 부여해 보도록 요구받을 것임을 모르는가?"라고 말하셨다.

그리고 이븐 압바스가 전하는 하디스에서 아부 딸하가 말하길 "나는 사도께서 '(자비의) 천사는 개 또는 생물(인간 또는 동물)의 그림이 있는 집에 들어오지 아니한다'라고 말씀하시는 것을 들었다"라고 부카리가 전승했습니다.

그러므로 우리는 이런 일이 금지되었다고 생각합니다.

* 출처: http://aliftaa.jo/index.php/fatwa/show/id/2073(요르단, 2013.6.25)

◈ 아내가 남편에게 화를 내고 집을 나가는 경우

질 문 여성들 사이에 널리 퍼진 관습이 있는데 그것은 바로 남편의 집을 나와서 친척의 집으로 가는 것입니다. 이것이 옳은지요?

파트와 이것은 이슬람 법에 위배되는 관습입니다. 아내가 남편의 허락 없이 집 밖으로 나가는 것은 안 됩니다. 아내가 남편에게 화가 나서 집을 나가는 것은 남편의 화를 돋우는 것일 뿐만 아니라 싸움을 부추기기도 합니다. 또 아내로 하여금 이혼을 요구하게끔 부추기는 계기가 될 수도 있습니다. 이슬람 법에서는 이와 같은 방식으로 남편이 아내를 집 밖으로 나가게 하는 것을 금지하고 있습니다. "그녀들을 그녀들의 집밖으로 내보내지 말 것이며, 그녀들은 극악무도한 짓[간통]을 저지른 경우가 아니라면 (잇다가 경과될 때까지) 집 밖으로 나가서는 아니 되느니라."〈코란 딸라끄(65)장 1절〉 그러므로 부부는 한 명이 다른 한 명에게 화가 났을 경우 허락이 있든 없든 집을 떠나서는 안 됩니다. 왜냐하면 이 경우에 부부간의 증오와 싸움의 씨앗이 자라기 때문입니다. 이혼에는 가정을 해체하고 파괴하는 짓을 하는 악마가 들어 있다는 것을 부부가 알아야 하며, 악마의 짓에 대해서 경계해야 합니다.

* 출처: Muṣṭafā Murād, p.552.

◈ 남편 허락 없이 아내가 외출하는 것에 대한 판단

질 문 아내가 가족에게 필요한 것들을 구입하러 집에서 가까운 시장에 나가면서 남편에게 알리지 않았습니다. 아내에게 죄가 있습니까?

파트와 아내는 필요한 것을 구입하러 외출할 때, 일반적으로 남편에게 외출 허락을 구해야 합니다. 아내에게 필요한 것이 외출할 때 치장하거나 꾸미지 않고 단정하게 규정에 맞는 옷을 입고, 시선을 낮추며, 유혹을 일으키거나 의심받을 짓을 하지 않고 볼일을 다 본 후 재빠르게 귀가하면 문제될 것이 없으며 죄가 되지 않습니다.

* 출처: 'Abd al-Wahhāb. P.1920.

◈ 부부간의 갈등이 자녀교육에 미치는 영향

질 문 남편이 외출 후 돌아왔을 때 아내에게 인사를 건네지 않습니다. 그리고 아내에게 자녀 육아의 책임을 떠넘깁니다. 이 남편에 대한 판단은 무엇인가요?

파트와 이 남편이 이 같은 행동을 취하는 합법적인 이유가 없다면 아내에게 인사하지 않는 것은 허용되지 않습니다. 그리고 가정을 갈등과 근심, 고난의 장소로 만들지 않아야 합니다. 가정 문제의 해결은 대화와 상호이해에서 시작되는 것임을 알아야 합니다. 그리고 알라의 명령에 복종하고, 기도로 도움을 청해야 합니다. 자녀들을 부부간 불화의 피해자로 만들지 말아야 합니다. 자녀 교육은 공동의 책임이고, 이에 대해 예언자께서 다음과 같이 말하셨습니다. "너희 모두는 자신의 부양가족에 대한 책임이 있는 보호자이고, 이맘은 자신을 따르는 사람들에 대한 책임을 가진 보호자이며, 남성은 가정에서 자신의 피부양자에 대한 책임을 가진 보호자이고, 여성도 남편의 집에서 가족에 대한 책임을 가진 보호자이다." 부카리(2554)와 무슬림(1829)이 이를 전승했습니다.

아내는 남편이 피하는 이유를 파악하기 위해 스스로를 되돌아보아야 하고, 잘못된 것을 바로잡아야 합니다. 개인의 권리를 일부 포기하고서라도, 그리고 자녀들을 가엾게 여김으로써 가족의 유대를 유지할 수 있도록 해야 합니다. "용서하는 자와 알라를 기쁘게 하는 자의 명예를 알라께서 높여 주신다"라고 예언자께서 말씀하셨다고 무슬림(2588)이 전승하였습니다.

* 출처: http://aliftaa.jo/index.php/ar/fatwa/show/id/510(요르단, 2012.1.28)

거짓말은 말이 사실과 맞지 않는 것을 의미한다. 거짓말은 하람이며 중죄 중 하나이다. 이맘 말리크의 저서 『알무왓따』에서 사프완 븐 술라임의 전언을 기록한 바에 따르면, "우리가 '예언자시여, 믿는 자들이 겁쟁이가 될 수 있습니까?'라고 물었다. 무함마드는 '그렇다'라고 대답했다. 우리가 '구두쇠가 될 수 있습니까?'라고 물었다. 예언자가 '그렇다'라고 대답했다. 우리가 '거짓말쟁이가 될 수 있습니까?'라고 물었다. 무함마드가 '될 수 없다'라고 대답했다.[13]

장난으로 거짓말을 해도 거짓말은 하람이다. 아부 다우드의 전승에 따르면 무함마드가 "사람들을 웃기기 위해 이야기하면서 거짓말을 하는 자에게 화가 있을지니! 화가 있을지니, 화가 있을지니"[14]라고 말했다. 거짓말은 불신자에게도, 어린아이에게도 금지되어 있다.

알라께 거짓으로 맹세하는 자가 있는데, 이때 맹세는 속죄할 수조차 없는 대죄이다. 또한 위증은 거짓이므로 금지된 일이다. 가장 엄격하게 금지되는 거짓말은 알라와 예언자에 대한 거짓말이다. 알라께서 "실로 하나님께 거역하여 거짓말을 지어내는 자는 번영하지 못하느니라"〈코란 나흘(16)장 116절〉라고 말씀하셨다. 부카리의 기록에 따르면, 무함마드는 "나에 대해서 고의적으로 거짓말을 하는 자는 지옥에 가게 될 것이다"[15]라고 말씀했다.

13_ Muwatta Malik 1832.

14_ Sunan Abi Dawud 4990.

15_ Sunan Ibn Majah 34.

◈ 남에게 피해를 주지 않는 거짓말도 금지된다.

질문 누구에게도 피해를 주지 않는 거짓말에 대한 판단은 무엇입니까?

파트와 거짓말은 샤리아에서 예외로 다루는 경우를 제외하고 무조건 금지되어 있습니다. 알라의 말씀을 비롯하여 많은 근거가 있습니다. 알라께서 "믿는 자들이여 알라를 경외하며 항상 정직한 자들과 함께하라"〈코란 타우바(9)장 119절〉라고 말씀하셨습니다. 이에 대한 근거로 압둘라 븐 마스우드를 전언한 부카리와 무슬림의 하디스 기록도 있습니다. 사도께서 "너희들은 진실해야 한다. 진실은 경건함으로 인도해 주느니라. 경건함은 천국으로 인도해 주느니라. 사람은 계속 진실해야 하고 그 진실함을 되풀이하고 알라께서 네가 진실한 사람이라고 말씀하실 때까지 진실하라. 그리고 거짓말을 하지 마라. 거짓은 방탕으로 이르게 하고 방탕은 지옥으로 인도한다. 그리고 사람이 계속 거짓말을 하고 이를 반복하면 알라께서는 그를 거짓말쟁이라고 기록하실 것이다"라고 말씀하셨습니다. 또한 압둘라 븐 마스우드의 전언을 기록한 바에 따르면, 사도께서 "거짓은 진정함도 장난도 아니다. 원한다면 다음을 읽어라"라고 말씀하셨습니다. "믿는 자들이여 알라를 경외하며 항상 정직한 자들과 함께하라."〈코란 타우바(9)장 119절〉 사도께서 읽은 후 "거짓말할 자격이 있는 사람이 있다고 생각하는가?"라고 말하였습니다.

* 출처: http://www.alifta.com/Fatawa/FatawaChapters.aspx?languagename=ar&View=Page&PageID=10106&PageNo=1&BookID=3(사우디아라비아, 2013.8.11)

◈ 거짓으로 병원 진단서를 발급받아서는 안 됩니다.

질문 한 남자가 있습니다. 그의 아내는 미국에서 제왕절개로 출산을 했고, 아들을 낳았습니다. 그러나 고액의 병원비를 부담할 수 없었습니다. 이후 그 남자는 그와 그의 가족들에게 무상으로 치료받을 수 있는 의료보험을 제공하는 회사에 입사하게 되었습니다. 이 경우, 입사하고 나서 아내가 수술을 받은 것으로 진단서를 끊어도 되겠습니까? 이렇게 한다면 사실과는 다르겠지만 회사는 치료 비용을 지급해 줄 것입니다

파트와 그렇게 해서는 안 됩니다. 이 일에는 사기와 거짓이 있기 때문입

니다.

* 출처: http://www.alifta.com/Fatawa/FatawaChapters.aspx?languagename=ar&View=
Page&PageID=10111&PageNo=1&BookID=3(사우디아라비아, 2013.8.26)

◈ 비무슬림에게도 거짓말해서는 안 된다.

질 문 　아랍계 기독교인에게 거짓말을 해도 됩니까?

파트와 　알라께서 무슬림들에게 거짓말을 금지하셨고 진실됨을 의무화하
셨고 진실됨을 이슬람의 종교 의식으로 만드셨습니다. 그래서 무슬림은
무슬림이나 이교도에게 거짓말을 해서는 안 됩니다. 알라께서 "믿는 자들
이여 알라를 경외하며 항상 정직한 자들과 함께하라"〈코란 바까라(2)장
119절〉라고 말씀하셨습니다. 이에 관한 이븐 마스우드의 전언을 기록한
바에 따르면, 사도께서 "너희들은 진실해야 하느니라. 진실함은 너희를
경건함으로 인도해 주고 경건함은 천국으로 인도해 주느니라. 사람은 계
속 진실해야 하고 그 진실함을 되풀이하고 알라께서 네가 진실한 사람이
라고 말씀하실 때까지 진실하라. 그리고 거짓말을 하지 마라. 거짓은 방
탕으로 이르게 하고 방탕은 지옥으로 인도한다. 그리고 사람이 계속 거짓
말을 하고 이를 반복하면 알라께서는 그를 거짓말쟁이라고 기록하실 것
이다"라고 말씀하셨습니다.

* 출처: http://www.alifta.com/Fatawa/FatawaChapters.aspx?languagename=ar&View=
Page&PageID=10112&PageNo=1&BookID=3(사우디아라비아, 2013.8.26)

◈ 거짓말해서는 안 되지만 예외가 있다.

질 문 　다음과 같은 상황에서 거짓말을 해도 되나요?

　한 남자가 당신의 개인적이고 비밀스런 일, 즉 칼와Khalwah[16] 상태에서
당신이 저지른 금지된 일에 대해 물었습니다. 당신을 보호해주시는 알라
외에는 금지된 일을 저지르는 당신을 본 사람은 없습니다. 진실을 말하고
우리 자신이 불명예를 감수해야 하나요 아니면 거짓말을 해도 되나요? 맹

16_ 마흐람 관계가 아닌 외간 남자와 여자가 다른 사람에게 보이지 않는 곳에 단둘이
　있는 상태로 무슬림 사회에서 금지된다.

세와 관련된다면 어떻게 되나요? 즉 누군가가 당신이 그 금지된 일을 하지 않았다는 것을 알라를 걸고 맹세하라고 한다면 어떻게 되나요?

파트와 사도께서 예외로 여기신 상황 외에는 거짓말해서는 안 됩니다. 예외의 경우는 적대시하고 있는 이들을 화해시키기 위해 하는 거짓말, 전쟁 중에 하는 거짓말, (원래대로) 회복하기 위한 남편이나 아내의 거짓말입니다. 거짓말을 한 사람은 회개해야 합니다. 다른 사람들의 권리와 관련이 없다면 사람들에게 잘못을 말하지 않아도 됩니다. 예를 들어 사람들을 억압 또는 박해하는 경우 이를 사람들에게 말해 주어야 합니다. 금전과 관련된 경우 이를 사람들에게 이야기하고 돈을 그들에게 돌려줍니다. 금전과 관련 없는 일이라면 그들에게 용서를 구합니다.

* 출처: http://www.alifta.com/Fatawa/FatawaChapters.aspx?languagename=ar&View=Page&PageID=10115&PageNo=1&BookID=3(사우디아라비아, 2013.8.26)

◈ 거짓말은 금지된 일이며, 거짓말을 하였다면 회개해야만 한다.

질 문 한 직원이 상사에게 직장 동료를 거짓 비방했습니다. 이 직원은 상사가 동료를 싫어하게 만들었고, 동료에 대한 거짓 보고서를 올렸습니다. 이 직원은 자신의 행위를 시인했습니다. 상사가 일을 잘 모를뿐더러 나이가 어리고, 자신은 돈을 벌고 생계를 유지하기 위해 상사의 편애를 받아야만 했다고 변명했습니다. 거짓 비방을 받은 동료는 자신의 역할을 다했으며, 자신을 비방한 자에게 보복하려고 농업 차관을 받지 못하게 하기 위해 정부책임자에게 그를 고발했고, 결국 원하는 대로 되었습니다. 이 경우 고발자에 대한 판단은 무엇입니까? 거짓으로 비방한 자는 고발자에 개인적으로 악감정을 가지고 있습니다.

파트와 두 사람 모두 잘못된 행동을 하였습니다. 두 사람은 자신의 잘못을 상사에게 알려야 합니다. 그렇지 않다면 알라께서 심판의 날에 이들을 심판하실 것입니다. 이 두 사람은 알라께 회개해야 합니다.

* 출처: http://www.alifta.com/Fatawa/FatawaChapters.aspx?languagename=ar&View=Page&PageID=10082&PageNo=1&BookID=3(사우디아라비아, 2013.8.26)

◈ 장난으로라도 이교도의 이름으로 부르는 것은 금지된 일이다.

질 문　저희는 무슬림 청년들로 같은 곳에서 일하며 묵고 있습니다. 저희는 장난칠 때면 서로를 '조지', '피터', '한나', '마이클', '베냐민'처럼 본명이 아닌 다른 이름으로 부릅니다. 이런 이름이 누구를 화나게 하거나 기분 상하게 하지는 않습니다. 그러나 이 이름은 기독교인들이 많이 쓰는 이름입니다. 이렇게 하는 것은 금지된 것입니까? 참고로 저희는 장난칠 때 외에는 서로를 이런 이름으로 부르지 않습니다. 파트와를 내려 주세요.

파트와　이런 행동을 하면 안 됩니다. 이름에서 이교도를 닮아 가기 때문입니다. 사도께서 "어떤 이들을 모방하는 자는 곧 그들 중의 일부이다"라고 말씀하셨습니다. 그래서 장난으로라도 외국 이름으로 서로를 부르는 것은 피해야 합니다.

* 출처: http://www.alifta.com/Fatawa/FatawaChapters.aspx?languagename=ar&View=Page&PageID=10090&PageNo=1&BookID=3(사우디아라비아, 2013.8.26)

◈ 거짓 이력서로 취직하는 것은 금지된 일이다.

질 문　저는 공대에 다녔지만 공학사 과정을 마치지는 못했습니다. 이후에 다른 전공을 공부하여 그 전공으로 취직했습니다. 이력서에 공대 졸업자를 뜻하는 엔지니어라고 적었지만, 이는 사실이 아닙니다. 한 직업소개서에 이력서를 냈고, 해외 석유 기업에 공학 전공자로 채용되었습니다. 이렇게 4년이 흘렀습니다. 제가 하고 있는 일과 제가 받는 봉급에 대한 샤리아에 따른 판단은 무엇입니까?

파트와　알라께서는 거짓과 기만과 위조를 금하셨습니다. 알라께서 "믿는 자들이여 알라를 경외하며 항상 정직한 자들과 함께하라"〈코란 타우바(9)장 119절〉라고 말씀하셨습니다. 사도께서 "내가 너희들에게 가장 큰 죄를 예언하지 않았느냐?"라고 세 번 말씀하셨고, 그들은 "그렇습니다. 사도이시여"라고 말했습니다. 사도께서는 "알라 외에 다른 신을 믿는 것이며, 불효하는 것이다" 사도께서 기대어 앉아서 "그리고 남을 속이는 말을 경고하느니라"라고 말씀하셨습니다. 우리가 보기에 그분이 그만하셨으면 할 정도로 사도께서는 반복해서 경고하셨습니다. 부카리가 이를 전승했습니다.

질문자는 허위 증빙서류로 채용되었기 때문에 특정 자격과 역량이 요구되는 중요한 자리에서 계속 일해서는 안 됩니다. 그래야 알라 앞에서 떳떳할 수 있습니다.

질문자께서 진정으로 회개하려면 뉘우치고 속죄하며 다시는 그런 일을 저지르지 말아야 합니다. 회사하는 것 또한 매우 바람직한 방법입니다.

* 출처: http://aliftaa.jo/index.php/fatwa/show/id/2832(요르단, 2013.8.4)

◈ 부정행위와 조작은 어떤 경우에도 금지된 일이다.

질 문 계약직 공무원이 있습니다. 자신의 공식적인 업무 능력을 증명을 위해 책임자와 체결한 계약기간을 변경했습니다. 이에 대한 판단은 무엇인지 알려 주시고, 권고를 내려 주시기 바랍니다.

파트와 부정행위와 조작은 어떤 경우라도 하람입니다. 직원이 책임자이든 그렇지 않든, 시스템에 편법을 사용해 수치를 조작하는 것은 허용되지 않습니다. 사도께서 "부정행위를 하는 사람들은 나의 사람이 아니다"라고 말씀하셨습니다.(무슬림 전승 295번)

조작한 사실을 이 문제와 관련된 책임자에게 솔직하게 말하고 상황을 설명해야 합니다. 권한이 제도의 한도를 넘어섰다면 이는 여러 부정부패로 이어질 수도 있는 금지된 행위를 저지르는 것입니다. 이러한 부정부패에는 횡령과 타인의 권리 침해 등이 있습니다.

따라서 이런 경우에는 회개하고, 용서를 구하고, 잘못을 고치고, 할 수 있는 한 바로잡을 것을 권합니다.

* 출처: http://aliftaa.jo/index.php/fatwa/show/id/908(요르단, 2013.8.9)

◈ 남을 흉보는 것은 금지된 일이다.

질 문 한 여성이 있습니다. 가끔 남편과 말다툼을 하는데 그럴 때마다 화가 치밀어 오릅니다. 남편이 자리를 비우고 아이들과 있을 때나 친척들이 찾아올 때면 남편, 즉 아이들의 아버지에 대해 안 좋은 이야기를 합니다. 누구나 화가 난 상태에서는 자신을 통제하지 못하고 나오는 대로 말하기 마련입니다. 이러한 경우 남편을 헐뜯거나 욕하는 것이 허용됩니까? 답변자께 알라의 복이 있기를 바랍니다.

파트와 이 여성이 남편에 대해 하는 이야기를 남편이 싫어하는 경우 이는 샤리아에서 금하는 비방으로 봅니다. 따라서 아내가 진심으로 참회해야 하며, 남편과의 사이에서 발생한 일 중 잘못된 것을 알라께 고하고 인내심을 가지고 문제를 해결하며 남편을 잘 대해야 합니다. 나아가 부부 사이에 발생한 문제는 자녀를 비롯해 남들에게 이야기해서는 안 됩니다. 이는 악을 악으로 갚는 것이며, 문제를 더 키우는 일일뿐더러 아버지에 대한 자녀들의 분노를 조장하는 행위입니다. 또 이로 인해 남편과 다투고 관계가 단절될 수 있을 뿐 아니라 자녀들도 남편에게 마음을 닫아 버릴 우려가 있습니다.

* 출처: http://www.alifta.com/Fatawa/FatawaChapters.aspx?languagename=ar&View=Page&PageID=10080&PageNo=1&BookID=3(사우디아라비아, 2013.8.26)

◆ **다른 사람을 조롱하거나 비웃는 일은 금지된 일이다.**

질 문 남을 조롱하거나 별명을 불러 웃음거리로 만드는 것과 남을 비웃는 것에 대한 판단은 무엇입니까? 설명을 부탁드립니다.

파트와 이는 금지된 행위입니다. 코란과 순나[17]에 근거가 나와 있습니다. 알라께서 "믿는 사람들이여 사람이 다른 사람을 비웃지 않도록 하라. 후자가 전자보다 훌륭할 수도 있노라. 여성이 다른 여성을 비웃지 않도록 하라. 후자가 전자보다 훌륭할 수도 있노라. 서로가 서로에게 중상하는 것과 저속한 별명을 하는 것도 아니 되니라. 믿음을 가진 자의 저속한 이름은 사악한 것이며 회개하지 아니한 자 실로 죄인이라"〈코란 후즈라트(49)장 11절〉라고 말씀하셨습니다.

* 출처: http://www.alifta.com/Fatawa/FatawaChapters.aspx?languagename=ar&View=Page&PageID=10083&PageNo=1&BookID=3(사우디아라비아, 2013.8.26)

17_ 하디스.

◈ 시기는 금지된 것이다.

질 문 이슬람에도 시기심이라는 개념이 존재합니까? 서로를 시기하는 자들이 있다면 이들을 어떻게 대해야 합니까?

파트와 알라께서 내리신 축복이 시기 받는 사람으로부터 사라지기를 바라는 것이 바로 시기심입니다. 알라께서 사도 무함마드께 시기하는 자의 재앙으로부터 보호를 구하라고 명하셨습니다. 알라께서 "동녘의 주님께 창조된 사악한 것들의 재앙으로부터 보호를 구하며, 어둠이 짙어지는 밤의 재앙으로부터 보호를 구하며, 매듭으로 마법을 부리는 자들의 재앙으로부터 보호를 구하며, 시기하는 자의 재앙으로부터 보호를 구하노라고 말하라"〈코란 팔라끄(113)장 1~5절〉라고 말씀하셨습니다. '시기한다'는 말의 뜻은 '마음 속의 질투심을 표현하고 그대로 행하는 것', '질투의 대상에게 사악함을 뒤집어씌우는 것'입니다.

시기에도 단계가 있습니다.

첫째, 축복이 자신에게 옮겨 오지 않더라도 형제 무슬림으로부터 축복이 거두어지기를 바라는 것. 알라께서 자신이 아닌 다른 사람을 축복하는 것을 싫어하고, 이 때문에 고통스러워 한다.

둘째, 자신이 축복받기를 원해 다른 이가 받은 축복이 사라지기를 바라며, 이 축복이 자신에게 옮겨 오기를 바란다.

셋째, 자신도 같은 축복을 받기를 기원하고 다른 이에게 내린 축복이 사라지기를 간절히 바람. 이 단계는 무언가를 시기한다기보다 부러워하는 마음으로 보며, 이 정도는 허용된다.

남을 시기하는 자는 세 가지 측면에서 자기 자신에게 해를 끼칩니다.

첫째, 죄를 짓습니다. 시기는 금지된 것이기 때문입니다.

둘째, 알라께 무례를 범하는 것입니다. 시기라는 것은 알라를 믿는 자들에게 알라의 축복이 내려지는 것을 싫어하고 이를 반대하는 것입니다.

셋째, 많은 걱정과 슬픔으로 고통받는 것입니다.

* 출처: http://www.alifta.com/Fatawa/FatawaChapters.aspx?languagename=ar&View=Page&PageID=10087&PageNo=1&BookID=3(사우디아라비아, 2013.8.26)

◈ 부모가 지하드 참여에 동의하지 않는 경우에 대한 판단

질문 알라를 위한 지하드에 대해 설명해 주시기 바랍니다. 저는 형제들 중 첫째이며 아버지를 여의었고 어머니와 함께 살고 있습니다. 저는 결혼해 아내가 한 명 있고 자녀들도 있습니다. 제가 지하드에 참여하는 데에 동의해 달라고 어머니에게 부탁하였지만 반대하셨습니다. 제가 지하드에 참여할 수 있습니까?

파트와 지하드는 가장 훌륭한 일들 중 하나입니다. 부모님께 효도하는 것 또한 마찬가지입니다. 누군가가 이슬람 법의 지하드를 치르려 한다면 그는 부모님의 허락을 받아야 합니다. 허락이 있다면 가능하지만 그렇지 못하다면 지하드를 치를 수 없고 부모님과 함께해야 합니다. 부모님과 혹은 두 분 중 한 분과 함께하는 것도 지하드의 일종입니다. 지하드의 원칙은 이븐 마스우드가 전언한 것에 다음과 같이 나와 있습니다. "내가 사도께 어떤 일이 알라께서 가장 좋아하시는 것인지 묻자 사도께서는 제시각에 예배를 드리는 것이라고 말씀하셨다. 그래서 내가 '그 다음으로는요'라고 물었다. 그러자 사도께서는 부모께 효도하는 것이라고 말씀하셨습니다. 내가 다시 '그 다음은요'라고 묻자 사도께서 알라를 위한 지하드라고 말씀하셨다."

압둘라 븐 아므르가 전언한 것에 따르면 다음과 같습니다. "한 남자가 예언자를 찾아와서 지하드에 대한 허락을 요청했다. 그러자 사도께서 말씀하셨다. '너의 부모님은 살아 계시느냐?' 그러자 그 남자는 '그렇습니다'라고 대답했다. 그러자 예언자께서 '그렇다면 그 두 분을 위한 지하드를 하라'라고 말씀하셨다." 이는 부카리와 알나사이와 아부 다우드 그리고 알티르미디가 전승한 것을 압둘라 븐 아므르가 사실이라고 믿을 만한 것

이라고 인증하였습니다.

아부 사이드의 전언에 따르면 한 남성이 예멘에서 예언자께서 계신 곳으로 이주해 왔고, 예언자께서는 그에게 물으셨습니다. "예멘에 네 가족이 있느냐?" 그러자 그는 "부모님이 계십니다"라고 대답했고 예언자께서 "부모님께서 허락하셨느냐?"라고 말씀하셨습니다. 그가 아니라고 답하자 예언자께서는 부모님께 돌아가 부모님에게 허락을 받으라고 말씀하셨습니다. 부모님께서 허락하신다면 지하드를 행하고, 그렇지 않다면 부모님께 효도하라고 말씀하셨다고 아부 다우드가 언급했습니다.

무아위야 븐 자히마 알실미의 전언에 따르면 예언자가 계신 곳으로 자히마가 와서 이렇게 말했습니다. "사도님, 저는 전쟁에 나가고 싶습니다. 그래서 사도님께 자문을 구하러 왔습니다." 그러자 사도께서는 "어머니가 계시느냐?"라고 물으셨습니다. 그러자 그는 "그렇습니다"라고 답했고 사도께서 "어머님의 말씀을 따르라"고 하셨습니다. 왜냐하면 천국은 어머님의 두 다리 밑에 있기 때문입니다. 이는 아흐마드와 알나사이가 언급한 것입니다.

이 모든 증거와 그 의미 속에 언급되어 있는 것은 지하드를 하지 않아도 되는 사람들에게 해당하는 것입니다. 하지만 지하드를 치러야 하는 사람들이 지하드를 하지 않는다면 알라에게 복종하지 않는 것입니다. 그리고 알라의 뜻을 거역하고 있는 피조물(사람)의 말을 들어서는 안 됩니다. 지하드를 하는 사람들 사이에 서고 이맘이 동원할 때 지하드를 해야 합니다.

* 출처: http://www.alifta.com/Fatawa/FatawaChapters.aspx?languagename=ar&View=Page&PageID=4291&PageNo=1&BookID=3(사우디아라비아, 2013.8.21)

◈ 공산주의자나 이단인 자의 공직 선출에 관한 판단

질문 무슬림이 지방의회나 다른 기관에서 공산주의자나 이슬람을 우롱하는 자, 민족주의자나 민족주의를 종교로 여기는 자를 선출해도 됩니까?

파트와 무슬림은 공산주의자로 알려진 자나 이슬람을 우롱하는 자나 민족주의를 포용한 자 또는 민족주의를 종교로 여긴다고 알려진 자를 선출해서는 안 됩니다. 왜냐하면 그런 자를 선출함으로써 그가 자신의 대리인으로서 충분하다고 여기는 것이며, 훼방놓는 일을 할 수 있는 중요한 직책을 맡도록 도와주는 것이며, 또한 그가 자신의 원칙과 신념을 따르는 자를 임명하며 이러한 직위를 이용해 그와 견해가 다른 사람에게 피해를 입히고 해당기관 내에서 그의 권리를 박탈시킬 것이기 때문입니다. 그리고 그는 또 다른 기관에 있는 동료들과 이권을 교환할 것입니다. 그것이 그가 쓸모없는 원칙을 지속하게 하고 그가 원하는 바를 실행하게 만들기 때문입니다.

◈ **공산주의자 등 타락한 신념을 가진 사람과 가까이 지내면 안 된다.**

질문 무슬림이 공산주의자를 알고 지내도 됩니까? 그리고 그들을 지지해도 됩니까? 이러한 행동을 하는 사람들에 대한 알라의 가르침은 무엇입니까?

파트와 무슬림들은 공산주의자와, 시리아의 그노시스Gnosis 파(영지주의), 드루즈 파, 그리고 그들의 도덕성이 사악해진 자처럼 불법적인 이득을 위해 신념이 타락한 자들과 알고 지내서는 안 됩니다. 이는 그들의 타락한 신념이 무슬림에게 스며들거나 그들과의 교류로 무슬림의 도덕이 사악해지거나 의심과 비난의 대상이 되는 것을 염려하기 때문입니다. 또한 예언자께서 다음과 같이 말씀하셨습니다. "좋은 참여자와 나쁜 참여자는 사향을 가진 자와 풀무잡이와 같다. 사향을 가진 자는 너에게 그것을 주기도 하고 팔기도 하며 또 당신은 그로부터 좋은 향기를 맡을 수 있다. 반면 풀무잡이는 너의 옷을 태우기도 하며 그로부터 고약한 냄새를 맡을 수도 있다." 이는 부카리와 무슬림이 전승한 것입니다. 그래서 무슬림은 그들을 쓸데없이 지지해서는 안 됩니다. 이는 증오와 적대심에 협력하는 것이기 때문이다. 알라께서는 이렇게 말씀하셨습니다. "죄악과 파계에 협력하지 말고 알라를 두려워하라. 실로 알라는 (위반하는 자를) 벌하시는 데 엄격하시니라."〈코란 알마이다(5)장 2절〉 그들과 함께하거나 그들이 탈선하도록 도와준 사람은 그들의 후견인이 되어 지지해준 만큼 악행을 저지른 것입니다. 진정한 무슬림이라면 그들에게 충고하고 진리로 이끌어 주어야 합니다. 만약 그들이 충고를 받아들인다면 다행스러운 일이고,

그렇지 않다면 그들과 함께하지 마십시오.

* 출처: http://www.alifta.net/Fatawa/FatawaChapters.aspx?View=Page&BookID=3&Page
ID=9156&back=true&languagename=ar(사우디아라비아, 2013.10.7)

◈ 비무슬림 정부의 공직 선거에 출마하거나 투표하는 것에 대한 판단

질 문 우리나라는 알라께서 계시하신 것으로 통치되지 않는 나라입니
다. 우리나라에서 선거에 투표하고 이에 출마하는 것이 가능합니까?

파트와 무슬림은 알라께서 계시하신 것으로 통치되지 않거나 샤리아에
따라 일하지 않는 정부의 구성원으로 들어가기 위해 선거에 출마해서는
안 됩니다. 그렇기 때문에 무슬림은 자신이 출마하는 것이나 선거에 출마
함으로써 현 정부가 샤리아로 통치되게 하려는 수단으로 생각하는 것을
제외하고는 출마하거나 이 정부에서 일하는 사람을 선출해서는 안 됩니
다. 그리고 선거를 통해 정부에 들어간다면 샤리아에 반하지 않는 직책에
서 일해야 합니다.

* 출처: http://www.alifta.net/Fatawa/FatawaChapters.aspx?View=Page&BookID=3&Page
ID=9157&back=true&languagename=ar(사우디아라비아, 2013.10.7)

◈ 일부 서구 국가에서 무슬림을 공격하는 이유

질 문 일부 서구 국가들이 무슬림에 대해 잔인하게 공격하는 경우가 있
습니다. 귀하께서는 그 이유가 무엇이라고 생각하시는지요?

파트와 오늘날 이슬람의 메시지가 두 가지 측면에서 거센 공격을 받고
있다는 것은 분명한 사실입니다

1. 무슬림이 아닌 사람들 중 이슬람이 자신의 적이라는 이미지를 만들어
   내려고 하는 이들이 있습니다. 우리는 이런 사람들이 이슬람에 대한 심
   각한 중상모략을 저지르고 있다는 것을 부인하지 않습니다.
2. 무슬림들 중에 종교를 빙자해 무책임한 행동을 저지르는 사람들이 있
   습니다. 이들은 이슬람의 실제 이미지를 왜곡했습니다. 이것은 암만 메
   시지가 강조한 것이기도 합니다. 아니, 이 메시지는 우리 요르단 하심
   왕국 국민이 이슬람의 성스러운 실제의 이미지를 보여 주고, 이슬람에
   대한 비방을 중단시키고, 이슬람을 향한 공격에 맞서며, 이슬람을 수호

하려는 노선을 취해왔다는 것을 확인하는 것입니다. 이는 실로 사도 무함마드에 뿌리가 이어진 하심 왕가의 영도 덕분입니다.

* 출처: http://aliftaa.jo/index.php/fatwa/show/id/745(요르단, 2013.3.23)

◈ 전쟁에서 무슬림이 아닌 소년들과 여성들을 살해하는 것

질 문　전쟁에서 무슬림이 아닌 소년들과 여성들을 살해하는 것이 허용되는지요?

파트와　전쟁에서 전투 전후나 그 도중에 소년과 여성을 살해하는 것은 금지되어 있습니다. 하지만 그때 여성이 먼저 무슬림을 살해하여서 처형하는 경우는 예외입니다. 이븐 오마르가 전하는 하디스에 따르면 예언자께서 몇몇 원정에서 여인들이 살해된 것을 보고 여성과 소년을 살해하는 행위는 안 된다고 하셨습니다. 우상숭배자들과 불신자들을 밤에 기습적으로 공격하였는데 그 당시 소년들과 여성들이 섞여 있어서 예기치 않게 그들이 피해를 입는 경우에 대하여 하나피 학파와 샤피이 학파, 한발리 학파와 같은 대부분의 학파들은 이를 허용되어 있다고 보았습니다. 하지만 말리키 학파와 이맘 아우자이는 이것을 허용되지 않는다고 보았습니다. 대부분의 학파들이 자신들의 주장에 근거를 두는 것이 바로 알사아브 븐 알주사마가 전한 하디스입니다. 이 하디스는 예언자 곁에 머물게 된 우상숭배자들로부터 여성들과 아이들이 밤에 피해를 당한 우상숭배자들 가족에 관하여 질문을 받았다는 내용을 담고 있습니다.

* 출처: Muşţafā Murād, p.228.

◈ 카페 출입에 관한 판단

질 문   최근 많은 도시와 시골에서 카페 혹은 커피숍이라고 불리는 것이
유행하고 있습니다. 이곳에는 많은 청년들이 무리 지어 모여 있습니다.
일부 카페에 모이는 청년들이 수천 명을 넘습니다. 카페는 청년들을 맞이
할 수 있도록 준비되어 있고, 또 다양한 종류의 물담배 혹은 나르길라라
고 불리는 것이 구비되어 있습니다. 이뿐 아니라 다양한 종류의 담배가
있습니다. 카페에는 에어컨이 설치된 곳과 매혹적인 설비들이 마련되어
있습니다. 또 위성채널 수신기가 달린 텔레비전도 있습니다.

귀하께서도 이 카페의 위험성을 잘 알고 계실 것입니다. 카페는 청소년들
에게 가장 많은 피해를 주는 매개체 중의 하나입니다. 카페는 밤낮 없이 열
려 있고 많은 청년들이 눈에 띄게 카페에 있기 때문에 더욱 그러합니다.

그래서 이러한 카페에 대한 경고가 절실히 필요합니다. 수많은 청년들
은 아무렇지 않게 카페에 드나들고, 카페는 공식적으로 허가되었고 학자
들에 의한 반대도 없습니다. 또한 일부 청년들은 죄악이 카페 주인과 소
유주에 있다고 이야기하고, 일부는 여흥과 휴식 그리고 커피와 차를 마시
거나 위성방송 등을 보기 위해 카페를 찾는다고 합니다. 한편 카페 주인
들은 카페를 자주 이용하는 사람들에게 죄악이 돌아간다고 말합니다. 왜
냐하면 강제로 카페에 들어가라고 시킨 것이 아니라 자의로 카페에 들어
갔기 때문입니다. 또 다른 이들은 자신들이 얼마나 버는가에 신경을 쓰는
만큼 카페가 허용된 것인지 금지된 것인지에 대해서는 신경을 쓰지 않습
니다. 알라께 안전과 건강을 간청합니다.

또한 최근에는 물담배 시샤를 판매하고 수리하며, 지자체로부터 허가를
받은 독립적인 가게에 진열되는 일이 널리 퍼져 있습니다. 그리고 물담배

는 카페 소유자들과 물담배를 이용하는 모든 사람들을 위한 것입니다. 우리와 그들을 인도해 주시길 알라께 간청합니다.

무프티님, 이런 카페의 죄악이 극에 달했고, 위험성 또한 증가했습니다. 이뿐 아니라 카페는 타락한 사람들의 집결지가 되었습니다. 이 때문에 많은 청년들이 타락하고 그들의 가족과 학교를 떠나 아침저녁 할 것 없이 카페에 갑니다. 이런 일에 대한 귀하의 의견과 이런 카페를 여는 것과 카페를 출입하는 것과 이러한 죄악을 저지르는 사람에 대한 판단을 부탁드립니다. 그리고 청년들에 위한 귀하의 조언은 무엇입니까?

파트와 시샤, 물담배, 담배는 해로운 것이며 금지되어 있습니다. 신체적으로나 금전적으로 피해를 주기 때문입니다. 예언자가 묘사한 말속에서 알라께서는 다음과 같이 말씀하셨습니다. "그분께서 그들에게 좋은 것을 허락하시고, 해로운 것을 금지하시느니라." 예언자께서는 "피해를 주지도 입지도 말아라"라고 말씀하셨습니다. 그래서 이러한 것들을 사용하고 팔고 그리고 유포시키는 것은 허용되지 않습니다. 그렇기 때문에 이런 카페를 열어서는 안 되며, 이런 카페나 카페에서 열리는 모임에 다니는 것도 안 됩니다. 그러나 조언을 할 수 있고, 잘못된 것을 바꿀 수 있는 사람은 예외가 됩니다. 알라께서 이렇게 말씀하셨습니다. "너희가 알라의 징표들을 들을 때 (불신자들에 의해) 거부당하고 조롱당하리라고 이미 너희에게 계시하셨느니라. 그러니 그들이 그것이 아닌 다른 대화로 들어갈 때까지 그들과 자리를 함께하지 말라. [그들과 자리를 함께한다면] 실로 그러면 너희가 그들과 같게 될 것이니라. 틀림없이 알라께서 위선자들과 불신자들을 다 함께 지옥에 모으실 것이니라."〈코란 니싸아(4)장 140절〉 "우리의 징표에 관하여 (그릇된) 이야기를 하는 사람들을 보면, 그들이 그것이 아닌 화제로 들어갈 때까지 그들과 떨어져 있어라. 사탄이 그대로 하여금 (그들과 자리를 함께하지 말라고 금지한 것을) 잊게 만든다면 (그래서 자리를 같이했다가 금지 사실을) 기억한 후에는 악행을 하는 사람들과 함께 앉지 마라."〈코란 안암(6)장 68절〉 위 두 절에는 알라께서 명령을 어기는 불복종적이고 방탕한 모임에 참석하는 것이 언급되어 있습니다. 그래서 여기에 참석했던 사람이나 그들을 알고 있었던 사람은 그들과 함께 죄를 짓게 되는 것입니다. 이븐 알아라비는 그의 코란 해석에서 안암(6)장에 나와 있는 알라의 말씀을 언급했습니다. 이는 금지된 일을 하는 사람과 동석하는 것은 허용되지 않는다는 증거입니다. 위에서 언급된 카페에는 죄악과 부패가 가득하고, 어리석은 자들이 모여 앉아 있습니다. 이 때문에 성실한 무슬림은 이러한 카페를 멀리하여 이슬람과 자신의 품성을 올바르게 해야 합니다.

* 출처: http://www.alifta.com/Fatawa/FatawaChapters.aspx?languagename=ar&View=Page&PageID=10410&PageNo=1&BookID=3(사우디아라비아, 2013.7.21)

◈ **민간인을 겨냥한 자살 폭탄 테러에 관한 판단**

【질문】 무슬림에 대적해서 싸우지 않는 민간인들을 겨냥한 폭파행위가 여러 국가에서 일어나고 있습니다. 여기에 대한 판단은 무엇입니까? 이 행위는 일부 이슬람 관련 단체들과 연계되어 있고 이것을 지지하는 이들은 폭파 행위를 합법적인 것이라고도 했습니다. 폭파를 행하는 자들이 순교자로 간주됩니까?

【파트와】 민간인을 대상으로 한 폭파 행위는 이슬람 법에서 명백히 금지된 행위이며, 이것은 가깝든 멀든 이슬람과 관계가 없는 것입니다. 오히려 이것은 이슬람 법이 이를 행하는 자들을 벌로써 다스리는 대죄 중 하나이고, 대죄라고 여겨지는 여러 이유들이 있는데 그것은 다음과 같습니다.

유혈참사는 하람이며, 무고한 무슬림과 비무슬림을 살인하는 것은 정당한 이유가 아니면 알라께서 금지하신 행위입니다. 그리고 이슬람 법은 인간의 피를 존엄한 것으로 여기며 정당한 이유 없이 인간의 피를 흘리게 하거나 훼손하는 것에 대해 강력하게 경고했습니다. 또 알라는 무슬림과 비무슬림에 관계없이 인명을 정당한 이유 없이 살상하는 것을 살인 행위라고 하셨습니다.

또 폭탄 등을 가지고 죽음으로 돌진하는 자살자는 예언자께서 언급하신 것에 포함되어 있는데 사비트 븐 알다하크가 전한 전승에서 아부 아우와나가 발췌하여 다음과 같이 말했습니다. "현 세상에 존재하는 무언가로 자살하는 자는 심판의 날에 그것으로 고통받는다."

* 출처: http://www.dar-alifta.org/ViewFatwa.aspx?ID=3749&LangID=1&MuftiType=(이집트, 2013.8.13)

◈ **무슬림은 자신이 거주하는 나라의 제도를 준수해야 한다.**

질문 저는 스웨덴에 거주하고 있는 무슬림입니다. 국가로부터 봉급을 받고 있고, 저는 학교와 시장으로부터 집이 먼 관계로 부득이하게 자가용을 마련해야 했습니다. 몇몇 이웃들은 제게 수고비를 주며 자신들을 차로 데려다주는 일을 맡기고 있습니다. 스웨덴 노동법에 따르면 세금을 내지 않기 때문에 이와 같은 일은 불법입니다. 저는 아직 이곳에서 거주중을 받지 못해서 일을 할 수 없는 상황입니다. 다음은 제 질문입니다. 이 일은 국가의 법에 위배되는 것이기에 금지된 것입니까, 아니면 금지되어 있지 않습니까? 만약 제가 보험, 세금, 자동차 수리비 등 자동차 유지비에 드는 금액을 충당하는 정도로만 이 일을 하게 될 경우, 이슬람 법에 따라서 금지되어 있는 것으로 간주됩니까?

파트와 비이슬람국가에 체류하는 무슬림이라면 자신이 입국허가를 받을 때 지켜야 한다고 되어 있고 이슬람 법과 모순되지 않는 법과 제도를 존중해야만 합니다. 그리하여 무슬림은 계약을 준수하고 약속을 지키며 신뢰를 쌓아 갑니다. 알라께서 "그리고 계약을 이행하라. 그 모든 계약에 대하여 질문을 받으리라"〈코란 알이스라(17)장 34절〉라고 말씀하셨습니다. 그리고 알라께서 그분의 예언자에게 배반자와의 약속일지라도 지키라고 명하셨습니다. 알라께서 "그대가 (맹약한) 백성들이 배반하지 않을까 걱정된다면 같은 방법으로 (그들과 맹약을) 그들에게 되돌려 보내라. 실로 하나님은 배반자들을 좋아하시지 아니하시니라"〈코란 알안팔(8장) 58절〉라고 말씀하셨습니다. 또한 예언자께서 "너를 신뢰한 자에게 신뢰를 돌려주고, 너를 배반한 자를 배반하지 말라"라고 말씀하셨다고 아부 다우드가 전승하였습니다(3534).

그러므로 이와 같은 제도를 어기는 것은 옳지 못한 일입니다. 그러나 이것이 허용된 일을 통해 이익을 얻는 것을 금지한다는 의미가 아닙니다. 즉 허락된 일이라면 소득을 얻는 것은 허용된 것이며, 제도를 어기는 일이라면 다른 측면에서 좋지 못한 것입니다. 여기서 허용된 일의 대가로 받게 되는 수고비에 대한 판단은 영향 받지 않습니다.

* 출처: http://aliftaa.jo/index.php/fatwa/show/id/1313(요르단, 2013.1.5)

◈ 알아끄싸 모스크를 수호하는 것은 법적 의무이다.

질문 알아끄사 모스크와 알칼릴 모스크, 빌랄 모스크를 유대화시키고 그들이 주장하듯이 이를 이스라엘의 유산으로 편입시키려는 이스라엘의 행위를 중단시키기 위해선 무엇이 필요합니까?

파트와 팔레스타인의 알아끄싸 모스크와 이슬람 성지들은 무슬림들의 신앙과 역사, 문명으로부터 뗄래야 뗄 수 없는 부분입니다. 알아끄싸 모스크는 최초의 끼블라였으며, 제2의 모스크이고, 제3의 성소이고, 사람들이 마음속으로 동경하는 곳이기 때문에 어떤 상황에서도 이를 침범하는 것은 허용되지 않습니다. 그곳에서 한 번의 예배는 500번의 예배와 맞먹으며, 여행객들을 끌어들이는 모스크 중의 하나입니다. 이전에 예언자께서 다음과 같이 말씀하신 바 있습니다. "메카 대모스크, 예언자 모스크, 알아끄사 모스크에 반드시 가보도록 해라."

오늘날의 무슬림들은 반드시 알아끄사 모스크를 수호해야 할 것이며, 이를 둘러싸고 있는 위험과 모스크에 대한 위법행위를 막아야만 합니다. 하심가의 후손들은 오랜 역사 속에서 알아끄사 모스크를 보호하고 지키는데 열과 성을 다했습니다. 또한 요르단의 하심 왕가가 물려받은 정신적, 역사적 책임에 따라 이 모스크에 대한 공격에도 대응했습니다. 이는 예언자 무스타파[무함마드의 별칭]로부터 이어지는 정통성에 따른 것입니다.

그리하여 우리는 압둘라 븐 알후세인 국왕이 알아끄사 모스크와 그곳의 사람들을 보호하기 위해 신속한 노력을 다하고 있다는 것을 알고 있습니다.

* 출처: http://aliftaa.jo/index.php/fatwa/show/id/744(요르단, 2013.1.5)

◈ 무슬림들의 비극의 원인은 종교를 경원시한 것입니다.

질문 팔레스타인과 이라크 등 무슬림 국가에서 일어났거나, 현재 일어나는 일들에 대한 귀하의 의견은 어떻습니까?

파트와 무슬림 국가에서 일어나는 일의 원인은 이슬람을 경원시한 것입니다. 이러한 일들은 무슬림들과 공동체의 분열을 야기하였던 것이죠. 분열한다면 약해질 것이며, 적들이 이를 취하게 될 것입니다. 알라께서 "(민는 사람들아!) 알라와 그분의 사도에게 복종하고 서로 다투지 말라. (그리하면) 너희가 용기를 잃게 되고 (게다가) 너희의 힘이 사라질 것이니 (전쟁의 고난과 공포를) 인내하라. 틀림없이 알라께서 인내하는 사람들과 함께 계실 것이니라"〈코란 안팔(8)장 46절〉라고 말씀하셨습니다.

* 출처: http://aliftaa.jo/index.php/fatwa/show/id/396(요르단, 2013.1.5)

◈ 무슬림이 이슬람이 아닌 종교의 교회와 사원을 짓는 데 참여하는 일에 대한 판단

질문 무슬림이 기독교 교회를 짓는 데 참여하는 것에 대한 판단은 무엇입니까?

파트와 알라께서 "알라에게 있어서 종교는 이슬람이다. 성서를 받은 자들은 그들에게 지식이 온 후에 상호 질투로 인하여 의견을 달리하게 되었느니라. 그래서 알라의 징표들을 불신하는 자는 누구든지, 실로 알라께서 (그의 불신에 대한) 책임을 묻는 데 신속하시니라"〈코란 이므란(3)장 19절〉와 "그리고 이슬람이 아닌 것을 종교로 갖고 싶어하는 자는 누구든 그로부터 (어느 것도) 받아들여지지 않을 것이며, 그는 내세에서 길을 잃는 자들 중의 하나가 될 것이니라"〈코란 이므란(3)장 85절〉라고 말씀하셨습니다.

이슬람교와 기독교가 다르다는 것은 명백합니다. 그리고 우리는 무함마드를 예언자이자 사도로 믿지만, 기독교인들은 믿지 않습니다.

그러므로 교회를 건축하는 것은 비이슬람의 숭배를 돕는 일입니다. 기독교인들은 그런 교회에서 이슬람의 관점에서 보기엔 불신으로 간주되는 삼위일체나 예수가 십자가에 못 박혔다는 말들을 합니다.

그러므로 무슬림에겐 이슬람이 아닌 종교의 교회나 사원을 세우는 것이 허용되지 않습니다. 이슬람에 영향을 끼치지 않는다는 조건하에서 세속적인 일을 무슬림들이 기독교인들과 함께하는 것은 문제가 되지 않습니다.

* 출처: http://aliftaa.jo/index.php/fatwa/show/id/396(요르단, 2013.1.5)

◈ 이슬람에서 금지하는 품목을 거래하는 업체에 판촉물을 공급하는 것에 대한 판단

질문 저는 홍보물 인쇄회사에서 근무하며, 홍보분야 판매 대표를 맡고 있습니다. 저는 감자칩과 아이스크림 공장, 술 공장으로부터 주문을 받았습니다. 참고로 업무의 종류로는 표면에 인쇄하기 위한 컵, 필기구, 라이터 같은 홍보물을 수입하는 것이며, 이것들은 앞서 언급한 회사에 공급됩니다. 이러한 상황에 대한 판단은 무엇입니까?

파트와 알라께서 코란에서 술을 금하셨습니다. 또한 예언자의 말씀에서도 금지되어 있습니다. 알라께서 시선을 사로잡고 선동하고 타인을 유혹하는 모든 것을 금하셨습니다. 사도의 하디스에 "사도께서 술과 관련하여 다음의 열 사람을 비난하셨다. 술을 양조하는 자, 술을 거르는 자, 술을 마시는 자, 술을 운반하는 자, 운반된 술을 받은 자, 술을 마시게 하는 자, 술을 판매하는 자, 술의 값을 취하는 자, 술을 사는 자, 판매된 술을 받은 자"라고 적혀 있습니다. 이를 알티르마디가 전승하였습니다. 이 하디스를 통해, 술을 유통하는 일을 돕는 행위도 안 된다는 것을 알게 됩니다.

질문자께서 위 회사에 판매하는 제품들이 술을 유통하고 판매를 위해 사용될 것이라는 점을 알고 계신다면 이러한 제품들을 공급하여서는 안 됩니다. 왜냐하면 금지된 것을 돕는 것은 금지된 일이기 때문입니다. 또한 알라께서 "죄악과 증오에는 협조하지 말고 알라를 두려워하라. 실로 알라는 벌을 주시는 데 엄격하시니라"〈코란 마이다(5)장 2절〉라고 말씀하셨기 때문입니다. 질문자께서 그러한 사실을 알지 못할 경우에는 이러한 제품들이 허용된 제품과 금지된 제품에 사용될 수 있습니다. 업자들은 귀하를 통해 인식하지 못하고 이러한 제품을 금지된 것에 사용할 수도 있습니다. 저희는 알라께서 질문자를 꾸짖지 않으시길 바랍니다.

* 출처: http://aliftaa.jo/index.php/fatwa/show/id/1990(요르단, 2013.2.13)

◈ 당구장 등 유흥장 임대에 대한 판단

질문 제겐 연회장 용도로 설계된 홀이 하나 있습니다. 그러나 연회장으로 허가가 나오지 않았습니다. 그리하여 저는 당구장을 열고자 하는 사

람에게 이 홀을 임대하고 싶습니다. 제가 이 홀을 임대하는 것이 법적으로 허용되는 일입니까? 참고로 저는 계약시 임차인이 이 홀에서 이슬람 법과 제도에 어긋나는 일을 하지 않을 것을 조건으로 삼을 것입니다.

파트와 당구는 허용된 오락에 속합니다. 즉 당구를 하는 것은 그 어떤 이슬람 법적 주의사항이 따르지 않습니다. 또한 당구는 추측과 예측에 기반한 것이 아니고 테크닉과 정교함에 기반한 오락입니다. 그러나 만약 돈을 걸고 도박을 하기 위한 수단으로 하게 된다면, 그런 당구는 금지됩니다. 유감스럽게도 당구장에서 도박이 많이 일어납니다. 그곳에서 패자는 해당 테이블의 요금을 치릅니다. 양측이 운에 맡기는 금지된 승부에 빠지는 것입니다. 알라께서 "믿는 사람들이여! 취하게 하는 것들과[모든 종류의 알코올 음료와] 도박과 제단들과 (행운이나 결정을 위한 점에 사용하는) 화살들은 단지 사탄의 짓에서 나온 더러운 사물행위이니라. 그러니 그것을 피하라. (그러면) 너희가 번창할 수 있을 것이니라. / 사탄은 오로지 취하게 하는 것과 도박을 통하여 너희 사이에 적의와 증오를 일으키고 너희가 알라를 디크르[염송]하고 예배하는 것을 방해하려고 하느니라. 그러니 (이젠) 끊지 않겠느냐?"〈코란 마이다(5)장 90절, 91절〉라고 말씀하셨습니다. 이러한 일이 없다면, 우리는 홀을 당구장으로 사용할 사람에게 대여하는 것이 문제되지 않는다고 생각합니다. 특히 질문자께서 말씀하시는 바와 같이 임대계약 내용에 임차인이 홀을 이슬람 법과 사회질서에 위배되는 용도로 사용하지 않는다는 조건이 담겨 있기를 바랍니다.

차후 임차인이 조건을 어기고 금지된 일에 사용했다는 것을 임대인이 알게 될 경우, 임대인은 금지된 일에 도움이 되지 않도록 즉시 계약을 파기해야 합니다.

* 출처: http://aliftaa.jo/index.php/fatwa/show/id/24(요르단, 2013.2.13)

◈ 인공 강우에 대한 판단

질 문 전기전자적 방식으로 구름 내 이온 전하의 밀도를 높여서 인공 강우를 하는 것에 대한 법적 판단은 무엇입니까?

파트와 비가 내리는 것은 알라의 의지에 달린 일입니다. 알라께서 "실로 알라 그분에게(만) 최후 심판의 시각에 관한 지식이 있으며, 그분이 비를 내리시며 태내에 있는 것을 아시니라. 아무도 내일 무슨 일이 일어날지 모르고, 어느 땅에서 죽을지 모르니라. 실로 알라께서 모든 것을 아시며 (사물의 현상들) 알고 계시니라"〈코란 루끄만(31)장 34절〉라고 말씀하셨습니다.

알라께서 우주를 창조하시고 섭리에 기인하도록 하셨습니다. 그리고 우리가 알라께 의탁하며 그 섭리를 받아들이도록 명령하셨습니다.

그래서 알라께서 비가 내리는 것이 섭리에 결부되고 그 섭리에 기인하도록 만드셨습니다. 그러므로 인간이 현대의 이기를 사용해 인공강우를 위한 물질적 수단 및 방법을 선택하는 것은 법적으로 문제가 되지 않습니다. 여기서 조건은, 그 수단과 방법의 효용성과 타당성이 전문가들로부터 검증되어야 한다는 것과 더불어 환경이나 인간 또는 동물에 어떠한 해도 입히는 일이 뒤따라서는 안 된다는 것입니다.

환경과 생물에 해를 입히거나 전문가들로부터 효용성이 없다는 것이 증명되었을 경우, 이러한 기술들은 허용되지 않습니다. 그 이유는 예언자께서 "해를 입히지도 해를 입지도 말라"라고 말씀하셨다고 이븐 마자흐가 전승하고 있고, 또한 예언자께서 돈을 낭비하는 일을 금하셨기 때문입니다. 사도께서 "알라께서 너희의 3가지를 싫어하신다. 그것은 잡담하는 것, 돈을 낭비하는 것, (불필요한) 질문이 많은 것이다"라고 말씀하셨다고 무슬림이 전승했습니다.

이러한 일을 하는 사람은 섭리를 따라야 할 뿐 아니라, 알라께 의탁해야만 합니다. 또한 그분께 향해야만 합니다. 알라께서 "그러니 너희는 너희가 마시는 물을 생각하여 보았느냐? / 너희가 비구름으로부터 비를 내리게 하였느냐 아니면 우리가 비를 내리게 하느냐?"〈코란 와끼야(56)장 68, 69절〉라고 말씀하셨습니다

* 출처: http://aliftaa.jo/index.php/fatwa/show/id/2573(요르단, 2013.3.23)

◆ **퍼뜨리지 않으면 불행해질 것이라고 위협하는 행운의 편지를 유포하는 것은 허용되지 않는다.**

질문 SNS를 통해 오가며, 특정한 수의 사람들에게 이 편지를 보내지 않으면 불행해질 것이며, 제대로 다 보낼 경우 행복한 소식을 들을 거라

는 내용으로 끝나는 메시지에 대한 법적 판단은 무엇입니까? 배포자가 사도의 경구가 담긴 사진에 "당신이 만약 사도를 사랑한다면 좋아요를 누르고 전달하세요"라고 하는 경우에 대한 이슬람 법적 판단은 어떻게 되는지요?

파트와 이런 종류의 메시지를 보내는 것은 이슬람 법적으로 허용되지 않습니다. 왜냐하면 이는 알라께서 의무로 부여하시지 않았고 사도께서도 그렇게 하시지 않은 일에 응하는 것이기 때문입니다. 이슬람 법에서도 이에 대한 근거가 없습니다.

또한 그런 일을 하는 것을 두고 대가 또는 벌이 있다고 따지는 것은 알라에 대한 거짓을 날조하는 것입니다. 알라께서 "이들 불신자들은 알라가 허락하지 아니한 불신을 조성한 사탄의 동반자들이라"〈코란 슈라(42)장 21절〉라고 말씀하셨습니다.

그러므로 우리는 무슬림들에게 이슬람에 대해 정통하고 올바르게 이해하길 촉구합니다. 또한 진정한 우리 종교의 모습을 훼손하는 모든 일을 멀리하길 촉구합니다. 마찬가지로 그러한 메시지에 적혀 있는 내용을 주장하는 사람을 믿지 마시기 바랍니다. 그들 중 다수가 지어낸 것과 거짓으로 가득차 있습니다. 듣는 것 모두를 믿고 이야기하는 것은 큰 죄입니다.

* 출처: : http://aliftaa.jo/index.php/fatwa/show/id/(요르단, 2013.5.29)

◈ **사형 폐지에 대한 판단.**

질 문 사형에 대한 샤리아의 판단은 무엇입니까?

파트와 이슬람에서의 처벌은 이슬람 법의 원칙을 준수하기 위해 가해졌습니다. 이는 학자들이 소위 '다섯 가지의 필요'라고 이름 붙인 것으로, 신앙 보호, 생명 보호, 자손 보호, 재산 보호, 이성 보호 등입니다. 이러한 필요는 모든 종파를 고려한 것입니다.

이슬람 법이 부과하는 이러한 처벌 중에는 손가락으로 꼽을 정도의 특정 범죄에 대한 사형이 있습니다. 반면에 다른 법들 중에는 200가지 이상의 범죄에 사형을 부과하는 것도 있습니다.

이슬람 법에서 사형은 사회 안보 유지와 보호를 위해 부과되었습니다. 부패한 장기를 그대로 내버려 둔다면 전신이 썩을 수 있기 때문입니다.

이러한 장기를 절단해 내는 것이 나머지 신체를 보호하는 것이지요. 알라께서 "(이슬람 법에 의한) 응보에는 너희를 위한 생명(을 지켜 주는 것)이 있느니라. 사리 분별이 있는 사람들이여! 그대들이 경건해질 수 있을 것이니라"〈코란 바까라(2)장 179절〉라고 말씀하셨습니다.

또한 이슬람 법은 계획적 살인범에 대한 사형을 필수적인 것으로 만들었으며, 이는 정의에 따른 것입니다. 알라께서 "죄악에 대한 대가는 그것과 같은 흉악한 것이지만 용서하고 화해시키는 사람은 누구든 그에 대한 보답은 (당연히) 알라로부터 오느니라. 실로 그분은 악행자들을 좋아하시지 않느니라"〈코란 슈라(42)장 40절〉, "성스러운 달(의 전투)은 성스러운 달(에 저질러진 침략)에 대한 것이며, (모든) 침해에 대해서는 법적인 응보가 있느니라. 그래서 너희를 공격한 자는 누구든지 그가 너희에게 공격한 것과 똑같은 방법으로 공격하라. 그리고 알라를 경외하고 알라께서 경외하는 사람들과 함께 계시다는 것을 알아라"〈코란 바까라(2)장 194절〉라고 말씀하셨습니다.

이슬람 법은 사형제 폐지를 향한 문을 넓게 열어 주었습니다. 피살자의 가족이 법적인 피값을 대가로, 또는 대가 없이 사형을 취소할 권리를 갖게 되었습니다. 이슬람 법학자들은 피살자 가족 중 한 명이 용서한다면 사형은 취소된다고 결정했습니다. 예언자께서 "누군가 죽었다면 그다음 날 피해자의 가족에게 두 가지의 선택이 주어진다. 살인자를 죽이거나 죄값을 취한다"라고 말씀하셨다고 알티르미디가 전승했습니다. 그리고 용서가 권고되었습니다. 알라께서 "믿는 사람들아! 피살자들에 대한 응보가 자유인은 자유인으로, 노예는 노예로, 여성은 여성으로 너희에게 규정되었느니라. 그러나 그의 형제로부터 무엇인가를 용서받은 자[살해자가 누구든지, (용서하는 사람은 살해자에게) 공평한 것으로 요구해야 하고 (살해자는) 그[피살자의 법정 대리인]에게 (피값을) 선의의 조치로[지체 없이 너무 적지 않은 금액으로] 지불해야 하니라. 이것이 알라로부터 나온 (처벌의) 완화이고 자비이니라. 그 후[피값을 받은 후에] 한계를 넘는[살해자를 살해하는] 자는 누구든지 그에게 괴로운 응징이 있을 것이니라"〈코란 바까라(2)장 178절〉라고 말씀하셨습니다.

그로써 샤리아는 사형 처벌을 최대한 완화해 왔습니다.

사형제의 전면 폐지에 대한 주장에 대해 말씀드리자면, 이는 범죄자를 동정하는 것이며 사회, 특히 피해자와 유가족에게 가혹한 일입니다. 또한 사람들이 자신의 죄값을 치르도록 해야 합니다. 사형이 폐지되면 공적 질서를 어기는 것이며, 세상에 부패가 퍼지며, 사회에 혼란이 만연하게 됩니다.

* 출처: http://aliftaa.jo/index.php/fatwa/show/id/2798(요르단, 2013.7.4)

◈ 개인교습에 대한 판단

질문 교사나 교수가 자신이 근무하는 학교에 다니지 않는 학생들에게 교습을 하거나, 일과시간 외에 하는 과외 수업은 금지된 것입니까?

파트와 원칙적으로 이러한 교습을 하는 것은 허용된 일입니다. 왜냐하면 이는 허용된 일을 보호하는 것이기 때문입니다. 그러나 다음과 같은 규칙 안에서 가능합니다.

1. 교사가 일하는 기관의 제도가 개인교습을 금지하지 않아야 합니다. 금지한다면 그 제도를 준수해야 합니다.
2. 남성과 여성이 단둘이 있게 되는 격리 상태 또는 유혹이 일어날 소지 등 이슬람 법에서 경계하는 위험이 발생하지 않아야 됩니다.
3. 개인교습이 교사의 본업에 영향을 주지 않아야 합니다. 개인교습 학생을 가르치느라 정규학교에서의 교육을 감당할 수 없기 때문입니다. 또는 학교 밖에서의 정신적, 육체적 과로로 인해 본업을 소홀히 할 수 있기 때문입니다.
4. 교습 받지 않는 학생들을 희생해 가면서 개인교습 받는 학생을 편애해서는 안 됩니다.

이와 같은 규칙이 준수된다면 개인교습은 허용됩니다.

* 출처: http://aliftaa.jo/index.php/fatwa/show/id/860(요르단, 2013.6.25)

◈ 생명체 복제에 대한 판단

질문 복제 활용 분야에서 이슬람이 허용하는 과학적 한도는 어떻게 됩니까?

이슬람 법이 달성하려는 목적 중 가장 중요한 것으로 두 가지가 있습니다. 그 둘은 바로 혼란과 파멸로부터 혈통을 지키는 것이며 나라와 신도들이 해를 입지 않도록 하는 것입니다.

'복제'라는 주제에 관한 현대 법학자들의 이즈티하드는 모두 위 목적들을 기반으로 삼았습니다. 그리하여 이슬람 법 기관과 단체들이 만장일치로 '세포복제'를 절대적으로 금지한다고 결정했습니다. 세포복제란 핵이 없는 체세포로 난자를 수정시키는 것입니다. 또한 그 어떤 구실로도 이는 허용되지 않는다는 결정이 내려졌습니다. 왜냐하면 체세포 복제가 혈통을 잃는 일에 속하기 때문이며, 사회체제에 심각한 위험을 야기하기 때문입니다. 오늘날 세계의 많은 실정법이 이러한 행위를 범죄로 규정해야 합니다.

인간 복제에 속하는 또 다른 종류의 복제가 뒤따르게 되는데 이는 바로 배아복제입니다. 일부는 '인공 쌍둥이 만들기'라고 말합니다. 이는 남편의 정액에 난자를 수정시키는 것으로, 분열이 일어날 때 세포들이 각각의 세포로 나뉘게 되어 여러 복제세포가 생기는 것으로, 이것이 아내의 자궁에 이식됩니다.

이런 종류의 복제는 첫 번째 복제보다는 천벌이 가볍습니다. 그러나 배아복제에서 좋지 않은 일들이 발생하므로 특별한 치료 케이스를 제외하고는 금지되어야 하는 것들입니다. 임신이 확실하지 않은 여성이 이러한 목적에서 복제와 세포 동결을 필요로 하는 상황이 그 예입니다.

다른 다양한 식물과 동물의 복제에 대해서 말씀드리자면 이러한 복제에는 그것이 뜻하는 바와 의도에 따라 판단이 도출됩니다. 종자 개량, 치료, 신약 개발, 장기배양의 목적에서 유익한 과학연구를 위한 것이라면 이슬람 법에서 이러한 복제 자체를 막거나 금지하는 규정은 없습니다. 그러나 만약 이러한 복제가 정도를 넘어서서 해악이나 위반, 무분별함, 인류의 생명에 위험한 종자를 생산하는 목적으로 향할 위험이 있습니다.

따라서, 비인간 복제활용 분야에서 이슬람이 허용하는 과학적인 한도는 두 마디로 요약해서 말할 수 있습니다. '이익은 얻되 해는 막아라'라는 것입니다.

이러한 이익과 해악을 제어하는 문제는 공익을 금전적, 개인적 이익에 우선하는 과학자, 법학자, 책임자 등으로 이뤄진 유경험자와 전문가들에게 달린 문제입니다. 오늘날 경제계에 엄청난 영향력과 위력을 행사하는 탐욕에 찬 제약회사들의 손에 넘길 문제가 아니라 공익이 사익에 우선하게 만드는 사람들에게 달린 문제입니다.

이 주제에 있어 올바른 견해를 가지는 데 영향을 주는 중요한 점들로는 다음과 같은 것이 있습니다.

1. 아버지가 없는 태아를 만드는 것. 어머니와 법적으로 아무런 관계가 없는 남성으로부터 태아를 만드는 것을 이슬람 법이 금지하고 있는데, 하물며 아버지 없는 태아를 만드는 것에 관해서 무슨 말이 나오겠습니까?

2. 세계는 과다한 인구로 힘겨워하고 있습니다. 합법이든 불법이든 산아제한을 위해 노력하고 있습니다. 복제는 사회의 특정 집단에 도움이 되게 공익에 역행하고 있습니다. 그 집단 대부분이 부유하고 유력인사들입니다.

3. 실험이 실패할 가능성이 매우 큽니다. 이는 즉 인간의 신체 일부와 태아 상당수가 손상 또는 훼손된다는 뜻입니다. 그렇다면 인간에 대한 존중이란 대체 어디에 있는 것입니까?

4. 단명하거나 왜소증(저신장, 성장장애)인 사람을 만들어 낼 개연성이 있습니다. 이는 혈통을 더 좋게 하자는 모두의 바람과는 반대되는 것입니다. 이게 일반적이지는 않다는 것이 정설입니다만, 연구에서 나왔듯이 상업적 목적에서는 있을 만한 일입니다.

5. 복제는 여전히 연구 단계에 있습니다. 아직 그 결과와 위험성이 명백하지 않습니다. 제3세계 국가들이 —우리도 거기에 속합니다만— 이러한 실험의 무대가 되지 않을까 우려됩니다.

6. 비인간복제는 일부의 경우 알라께서 우리에게 귀히 대하라 하신 다른 피조물들로 장난하는 상황이 발생합니다. 이슬람의 도축 방식과 인간의 식량을 얻으려는 목적 외에 동물 살상을 금지한 것은 이슬람의 자랑거리입니다. 이슬람 법에 의해, 먹을 목적이 아니라면, 해가 되는 것을 제외하고 살상이 금지되어 있습니다,

7. 아버지와 아들의 관계가 뒤섞이게 됩니다. 그가 아버지의 아들일까요? 아니면 그의 일부일까요? 또는 형제일까요? 이는 많은 법적인 문제를

일으킵니다.

8. 이러한 실험에서 궤멸적인 실수가 발생할 가능성이 있습니다. 핵물질을 만들어 낸 것을 후회한 것처럼 사람들이 후회하게 될 수도 있습니다.

* 출처: http://aliftaa.jo/index.php/fatwa/show/id/439(요르단, 2013.7.8)

◈ 남아 출산을 위한 수태 가능일과 출산일 계산 프로그램 개발에 대한 판단

질 문　임신 경과일, 출산예정일, 생리주기, 남아 출산을 위한 수태 가능일 등을 계산하는 컴퓨터 프로그램이 있습니다. 이 프로그램에 대한 판단이 어떻게 되는지요? 이 프로그램에 관한 선전 문구의 사실 여부에 대한 판단은 무엇입니까? 내용은 다음과 같습니다. "본 프로그램 개발자는 알라께서 태아의 성과 탄생일을 정하는 분이라는 것을 믿으며, 알라께서 여성을 배란 시기가 각기 다르게 창조하셨다는 것을 믿으며, 알라께서 원하신다면 이 프로그램의 결과가 나타나고 실현될 수 있습니다."

파트와　이러한 프로그램은 몇몇 의사들이 테스트한 계산법을 따르고 있습니다. 그러므로 원하는 사람들에게는 판매해도 괜찮습니다. 알라의 판단을 가리키는 짧은 문구들과 그 정교함이 보정된다면 얼마나 좋겠습니까? 읽는 독자를 알라께 이끌 수 있을 정도로, 그리고 그로 하여금 알라의 지혜와 능력과 명령을 따라야 할 의무를 믿도록 한다면 얼마나 좋겠습니까? 질문에서 언급한 선전문구는 문제가 되지 않습니다.

* 출처: http://aliftaa.jo/index.php/fatwa/show/id/423(요르단, 2013.7.8)

◈ 고아를 후원하는 것에 관한 판단

질 문　제 약혼자는 미국에 살고 있습니다. 그리고 기독교인 사생아 여자아이를 어렸을 때부터 후원하고 있습니다. 이 아이가 세 살이 되었습니다. 이것은 보살핌과 후원 차원이었는데, 아이는 제 약혼자를 아버지로 생각하고 아버지라고 부릅니다. 그리고 제 약혼자는 그 아이의 유일한 책임자도 아닙니다. 아이에게는 친할아버지가 있습니다. 그런데도 약혼자는 그 아이를 후원하고 있습니다. 즉 아이의 학교 문제에 책임을 지고, 아이가 약혼자를 매주 방문하고, 필요한 것을 사줍니다. 이것은 허용됩니까?

파트와 예언자께서 고아를 후원하는 것에 대해서 "친척이든 아니든 고아를 돕는 자는 나와 그가 천국에 있는 것과 같다"라고 말씀하셨고, 무슬림이 전승했습니다. 고아를 돌보는 것은 이슬람의 가르침 중의 하나입니다. 이슬람의 가르침에는 사회 결속과 사회에 사랑과 우애를 전파하는 데 있어 그 위대함이 나타나 있습니다. 이슬람은 후원 받는 고아가 무슬림이어야 한다는 조건을 명시하지 않았습니다. 오히려 이슬람 법에서 자선의 원칙은 사람 그 자체이지 종교와 사상에 대한 것이 아닙니다. 동식물에 대한 자선이 미덕이라면 고아나 사생아와 혈통을 알 수 없는 자에 대한 자선은 더 큰 미덕입니다.

이슬람 법학자들은 사생아와 기아(버려진 아이)는 사다카와 자선을 받는다고 말합니다. 그리고 『무그니 알무흐타즈』에서 "고아는 법학자들의 설명에 따라 규정되며, 사생아, 간음으로 태어난 자, 아버지로부터 인정받지 못한 아이 등은 고아라고 불리지 않는다"라고 말했습니다.

비 무슬림 국가의 아이를 돌보는 일은 괜찮습니다. 그러나 후원자가 여아를 자신의 호적에 입적해서는 안 됩니다. 그리고 후원자는 아이가 남이라는 것을 명심해야 합니다. 그리고 친아버지가 아니라 후원을 해 주는 아버지로서 부르는 것은 금지된 일이 아닙니다. 그러나 이 여자아이는 그가 친아버지가 아니라는 것을 반드시 알아야 합니다.

* 출처: http://aliftaa.jo/index.php/ar/fatwa/show/id/870(요르단, 2013.9.11)

◈ 이슬람 문화의 성교육에 대한 판단

질 문 어린이를 위한 성교육이 이슬람에 있습니까? 이에 대한 이슬람 법의 견해는 무엇인지요?

파트와 성교육은 어린이에게 성인이 되는 것과 생리적 욕구, 혼인에 대한 여러 문제를 알려 주고 주의하도록 하는 일입니다. 성교육은 ─우리 무슬림들에게 있어서─ 이슬람 법으로부터 얻어지는 교육이어야 합니다. 그 목적은 무슬림의 자녀들을 우리 이슬람 문화와 거리가 있는 행동양식으로부터 보호하는 것이며, 우리 아이들이 어릴 때 제대로 된 지각을 심어 주는 것입니다. 아이들이 어른이 되어 무엇이 허용된 것이고 무엇이 금지된 것인지 알며, 자신들의 일상생활에서 우수한 이슬람 도덕을 갖춘 사람이 될 수 있도록 하는 것입니다.

코란과 하디스에 올바른 성교육 소재에 관한 예들이 많이 있습니다. 예언자께서 "그리고 그들(10살이 된 아이들)의 잠자리를 따로 하도록 하여라"라고 말씀하셨다고 아부 다우드가 전승했습니다. 또한 〈코란 누르(24)장 59절〉에 허락을 구하는 예절을 아이들에게 가르치는 것도 나옵니다. 알라께서 "그러나 너희 중에서 아이들이 사춘기에 이르렀을 때는 그들보다 연장자들이 허락을 구하듯이 그들로 하여금 허락을 구하게 하라. 그처럼 알라께서 너희를 위해 그분의 징표들을 분명하게 만드시노라. 그리고 알라께서는 모든 것을 아시며 지혜로우시니라"〈코란 누르(24)장 59절〉라고 말씀하셨습니다. 또한 알라께서 아이들에게 (금지된 것을 바라보지 않게) 시선을 낮추고, 여성의 치부를 보여 주지 말라고 명하셨습니다. "믿는 남성들에게 그들의 시선을 낮추고 (불법적인 성행위로부터) 그들의 음부를 지키라고 말하라. 그것이 그들에게 보다 더 순결한 것이니라. 실로 알라께서 그들이 행하고 있는 것을 모두 아시니라"〈코란 누르(24)장 30절〉라고 말씀하시며, "여성의 치부에 대하여 알지 못하는 어린이"〈코란 누르(24)장 31절〉라고 말씀하셨습니다.

그러므로 성교육은 성에 대해 알려 주는 것을 의미하지 않습니다. 오히려 이는 이러한 문제들과 샤리아 원칙에 부합하는 이슬람의 도덕적 방향에 관하여 가르쳐 주고 인도하는 것입니다. 이는 아이들이 불량한 친구들과 어울린다거나 아이들이 처할 수 있는 잘못된 경험으로부터 그들을 보호해 줍니다.

여기서 우리는 아이들에게 권할 수 없는 것들을 보여 주는 언론매체가 범람하는 환경에서 부모들이 자녀들에 대한 책임을 지니고 있음을 환기시키는 바입니다. 예언자께서 "그대들 모두가 보호자이며, 그대들 모두에게 보호받는 이들에 대한 책임이 있다"라고 말씀하셨다고 모든 하디스가 전승하고 있습니다.

* 출처: http://aliftaa.jo/index.php/fatwa/show/id/792(요르단, 2013.8.4)

◈ **마사지 숍에 대한 판단**

질문 남녀가 한곳에 모이는 안마소를 운영하는 것에 대한 법적인 판단을 내려 주시길 바랍니다. 이곳은 남성이 여성을 마사지하거나 여성이 남성을 마사지하는 곳입니다.

파트와 남자 또는 여자 전용 안마소는 여성이 여성을 치료하고, 남성이 남성을 치료하는 곳입니다. 그리고 치부를 가리고 유혹을 피할 경우 문제가 되지 않습니다.

남녀가 한곳에 모이고, 불복종하는 자들이 숨어 있고, 남녀간에 노출하고, 금지된 접촉을 하는 것을 허용된 것으로 간주하는 마사지 숍에 관한 의견은 다음과 같습니다. 모든 무슬림들은 이것들이 금지되어 있다는 것을 잘 알고 있습니다. 이곳은 미덕과 순결을 잃은 곳이며, 이곳에서 일하는 사람이든 손님이든 관계없이 이곳을 이용하는 사람들의 마음에는 수치심이 존재하지 않습니다. 그들은 종교와 도덕, 윤리를 따르지 않고, 그들 각각이 죽음을 걸고 약속한 것을 잊어버렸습니다. 그들이 살아 있는 동안 자신이 한 일에 대해 책임을 져야 하고, 공동체를 타락시킨 것에 대한 대가를 치르게 될 것입니다. 알라께서 "그들은 사람들이 만물의 주님 앞에 서는 날인 위대한 날에 자신들이 부활될 것을 생각하지 못하겠느냐?"〈코란 무따피핀(83)장 4-6절〉라고 말씀하셨습니다.

우리는 그들에게 모든 무슬림의 마음속에 있는 믿음의 횃불을 전하며, 알라께서 인간을 창조하신 뜻과 염치를 아는 천성을 따를 것을 촉구합니다. 그리고 원래대로 돌아와서 훈계를 듣기 바랍니다. 과거 기억은 시간이 지나도 이로울 것입니다. 알라께서 죄를 짓고 잘못된 행위를 지나치게 하는 사람에게도 회개의 문을 열어 주셨습니다. 그리고 알라께서 진심으로 회개하는 자를 용서하고 죄를 면해 줄 것을 약속하셨습니다. 알라께서 "회개하고 (이슬람의 일신론을) 믿으며 선행을 하는 자를 제외하고. 이들을 위해 알라께서 그들의 죄를 선행으로 바꿔 놓으실 것이며, 알라께서 늘 용서해 주시며 자애로우시니라"〈코란 푸르깐(25)장 70-71절〉이라고 말씀하셨습니다.

* 출처: http://aliftaa.jo/index.php/ar/fatwa/show/id/1868(요르단, 2013.9.26)

◈ **금지된 관계를 맺고 있는 배우자와의 이혼에 대한 판단**

질문 저는 기혼남성입니다. 제 아내가 금지된 관계를 맺고 있다는 것을 알았습니다. 제가 제 아내와 이혼할 것을 권하십니까?

파트와 우리는 귀하가 시련을 극복하는 데 알라께서 도움을 주시고, 귀하로 하여금 인내하도록 하고, 위로해 주시길 간구합니다. 세상은 시련으로 가득한 곳입니다. 인간은 때로 가정과 가족과 자녀 때문에 시련을 겪습니다.

그럼에도 불구하고 우리는 귀하가 성급하게 이혼하는 것을 권하지 않습니다. 귀하의 아내가 진정으로 참회하고자 한다면 회개할 시간을 주실 것을 권하는 바입니다. 그녀가 넘지 말아야 할 선을 넘은 후 귀하가 귀하의 아내와 이혼하고 헤어지는 것이 죄가 되지 않게 하기 위한 것입니다.

예언자께서 "모든 아담의 자손들은 실수를 저지른다. 실수를 저지를 자 중 가장 나은 사람은 참회하는 사람이다"라고 말씀하셨다고 알티르미디가 전승하며, '하산'(좋은 것)으로 분류했습니다.

그러나 당신의 부인이 당신과 가정에게 충실하지 않다고 생각되고, 그녀의 품성과 덕성을 믿을 수 없고, 진실하지 않다고 생각된다면 이혼은 잘못된 것이 아닙니다. 알라께서 "그 둘이 (이혼하여) 갈라선다 하더라도 알라께서 그분의 은혜로 그들 각자를 풍요롭게 하실 것이니라. 알라는 (피조물의 필요에) 늘 충족하시며 지혜로우시니라〈코란 니싸아(4)장 130절〉"라고 말씀하셨습니다. 이슬람 법학자들은 부인이 정숙하지 않다면 이혼은 바람직하지 않지만 허용되는 상황을 규정한 바 있습니다.

* 출처: http://www.aliftaa.jo/index.php/fatwa/show/id/2003(요르단, 2012.2.14)

◇ 여성이 욕정을 가지고 (다른)여성을 만지고 입 맞추는 일은 금지되어 있다.

질문 저는 소녀를 매우 좋아하며, 입에 키스하고 포옹하는 것을 좋아합니다. 저도 그런 소녀들과 마찬가지로 소녀입니다. 제가 실수를 범하기 전에 조언해 주시기 바랍니다. 이것은 간음입니까?

파트와 여성이 욕정을 가지고 여성을 만지고 입 맞추는 것이 마음을 죽이고 미덕을 해치며 마음속에 악의 욕망을 불어넣고 몸을 병들게 하는 금지된 일이라는 것은 무슬림뿐 아니라 이성이 있는 사람 모두에게 잘 알려진 사실입니다.

그러므로 이러한 불복종 죄를 저지른 사람은 그에 대해 참회하고 용서를 구해야 합니다. 또한 알라의 가호로 이러한 일에 두 번 다시 빠지지 않도록 해야 합니다.

그렇게 하기 위해서는 질문자와 함께 불복종 죄에 빠진 그 여성으로부터 거리를 두고 완전히 연을 끊는 것 외에는 방도가 없습니다. 그렇게 하지 않을 경우 악마가 여전히 질문자를 죄악으로 유혹할 것이며, 악의 세계로 끌어당길 것입니다. 질문자는 부끄러움과 정절, 그리고 순결함을 자랑으로 여겨야 할 무슬림입니다.

* 출처: http://aliftaa.jo/index.php/fatwa/show/id/782(요르단, 2013.2.13)

◈ 남녀가 함께 근무하는 것에 대한 판단

질 문 저는 유럽에 살고 있는 무슬림 여성으로 이곳에서 공부했습니다. 학업을 마친 뒤 일자리를 찾았지만 결국 취업하지 못했습니다. 왜냐하면 근로 조건이 히잡을 착용하지 않는 것이었기 때문입니다. 그래서 저는 주저하지 않고 이것을 거절했습니다. 그리고 약 한 달 전 아버지를 통해 일자리를 알게 됐고, 그곳에서 히잡을 벗는 것을 조건으로 삼지 않았기 때문에 취업을 하기로 했습니다.

저의 임무는 야채와 과일을 저장하는 냉동창고에서 야채를 썰고 포장하는 것입니다. 다행히 저는 이슬람 복장을 하고 있고 함께 일하는 유럽인 여성 동료들과 문제없이 관계를 유지하고 있습니다. 또 일에 관해 질문이 있어도 일에서 벗어난 말을 하거나 따로 어울리지 않습니다. 또 업무시간이 되면 각자의 일을 합니다. 감시 카메라를 의식하기도 합니다. 우리가 가는 어느 곳이든, 심지어 길에도 감시 카메라가 있습니다. 저는 다른 직원들과 함께 있거나 가까이 가는 것을 좋아하지 않습니다. 사장은 아침에 직원들에게 지시하거나 업무상 변경사항이 있거나 의문점이 있다면 그에 대한 답변을 주기 위해 저희와 함께 있습니다.

남녀가 함께 일하는 이곳에서 제가 일하는 것이 허용되는지요? 저는 지금 일자리가 필요한데 아직 잠자리를 함께하지 않은 제 약혼자는 이 직업이 하람이라고 하며, 이 일에 동의하는 조건은 이슬람 법을 위반하거나 금지된 것이 아니어야 한다고 알려 왔습니다.

제 질문에 답해 주시기 바랍니다. 이 직업이 남녀가 함께 섞여 일하는 것인데 제가 이 일을 계속해야 합니까 아니면 그만두어야 합니까? 이 직업을 통해 번 돈을 취하는 것이 허용된 것입니까, 아니면 금지된 것입니까?

파트와 여성과 남성이 한 장소에 있는 것 자체가 금지된 것은 아닙니다. 단, 여성이 이슬람 법에서 드러내서는 안 되는 것을 드러내 보이거나 문카르(알라에게 비난받을 행동)를 위해 모이거나, 칼와와 같이 이슬람 법에 금지된 것이 있으면서 남녀가 만나는 것은 금지됩니다. 학자들은 남녀의 동석이 금지되는 것은 단순히 한 장소에서 남성과 여성이 만나기 때문이 아니라 서로 접촉하고 어루만지는 것을 금지하는 것이라고 명시했습니다.

그에 대한 증거는 예언자의 순나에 있습니다.

사흘 빈 사아드 알사이드로부터 전승된 인증된 두 개의 하디스에 "아부 우사이드 알사이드가 혼인하고 예언자와 그의 교우들을 초대했을 때 그들에게 음식을 만들어서 직접 가져다준 이는 바로 그의 아내이다"라고 예언자께서 말씀하신 것으로 기록되어 있습니다.

알꾸르투비는 코란 해설서에서 "결혼식을 할 때 신부가 남편과 남편의 친구들을 대접하는 것은 허용된다고 학자들이 말했다"라고 하였습니다.

또 이븐 하자르는 『파트흐 알바리』에서 다음과 같이 말했습니다. 이 하디스에는 이익을 얻을 수 있는 일들에 대해 명시되어 있는데 그중 하나가 도움이 될 수 있는 것이라면 모르는 여성과 대화를 나누거나 질문하는 것이 허용된다는 것입니다.

그리고 일의 특성상 남성과 여성이 한 장소에 같이 있는 것을 필요로 하는 경우, 의심이 생길 염려가 없고 칼와가 발생할 일이 없다면 이런 일을 하는 것이 금지되지 않습니다. 왜냐하면 단지 남녀가 한 장소에 있는 것 그 자체가 금지되는 것이 아니라, 다른 사람들이 들어올 수 없는 장소에 남녀가 단둘이 있는 것이 금지되어 있기 때문입니다.

남녀가 단둘이 있는 모든 경우가 금지된 칼와는 아닙니다. 부카리와 무슬림 그리고 그 외 다른 사람들이 전한 아나스 븐 말리크의 전승에 따르면 안사르 출신의 여성이 예언자에게 왔을 때 예언자는 그녀와 단둘이 있으면서 그녀에게 "너희 안사르는 내가 가장 사랑하는 사람들이니라"라고 말씀하셨습니다. 그리고 여러 이야기에서 예언자는 길이나 거리에서 여성과 단둘이 있었습니다. 부카리가 장의 이름을 정하면서 말하길 "다른 사람들 곁에서 남녀가 단둘이 있는 것은 허용된다"라고 했으며, 알물라 알리 알까리는 『미르카트 알마파티흐』에서 "골목에서 여성과 단둘이 있는 것은 집에서 단둘이 있는 것과 같은 범주에 들지 않는다"라고 했습니다. 그리고 샤피이 학파의 셰이크 얄샤브라말리시가 『니하야트 무흐타즈』에서 누구라도 그 문을 열 수 있고 언제라도 방안에 들어올 수 있다면 그 방의 문을 닫는 것만으로 금지된 칼와가 되는 것은 아니라고 말했습니다.

이러한 것들에 근거하여 질문에 대한 답을 드리자면 귀하가 지금 하고 있는 일을 계속하는 것은 금지되지 않습니다. 또 그 일을 통해 번 돈은 이슬람 법적으로 할랄입니다.

* 출처: http://www.dar-alifta.org/ViewFatwa.aspx?ID=4305&LangID=1(이집트, 2013.7.10)

◈ **여성과 남성이 단둘이 차에 타는 것에 대한 판단**

질 문 저는 대학생입니다. 제가 질문하고 싶은 것은 여학생이 이동하기 위해 친구인 남학생과 단둘이 차를 타도 되느냐 하는 것입니다. 저는 여자인 제 친구들이 제 차에 타는 것이 불편합니다.

파트와 질문자께서 여성이 남성과 단둘이 한 차에 탑승하는 것에 대해 법적 판단을 물으신다면, 샤리아가 고려되고 이슬람의 경계가 지켜지고 또 알라가 금지하신 것을 침범하지 않도록 오감을 보호하고(시각적, 청각적인 것 등), 여성과 단둘이 있는 것이 금지된 장소에 가지 않으며 꼭 필요한 경우에만 이동하는 경우에는 이것이 허용됩니다. 또 이슬람 법에서 금지된 것을 넘지 않는 이상 이 동행이 허용되는데, 만약 질문자께서 여자인 친구들과 차로 함께 동행하는 것을 개인적으로 불편하게 느끼고 곤란해 한다면 그럴 필요가 없습니다. 또 일부 허락되는 것에 곤란함을 느끼게 되는 질문자와 같은 경우, 하람으로 이어질 것이 우려되어 이를 멀리하고 조심해야 합니다. 과거 신실한 선조들은 하람으로 이어질 것이 우려되는 70개의 할랄을 남겼습니다. 이러한 상황과 예가 제시된 아흐마드가 전승한 하디스는 다음과 같습니다. "너의 심장과 네 자신에게 물어라.

—예언자께서는 이것을 세 번 말씀하셨다— 정당하고 의로운 것은 너의 영혼이 편안함을 느끼는 것이고, 죄는 너의 영혼을 교란시키고 마음을 주저하게 하는 것이다. 어떤 사람이 너에게 판결을 내렸더라도 계속해서 받아라." 이 모든 것이 할랄을 금지하지 않는다는 것을 조건으로 합니다. 여기서 당신에게 적당한 것을 취하시고 적당치 않다고 여기는 것은 버리십시오. 그리고 여성인 친구들에게 예의를 갖추고 당신에게 해가 되지 않도록, 그리고 신성한 종교에 해가 미치지 않도록 양해를 구하십시오.

* 출처: http://www.dar-alifta.org/ViewFatwa.aspx?ID=3692&LangID=1&MuftiType=(이집트, 2013.6.20)

◈ 여행시 전후좌우에서 여성에 둘러싸인 경우에 대한 판단

질문 무슬림 남성이 승객들로 가득 찬 비행기를 탑승했습니다. 다음과 같은 상황에 처한 것에 대한 판단은 무엇인가요?

무슬림 남성이 좌우, 앞뒤 모두 여성 승객으로 둘러싸입니다.

무슬림 남성이 남남인 아랍 여성 혹은 비아랍 여성과 마주보며 앉습니다.

남남인 노파 옆에 앉습니다.

여성 승무원과 마주보는 좌석에 앉습니다. 승무원은 비행기 이착륙 시에만 잠시 앉습니다. 참고로 비행기에는 다른 빈 좌석이 없고 다른 승객들도 그와 자리를 바꾸고 싶어 하지 않습니다. 그리고 해당 비행기 책임자들도 적절치 못한 좌석을 바꿔 주기 위해 할 수 있는 것은 없습니다.

파트와 위와 같은 비행기를 타야 하고 당신의 좌석이 위에서 언급된 상황이고 상황이 바뀔 수 없다면, 유혹이 덜한 것을 선택하세요. 즉 피해를 더 줄일 수 있는, 유해한 것이 더 적은 일을 선택하십시오. 그리고 최대한 시선을 두지 마십시오. 어쩔 수 없이 또 다른 선택의 여지가 없는 이런 상황으로 여행해야 한다면 당신에게 종교적으로 피해가 되는 것으로부터 안전할 수 있도록 조치해 달라고 요청하십시오.

* 출처: http://www.alifta.com/Fatawa/FatawaChapters.aspx?languagename=ar&View=Page&PageID=10397&PageNo=1&BookID=3(사우디아라비아, 2013.7.29)

◈ 이성에게 심부름을 부탁하는 것에 관한 판단

질문 무프티님, 저에게 문제가 있습니다. 한 여자가 이웃으로 살고 있습니다. 그 여성의 남편은 비사우디인으로 사우디아라비아에 거주하며 일하고 있습니다. 그런데 다행히도 그 여성은 예배를 드리고 알라께서 만족할 모든 것을 이행하고 있습니다. 가끔은 제 앞에 나타나 이슬람에 대해 물어봅니다. 그리고 저에게 코란, 유용한 강의 등의 테이프를 대신 사달라고 요청해 왔습니다. 참고로 그녀는 6년 가량 저에게 위와 같이 요구했습니다. 저는 어떻게 해야 하나요? 이에 대한 파트와 부탁드립니다.

파트와 이 외국인 여성에게 율법이 금지한 것을 포함하지 않는 유용한 이슬람 관련 테이프를 전달하는 것은 무방합니다. 그러나 당신의 여성 마흐람을 통해서 해야 합니다. 이것이 당신의 종교인 이슬람을 가장 잘 보호하는 것이며, 의심, 불신과 유혹에서 가장 멀리 떨어질 수 있는 길입니다.

* 출처: http://www.alifta.com/Fatawa/FatawaChapters.aspx?languagename=ar&View=Page&PageID=6371&PageNo=1&BookID=3(사우디아라비아, 2013.7.21)

◈ 외국인 운전기사 고용에 대한 판단

질문 저는 운전을 못하는 남자입니다. 제 자녀들은 나이가 너무 어려 그들 중에는 운전을 할 수 있는 아이가 없습니다. 그래서 저는 외국인 기사를 고용했습니다. 기사가 제 가족을 태우고 운전해도 되나요? 이에 대한 이슬람 법적 판단은 무엇입니까? 파트와를 내려 주세요.

파트와 그 남성 운전기사는 여성과 단독으로 있을 수 없습니다. 그리고 그 남성 기사가 여자를 태우고 운전하는 것은 금지되어 있습니다.

* 출처: http://www.alifta.com/Fatawa/FatawaChapters.aspx?languagename=ar&View=Page&PageID=6355&PageNo=1&BookID=3(사우디아라비아, 2013.7.21)

◈ 여성이 비서로 일하는 것에 대한 판단

질문 여성이 비서로 일하는 것에 대한 질문입니다.

파트와 여비서들은 기밀사무를 맡아보는 사람이며 고용인과 단둘이 있는 것이 필요한 직업입니다. 두 사람은 단둘이 만나서 일을 하고 때로는 추가적으로 몇 시간 야근을 하기도 하며 그녀의 고용주가 함께 저녁을 먹자고 할 수도 있습니다. 이로 인해 고용인과 피고용인 간에 체결된 계약 관계가 아닌 두 사람의 사적인 관계가 생기게 됩니다.

그는 그녀에게 호감을 가질 수 밖에 없고 그녀도 마찬가지입니다. 이러한 호감을 숨길 수 없어서 드러낼지도 모르며 어쩌면 금지된 행동을 하려 할지도 모릅니다. 이것은 남녀간에 충분히 발생할 수 있는 일입니다. 알라께서는 남녀가 서로 호감을 갖도록 하고 마음속에 이런 본능을 심어두셨습니다.

이슬람 법은 이에 대해 금하였으며 이슬람 법에 금지된 일은 이성적으로도 금지된 일입니다. 왜냐하면 우리에게 이성을 갖도록 하신 알라께서 우리에게 코란을 내려 주시고 이슬람 법을 제정해 주셨기 때문이며 이슬람 법에는 올바른 이성에 어긋나는 것이 없습니다. 따라서 이 일은 잘못된 것이 분명하고 해로운 것이 틀림없으므로 금지되며, 있을 수 없는 일입니다.

* 출처: 'Alīy al-Ṭanṭāwīy, p.227.

◈ 의붓딸 앞에서 남편이 목욕과 수영 등을 위해 탈의할 때의 허용 범위

질 문　제 남편이 9살 된 제 딸 앞에서 수영하고 옷을 갈아입는 것이 가능합니까? 남편은 제 남편이지만, 제 딸의 친아빠가 아니라 2살 때부터 키운 의붓아버지입니다. 또한 저와 이 남편 사이에는 딸들이 있습니다. 남편은 1살부터 8살 연령에 있는 제 딸들 앞에서 목욕을 할 수 있습니까?

파트와　엄마의 남편은 소녀에게 마흐람이 되며, 이 소녀는 엄마 남편의 의붓딸이 됩니다. 이 소녀는 엄마가 남편과 동침함으로써 남편과의 혼인이 금지됩니다. 알라께서 "너희에게는 너희의 모친과, 딸, 자매, 고모, 이모, 형제의 딸, 자매의 딸, 너희에게 젖을 먹인 유모, 젖자매, 너희 처의 모친, 너희와 잠자리를 같이한 너희의 처에 의해 너희가 후견인이 되는 의붓딸과의 결혼이 금지되어 있느니라. 그러나 너희가 그녀들과 잠자리를 같이하지 않았다면 너희에게 죄가 되지 않느니라. 그리고 너희가 낳은 아들의 처와의 결혼과 두 자매와 동시에 결혼 생활하는 것은 금지되어 있으나 이미 지나간 것은 제외되느니라. 실로 알라께서는 가장 너그러우시고 자비로우시니라"〈코란 니싸아(4)장 23절〉라고 말씀하셨습니다.

의붓딸 앞에서 남편의 치부는 배꼽과 무릎 사이입니다. 말리키파 대학자인 알두수끼가 그의 주석서에서 언급하길 "남성의 경우 남남이 아닌 여성과의 치부는 남성간에 있을 때의 치부와 같으며, 마흐람 관계인 여성과 있을 시에는 배꼽부터 무릎까지이다"라 하였습니다.

이를 근거로 질문자의 남편은 배꼽부터 무릎까지를 가렸다면 의붓딸 앞에서 목욕하거나 수영하거나 옷을 갈아입을 수 있습니다. 그러나 더 적절한 것은 딸들 앞에서 예의와 존중의 의미로 이보다 더 많이 가리는 것입니다. 가정에서 엄마의 남편은 딸들에게 아버지이기 때문입니다.

* 출처: http://www.awqaf.gov.ae/Fatwa.aspx?SectionID=9&RefID=14174(아랍에미리트, 2013.1.8)

참고문헌
F a t w ā

저 서

김정위(2002), 『이슬람 사전』, 서울, 학문사.

한국이슬람교중앙연합회, 『하디스』, 서울, 1978.

'Abd al-Wahhāb, 'Alīy Jum'ah Muḥammad(2011). Fatāwā al-Nisā', Cairo, Dār al-Muqaṭṭam li-l-Nashr wa-l-Tawzī'.

al-Ṭanṭāwīy, 'Alīy(2007), Fatāwā, Jeddah, Dār al-Manārah.

'Ismā'īl, Muḥammad Bakr(1997), al-Fiqh al-Wāḍiḥ min al-Kitāb wa-l-Sunnah ' alā al-Madhāhib al-'Arba'ah, Cairo, Dār al-Manār.

Murād, Muṣṭafā(2010), 'Alf Fatwā min al-Fatāwā al-'Islāmīyah, Cairo. Dār al-Fajr li-l-Nashr wa-l-Tawzī'.

Qal'ah Jī, Muḥammad Rawās(2000), al-Mawsū'ah al-Fiqhīyah al-Muyassarah, Beirut, Dār al-Nafā'is.

Sābiq, al-Sayyid(2008), Fiqh al-Sunnah, 4 vols., Cairo, al-Fatḥ li-l-'I'lām al-'Arabīy.

웹사이트

http://books.google.co.kr/books?id=SAzizViY30EC&pg=PT25&lpg=PT25&dq
=Todd+World+religion+database&source=bl&ots=CJ-iwqeOWr&sig=bXw
wNjSg-AuGI3Pv_DF8kAcBF9A&hl=ar&sa=X&ei=9JYDU47nGYfKkgXW6IG
oBQ&redir_esc=y#v=onepage&q=Todd%20World%20religion%20database
&f=false.

http://cms.islam.gov.kw/Pages/ar/FatwaItem.aspx?itemId=.

http://ifta.ly/web/index.php/2012-09-04-09-55-16/9-uncategorised/.

http://www.alifta.com/Fatawa/FatawaChapters.aspx?languagename=ar&View
=Page&PageID=10110&PageNo=1&BookID=3.

http://www.alifta.com/Fatawa/FatawaChapters.aspx?View=Page&BookID=3
&PageID=6376&back=true.

http://www.aliftaa.jo/index.php/fatwa/show/id/.

http://www.aljazeera.net/news/arabic/2015/4/20/.

http://www.awqaf.gov.ae/Fatwa.aspx?SectionID=9&RefID=.

http://www.dar-alifta.org/ViewFatwa.aspx?ID=2269&LangID=1&MuftiType=.

찾아보기
Fatwā